本书为浙江省哲学社会科学规划课题
"当代汉语新词语'模价'体系构建研究"（项目编号21NDJC068YB）最终成果

基于模价分析的
当代汉语词语模库
构建及分类考释

赵艳梅◎著

Research on the Construction and Classification
of Contemporary Chinese Word Formation Model Database
Based on Modal Value

ZHEJIANG UNIVERSITY PRESS
浙江大学出版社
·杭州·

图书在版编目（CIP）数据

基于模价分析的当代汉语词语模库构建及分类考释 /
赵艳梅著. — 杭州：浙江大学出版社，2025.6.
ISBN 978-7-308-26374-0

Ⅰ. H136

中国国家版本馆 CIP 数据核字第 2025VM1340 号

基于模价分析的当代汉语词语模库构建及分类考释

赵艳梅　著

责任编辑	胡　畔	
责任校对	赵　静	
封面设计	雷建军	
出版发行	浙江大学出版社	
	（杭州市天目山路 148 号　邮政编码 310007）	
	（网址：http://www.zjupress.com）	
排　　版	大千时代（杭州）文化传媒有限公司	
印　　刷	杭州宏雅印刷有限公司	
开　　本	710mm×1000mm　1/16	
印　　张	15	
字　　数	261 千	
版 印 次	2025 年 6 月第 1 版　2025 年 6 月第 1 次印刷	
书　　号	ISBN 978-7-308-26374-0	
定　　价	88.00 元	

序

　　赵艳梅博士的专著《基于模价分析的当代汉语词语模库构建及分类考释》即将出版,这本专著是在其博士论文的基础上打磨修订而成的,同时也是她主持的浙江省哲学社会科学规划课题的结项成果。作为她的导师,我衷心地祝贺她。

　　赵艳梅博士2013年至2017年,在川大跟从我攻读语言学及应用语言学专业的博士学位。她硕士也是就读于川大这个专业,但我不是她的直系导师,当她联系我说要报考我的博士时,我开玩笑说你作为川大语言学及应用语言专业的第一届硕士,真可谓是黄埔军校第一期学员。而后,赵艳梅以优异的专业成绩考取了我的博士生,一直到现在,这种师生缘分已经延续了20多年。赵艳梅博士勤勉、踏实,韧性很强,她当时是在职读博,孩子也比较小,我还有些担心她是否能平衡好学业、工作和家庭三者之间的关系,但让我感到欣慰的是,她在校期间每门课程论文都是提前并且高质量完成,最后的博士论文不仅如期写就,而且得到了业内专家、教授的一致好评。博士毕业后,她继续深耕于当代汉语新词语研究领域,也时常向我咨询并探讨相关问题,而后形成观点,撰著成文。我最感欣喜的是,赵艳梅博士总是能以敏锐的眼光追踪语言发展的轨迹,并善于从词汇及其族群的细微变化中,探寻语言与社会变化之间的互动关系。由于她在当代汉语词汇的研究方面用力颇深,因而所写论文常常卓有心得,在科研上取得了不少新的成果。

　　本书所讨论的"词语模",作为具有新造词语功能的框架,属于历时范畴。词语模研究包括对其本身和其所形成词语族的研究。40多年来汉语词语模造词数量多、速度快、传播广,已引起学术界众多学者的关注。赵艳梅博士从历时研究的角度,以"词语模"概念的提出(李宇明 1999)为界,把当代汉语词语模研究大体分为两个阶段:第一阶段为 1978—1998 年,这段时期的主要特点是,关注于新词语"同素"现象研究与构词、造词、修辞、语用等的相互联系,如于根元、陈建民、沈孟璎、郭伏良、张维耿、王邦安、周启模、孟守介、岳长顺等学者的研究。第二阶段是 1999 年至今,可分为系统研究与个案研究及相关理论探索,如邵敬敏、李宇明、张谊生、王灿龙、杨文全、张先亮、施春宏、苏向红、丁建川等学者的研究。

　　词语模既有研究主要集中在对模槽的性质、构造,模标的来源、语义、词性、功能,模式的音节、结构、类型等的描写和解释,偏于零散,对于当代汉语词语模的数量、分布、词长、语法功能、能产度、通用度、生命力,模标义的语法化程度,模槽的词性聚合度等的分析虽均有所涉及,但较缺乏宏观视角上的共时和历时并重、整体方法上的定性和定量结合、词汇构造规律与相关理论要素的提炼等,这样并不太利于对当代汉语词汇衍生方式、演化机制和生成规律的全局把握,也难以把研究成果系统应用于语言实践。而赵艳梅博士在充分借鉴前人研究成果的基础上,拓宽视野,扩大研究广度,以"当代"为时间限定,以当代汉语的所有模式化新词语为研究对象,提炼出 341 个词语模,这种词语梳理和整合工作确实要花费更多的工夫。而且,她还提高研究的维度和深度,借鉴词价理论提出"模价",并依照 341 个词语模的个体综合模价高低把其系联为一个系统,继而进行分类和阐释,这无疑有助于我们对当代整个汉语词语模系统进行全局把握并对具体词语模的价值作出评价,可以说这是对词语模研究的一种新的尝试。全书在学术观点、研究方法和研用语料上都有非常鲜明的特色。

　　第一,学术观点创新。本书以"词价"理论为直接理论基础,以哲学中的价值论和语言价值理论为间接理论基础,提出了"模价"概念。"模价"是指词语模的系统价值,它关注一个词语模在当代汉语词语模系统中的意义、结构、功能等所体现的价值;而模价体系则是一种多指标综合考察词语模价值的评价体系,把当代汉语词语模研究纳入所建立的价值体系,探寻关系、分类探讨,目前尚无人尝试。

　　第二,研究方法先进。借鉴词价研究方法,把多维价值引入新词语的模式化生成和发展研究。本书从词语群的规模、词语模的使用时间、模标义义项的数量和词典收录情况、模槽成分的词性、模式的音节、结构和语法功能等几个角度提炼出"使用价""关注价""通用价""组合价""结构价""丰度价""熟度价""语域价""聚合价""容长价"等 10 个价值维度,并以此为标准对所归纳的 341 个词语模进行模价分析,明确每个词语模在当代汉语词语模群中的价值差异。这样,对每个词语模的考量都用统一的价值标准,就使杂乱无章的词语模系统条理化、序列化,使研究更具信度和效度。

第三,研用语料丰富。本书选取新词语词典 11 部、新词语年编 22 部作为研用语料。其中新词语词典的选取按照"时间跨度的周全性"和"编著者的多样性"相结合的原则;新词语年编收词为 1991—2020 年,时效性强且收词丰富。33 种语料互相参证,基本上可以反映当代汉语词语模的成模全貌。而新词语词典和年编词条大规模整理和录入形成的动态新词语语料,是对当代汉语词语族的全面梳理,具有明显的语料库价值。

当然,本书也存在一些不足和值得进一步探讨的问题。如本书仅考察了 33 种语料中词语的成模情况,没有更多地占有语料,这在某种程度上可能会对词语模的抽绎和词语模价值的定位造成一些影响;在对 341 个词语模所作的多维价值分析中,还只是局限于模式本身,如数量、词长、词性、语义、结构、功能等,也许还可以对模式以外的价值维度进行分析和考察;另外,当代汉语新词语的产生是一个动态的过程,本书依托语料来自 1978—2023 年初出版的 11 部新词语词典和 22 部新词语年编,为了切实跟踪当代汉语词语模的发展变化,还需要及时补充符合研究需要的最新且权威的新词语词典或年编。因此,对当代汉语词语模的探索是一个开放性的过程,理论和实践上都还有很大的拓展空间,希望赵艳梅博士能够保持初心,取得更多的研究成果。

是为序。

杨文全

2025 年 3 月 18 日

于成都居所 沐香斋

目　录

1 绪 论

　　语言是运动的,并且永远在不断的运动中变化着,而词汇作为语言系统的一个重要组成部分,更是如此。改革开放以来,新事物和新现象不断涌现,语用主体在诸多社会新质因素的刺激下面临两个选择:一是用旧词语来指称新的事物现象,旧词语的内涵扩大,结果是表达成本低,理解成本高;二是创造新词语来指称新的事物现象,最终导致表达成本高,理解成本也高。因此问题的关键在于降低语用主体的理解成本,使其表达成本适度。可以说,词语模很好地解决了这一问题。词语模具有框架功能,模标有类标记的作用,可以在一定程度上降低表达和理解成本,模槽可视语用主体的表达需求进行填充,满足其在表达形式上求新求异的心理需要。因而词语模兼顾了语用主体的表达和理解,语言现实中大量新词群的出现也印证了其造词功能的强大,因此词语模问题引起了越来越多研究者的关注,相关的论文和著作也不断问世。

　　但据笔者所收集的资料,有关词语模的研究中以讨论散模的居多,全面、系统、深入探讨词语模问题的相对较少,而且其中共时分析成果明显偏大于历时分析成果。在充分肯定并借鉴前人研究成果的同时,其对某些问题的争论、存疑和疏漏对后继研究者来说是很好的启发。鉴于此,本书收集了 1978—2020 年的新词语语料 75980 余条(计重复)①,提取出 341 个词语模,从语言价值视角,借鉴词价理论提出"模价",通过分析 341 个词语模产

---

① 根据语料中词语句证的时间,本书排除了所选用语料中 1978 年以前产生的一些词语。

生的 12771 个新词语①来逆向研究造词工具本身"词语模",对当代汉语词语模的数量、分布、词长、语法功能、能产度、通用度、受关注度、模标义的语法化程度、模槽的词性聚合度等进行量化描写,建立起涵盖模标、模槽、模式,包括"使用价、关注价、通用价、组合价、结构价、丰度价、熟度价、语域价、聚合价、容长价"等的多维的词语模价值评价体系,形成当代汉语词语模总库;再以意义为据对总库中的词语模进行分类考释,重点探讨各意义类别中的高价模,分析其在语义、词长、搭配、功能、色彩等方面的特点和规律。希望本书能对当代汉语新词语规范、新词语预测、语文辞书编纂以及相关学科的研究有所助益。

1.1　词语模的界说及相关概念

1.1.1　现有研究中对词语模概念的界定

"词语模"这一概念是由李宇明(1999)首次提出的,他认为词语模是具有新造词语功能的各式各样的框架。这种框架由"模标"和"模槽"两部分构成,模标指词语模中不变的词语,模槽指词语模中的空位。从理论上说,作者认为词语模属于构词法范畴,但比一般所讲的构词法更为具体,它由特定的语素或词语作为标识(模标)。

禹存阳(2006)第一次以学位论文的形式深入系统探讨了现代汉语词语模问题。作者认为词语模是一种构造新词语的模式,是把某词素或词语作为某种结构的核心部分,而且其位置相对固定,可以与不同性质的其他词或词语组合,能够形成一群具有批量性、系列性特点的词语。模标是词语模中位置相对固定的常量,由语义较基本义发生了偏移的语素、词或短语充当,它附着的对象可以是词根语素、词或短语。模槽是词语模中的空位,可以由语素、词或短语充当。禹存阳认为现代汉语中的词语模不同于一般所讲的复合式或派生式构词法,也不是通过缩略来构成新词,它是一种兼有复合式和派生式构词法的特殊构词法,是现阶段现代汉语形成新词、新语的一个重要手段。

曹春静(2007)在李宇明"词语模"概念的基础上,对其进行了重新定义。

---

①　这里有小部分词语是重复统计的,因为这小部分词语存在模标和模槽可互换的情况。如"生态村"中,"生态"和"村"都可为模标,所以该词会被统计两次。

作者认为词语模是一种构词模式。这种模式由一个意义发生虚化或泛化并形成一定类义的固定成分(语素或词),与可以填入一系列具有相似深层语义特征的语素或词的空位组合而成,能批量产生新词。也就是词语模由"模标"和"模槽"两部分组成,其中模标是指词语模中位置不变的固定成分,模槽是指词语模中的空位。

熊洁(2013)对词语模的界定与李宇明基本相同,作者认为"现代汉语新词新语词语模"是指能够批量生产新词语的造词框架,由同一造词框架生产的新词新语必然含有共同成分,而且所含的共同成分同其他词语(或语素)之间的语法结构相同或基本相同。

王晓晨(2018)在沿用李宇明"词语模"概念的同时,提出了"词语模词语"的说法,认为"词语模词语"在产生前有一个已经存在的"框架结构",就是词语模。词语模能批量产生新词语,具有强大的构造新词的能力。

苏向红(2010)是目前唯一一位以专著形式全方位、多角度讨论词语模问题的学者,并且把词语模研究提高到了一定的理论高度。她认为,汉语词语模有广狭之分:广义的指当代汉语之前产生的词语模,可以称为"类词语模";狭义的指"当代汉语词语模",是语用主体为了表达的需要,在认知因素和语用因素的交互作用下,利用类推即时生成并且便捷传播新词语的一种模块化装置。词语模由"模标"和"模槽"两个部分构成,模标是起类别标示作用的固定成分,模槽是起填充、替换作用的非固定成分。与前几者不同的是,苏向红认为词语模兼有造词和构词双重身份,具有独特的物种价值。①

从以上各家对词语模的界定我们可以看出:除了苏向红以外,其余学者基本是秉承了李宇明最初对词语模概念的解释,只是说法大同小异,其中熊洁和王晓晨对词语模性质的界定倾向于造词,其他学者都把词语模归属于构词法范畴。而苏向红在前人研究的基础上,注意到了词语模概念的历时性,并在此基础上首先对词语模进行了大类的划分,然后在共时的条件下,对词语模的概念进行了阐释,着重强调了语用主体、认知、语用等因素的作用,并明确地把词语模的所属范畴由构词引向了造词。

1.1.2 与词语模相类的概念

较早出现的与"词语模"类似的概念是董秀芳(2004)提出的"词法模式"。她把汉语中具有一定规则性产词的格式统称为"词法模式",并认为词

---

① 苏向红:《当代汉语词语模研究》,浙江大学出版社2010年版,第15、28页。

法模式具有如下特征：一是其中一个成分具有固定性，另一个成分具有语法和语义类别的确定性；或者其中没有一个固定的成分，但两个成分都具有语法和语义类别的确定性。二是构成成分之间语义关系固定。三是整体意义基本可以预测。[①]

周荐（2008）在"词语模"的启发下，提出了"语模"的概念。他认为李宇明提出的词语模主要指用来构造词的构架，也有小部分是用来构造体词性固定短语的构架。而他提出的语模不是指用来构造词的构架，而是指用来构造语的，并且是专门构造熟语的构架。和词语模相比较，周荐认为语模有如下特点：一是语模所从出的短语和以语模为基础构造出的新短语都是熟语，因此语模具有熟语构架的性质，可以称作"熟语模"。二是由于语模具有形制长、模标多、模槽不太固定的性质，因此它在构造新短语时具有某种可替换性，即模槽可随时更易词语。三是语模造语是即兴仿造，所以造出的新短语具有临时性特点，其生命力一般较难持久，不大容易进入语言的核心层成为稳定成分。

郭攀（2008）在对词语进行划分时，提出了"模型化词语"的概念。认为具有模型化特征的词语即可以称为模型化词语，并借用李宇明对词语模的概括，把具有"模标·模槽"形式的词语，作为模型化词语的一个次类。其中，位于模标位置的词语，在已有"模标""词缀"等说法的基础上，结合其对不同类型语言单位的标示作用，全叫模标；位于模槽位置的词语，叫作槽语。在谈到该类词语的确认时，郭攀认为两个条件不可缺少：一是个体词语出现数的限定。二是双向性模标形式中模标层级的判定。

苏向红（2010）在对词语模进行分类时，提出了"类词语模"的概念。她认为类词语模也是一种创造新词语的"模子"，由"模标"和"模槽"两部分构成，模标是固定成分，起类别标示作用；模槽是非固定成分，起填充替换作用。类词语模的特点在于：一是类词语模创造新词语具有缓行性，其形成是渐进的，运作效率较低。二是创造并使用类词语模的人具有个体性，一般为一些文人。三是类词语模及所造新词语的传播渠道具有单一性。四是类词语模的模标与模槽都是汉字，没有字母词。[②]

宋作艳（2019）在阐述 $A_1A_2A_3$ 式词语（如"高大上"）的词汇化和词法化问题时，认为此类构式属于全图示构式，相对应地提出了"半图示性构式"的

---

① 董秀芳：《汉语的词库与词法》，北京大学出版社 2004 年版，第 101 页。

② 苏向红：《当代汉语词语模研究》，浙江大学出版社 2010 年版，第 15—16 页。

概念。并且认为绝大多数含有某个固定语素的词语模都属于半图示性构式，如"×族、×吧、×粉"等。半图示性构式的特点：一是具有一定的抽象度，可以促生新词法。二是实体构式是半图示性构式的构式实例，相当于词语模词语。

从以上五位学者提出的"词语模"相类概念可见，郭攀提出的"模型化词语"其实是"词语模"词语的上位概念，作为模型化词语次类的"模标·模槽"式词语基本等同于"词语模"式词语。董秀芳的"词法模式"、宋作艳的"半图示性构式"以及周荐的"语模"则是"词语模"的同位概念，不同在于"词法模式"和"半图示性构式"更强调内部规则，"词语模"则侧重于外部框架。而"语模"相较于"词语模"，前者更关注"架构"结果的不同。苏向红提出的"类词语模"可以说是"词语模"的下位概念，不同在于它更注重"前词语模"时代规则性造词的特点。

1.1.3 本书对词语模的认识和界定

1.1.3.1 对词语模研究中问题的存疑

李宇明(1999)首次提出了"词语模"这一概念，正式开启了学界对这一语言现象的研究。但正因为概念的首发性和原创性，就不可避免具有解释上的模糊和欠缺。模糊之处表现为：一是在其《词语模》一文的首段中，作者认为词语模是一个现成的框架背景，这一框架就像造词模子一样，能批量生产新词语，并使其所产生的新词语形成词语簇。① 而且从整篇文章的行文表述来看，作者讲的也是新词语的动态生成，而非静态的结构分析。但在论及词语模的特点时，却明确提出词语模属于构词法的范畴。可见作者并没有特别去厘清构词和造词。二是作者在解释词语模形成的时候，认为词语模是对基式的抽象和概括，是语言类推机制的一种表现。但具体什么是基式，作者没有详细说明，只是解释说"基式是一簇词语"。"如果不从发生学上着眼，当词语模形成后，原来作为基式的词语也可以看作是该词语模的产物。"②我们可以理解为，基式既是词语模形成的基础，也是词语模运作的产物。这样问题就可以归结为词语模到底是先于基式还是后于基式。这类似

---

① 李宇明：《词语模》，邢福义主编《汉语法特点面面观》，北京语言文化大学出版社1999年版，第146页。

② 李宇明：《词语模》，邢福义主编《汉语法特点面面观》，北京语言文化大学出版社1999年版，第152页。

于哲学中的鸡生蛋、蛋生鸡问题。虽然作者强调了不能从发生学上理解,那我们该从哪个角度透彻理解"基式"一词,作者并没有清楚说明。欠缺之处在于,作者认为词语模的形成要具备两个条件,除了语言学条件之外还有社会文化条件。但限于篇幅,作者并没有阐述社会文化条件,而且作者以后也没有再撰文详论此问题。这不仅是词语模概念解释上的欠缺,也是一个遗憾。

　　以上的两点模糊、一处欠缺,在后来学者的研究中有了相应的解释、补充和完善。如禹存阳较早意识到了词语模赖以产生的社会文化条件问题,并对词语模产生的文化条件基础和心理基础进行了较为详尽的分析和说明;而熊洁则注意到了基式的个体词数问题,并借鉴杨绪明(2009)的观点,认为"五个"词语的标准符合词语模能"批量产生新词语"的特点[①];对词语模所属范畴问题有了重新认识的当属苏向红,她认为词语模具有构词和造词的双重物种价值,尤其值得一提的是,她还注意到了词语模研究的时效性问题,并以"当代"为界对汉语词语模进行了阶段性划分。但在研究中,她把周荐"语模"的研究范畴也划归到了其"词语模"的研究范畴之下,鉴于目前学界对词和语的界限问题仍有较大分歧,我们认为这种划归是否合理还有待商榷,但这对本书研究范围的界定和所用术语的确定却是很好的启发。

1.1.3.2　本书对"词语模"命名的确定

　　词语的产生无非有两种情况,一种是零星产生,一种是批量产生。无疑后一种情况会蕴藏某种规律性,也更容易引起研究者的关注。我们知道,如果某种产品是成批大量生产的,那必然要有好用的生产工具和高效的生产方式,反映到语言中也是一样的道理。词语的大批量生产,生产工具和生产方式这两个因素同样至关重要。而"词语模"这一命名,既能反映出词语的生产工具是"模",又能反映出词语的生产方式是提取并利用"模标",来大批量生产词语。"模",即"模子",指"用压制或浇灌的方法使材料成为一定形状的工具"[②]。可见实际生活中作为生产工具的模子具有"定形"的特点。而作为词语生产工具的模子不仅可以"定形",还可以"定性",因为它"能够标示模标成分与模槽成分的性质,并且能够限定模标成分与模槽成分的位置",这即"定形";它"同时还制约着所生成词语的语义走向、语法性能和结

---

　　① 杨绪明:《当代汉语新词族研究》,四川大学博士学位论文,2009年。
　　② 中国社会科学院语言研究所词典编辑室:《现代汉语词典》(第7版),商务印书馆2016年版,第919页。

构关系",此即"定性"。① 所以该"模"所生产的"产品"必然带有"模"的一部分——"模标",而模标也成为产品和模子的联结点,这也是作为词语生产工具的模子和实际生活中的模子的又一不同之处。因此,"词语模"这一说法生动体现了词语生产工具的"模化"特点。此外,这一说法也凸显了词语生产方式中语用主体的能动作用,即语用主体从基式中抽绎出模标,并利用模标和模槽的语义、语法和结构关系,创造大批量词语,其中人的主观性、创造性起了很大的作用,所以"词语模"这一说法也形象体现了词语生产方式的"主观化"特点。

另外,用"词语模"这一命名来研究词语批量产生的情况,可以减少或避免"词根、词缀、真词缀、类词缀、准词缀、语缀"等术语的纠缠不清,使研究的目标直指词语批量生产这一情况本身。退一步说,即使判定出"模标"的性质,认为它是"词缀""类词缀"抑或其他,那将会产生一批不符合汉语构词方式,但早已被大众接受而且流行度和使用度都较高的词语。如"～客"中的"客"是类词缀,"黑～"中的"黑"也有类词缀倾向,那么由"黑"和"客"构成的"黑客"就近似于"类词缀+类词缀"的组合,像"宅女、晒族、铁粉、裸替"等词语都属于这样的组合,那是否意味着将对汉语合成词的构词方式作出补充或修改? 因此"词语模"这一说法的提出,使研究只限于"词语模"造词这一现象本身。

以上是对"词语模"这一命名合理性的分析,其实也在明确我们对词语模所属范畴的界定。即更倾向于词语模是一种创造词语的手段,而非一种词语结构的方式。

另外,没有采用"词法模式""语模"或其他命名,是因为由词语模构造的语言单位,很难界定到底是词还是短语,或者说词和短语的界限本来就很模糊,所以用"词语"来统称此造词模式创造的所有语言单位。

1.1.3.3 本书对词语模时间范围的界定

"词语模"概念的提出距现在已有二十几年的时间,但"词语模"这一现象却不是新生事物,它是语用主体在创造和使用新词语的过程中逐步约定而成的。"这种现象过去存在,现在存在,将来也会存在。"② 这里,笔者认同苏向红的观点,认为词语模属于历时现象,但在当下这个共时阶段,因为语

---

① 苏向红:《当代汉语词语模研究》,浙江大学出版社 2010 年版,第 35 页。
② 苏向红:《当代汉语词语模研究》,浙江大学出版社 2010 年版,第 11 页。

言自身的发展规律和外部的客观环境,尤其是语用主体的主观能动性等诱因,使得这一时期的汉语词语模显得越发活跃并具有吸引力。所以在对词语模进行界说的时候,一定不能忽略其时间性,在对词语模进行研究的时候,应该注意语料选取的阶段性。

　　这里所说的"这一时期",限于本书的研究目的和意义,是指 1978 年改革开放以来至今的这一特定历史时期,即契合时代发展新词语大量涌现的历史时期。本书选用很多学者对此段时期所冠以的"当代"之名。在汉语学界,"现代汉语"的提法已无异议,但是对现代汉语的分期仍没有统一的认定,现在学界大多认为现代汉语是指五四运动以来的汉语,至于"当代汉语",对这一提法的讨论大致始于 20 世纪 90 年代中期。较早明确提出"当代汉语"这一名称并做了比较全面论述的是马孝义(1994),他以新中国成立为界,把五四时期到新中国成立初期的汉语称为现代汉语,新中国成立初期到当今的汉语称为当代汉语。而赵永大(1995)则对马文的说法产生了质疑,他认为当代汉语不能简单地从时间上加以界定,因此把当代汉语作为语言的历史分期是站不住脚的。而近些年,汉语学界不少学者在倡导或使用"当代汉语"这一名称,其中以邵敬敏、于根元、刁晏斌和游汝杰等为代表。邵敬敏(2007)认为,如果说 20 世纪的汉语是"现代汉语",那么 21 世纪的汉语就应该称为"当代汉语"。而后邵敬敏(2007)又修正了自己的表述而使用"转型说",认为中国当代社会的改革开放,尤其是互联网的开通和普及促使现代汉语向当代汉语转型。于根元(2010)在给苏向红《当代汉语词语模研究》所作的序言中也提道:"我觉得我们从 1978 年进入了当代汉语时期。"①刁晏斌(2014)在综合汉语学界对当代汉语认识的基础上提出,"当代汉语的起点基本可以确定为改革开放之初"②,游汝杰(2021)也认为,改革开放以后的汉语可以称为"当代汉语",当代汉语是汉语历史发展的新阶段。③ 从上述各位学者的论述可见,"当代汉语"已经由一开始的理论倡导变成了现在普遍使用的学术概念,历史分期也基本达成共识,即"1978 年改革开放之后"。因此本书"当代汉语词语模"提取所用语料的时间范围为 1978 年以后。

---

① 苏向红:《当代汉语词语模研究》,浙江大学出版社 2010 年版,序第 5 页。
② 刁晏斌:《试论"当代汉语"》,《河北师范大学学报》(哲学社会科学版)2014 年第 1 期。
③ 游汝杰:《汉语研究的当代观和全球观》,《语言战略研究》2021 年第 3 期。

1.1.3.4 本书对词语模研究对象的界定

前面已经明确了词语模属于"造词法"的范畴,虽然其所构造的语言单位并不一定是严格意义上的词或语,但这些词或语一定是由词语模"创造"出来的,不可避免具有"新"的特点,因此属于新词语的范畴。关于什么是新词语,这里既有一个时间的问题,又有一个范围和标准的问题,因此不同的学者有不同的认识。结合前面对词语模时间范围的界定,这里采用杨文全、杨绪明(2008)对"新词语"的定义,即"新词新语主要是指中国改革开放以来当代汉语新创的词语,从其他民族语言借入的词语,从本民族语言的方言词、行业语和领域性词汇中借入的词语,产生了新义和新用法的旧词语或短语等"①。所以,本书所认定的"新词语"包含了词、短语以及"词与短语的中间状态",但并不包括周荐的"语模"所造的"熟语",也就是说,像"照 V 不误""问君能有几多 V""V 自己的 N,让别人去说吧!"等所造"熟语"并不属于本书所认定的新词语。

以上是对词语模"产物"的界定,还应有对词语模"产生"的界定。这涉及词语模的形成问题,主要是个体词数达到多少可以界定为"成模"。"模因论"认为,语言是一种模因,语言的使用过程是一个不断模仿、复制和传播的过程。② 作为词语模的研究者,对词语模"成模"的判定虽然无法从每个语言使用者的"模仿、复制、传播"中去考量,但要有一个起码的"量"的考量标准,即李宇明所谓的"基式"这簇词语的个数问题。杨绪明(2009)认为"五个"词语的标准符合词语模能"批量产生新词语"的特点,而郭攀(2008)的限定则比较宽泛,认为词语数达"三个",就能看作已形成模型化词语"模标·模槽"式,其认定理由如下:(1)"三"即为"多"。(2)存在着量少但出现率高的情况。(3)将量较少的部分形式纳入其中,不仅没有什么负面影响,还便于相关词语的系统化,能够使概括形式发挥更大作用。我们本着"严进严出"的原则,"严进"即以"五个"为词语模成模的标准,"严出"即以"一多一高"为次原则,要"收录词典或年编多(三部及以上)、词典或年编收录频率高(七次及以上)",使对词语模成模的判定做到最大限度的主观和客观相结合。

1.1.3.5 当代汉语词语模界说

综合以上对词语模命名、时间范围、研究对象的认识,我们认为词语模

---

① 杨文全、杨绪明:《试论新词新语的消长对当代汉语词汇系统的影响》,《四川师范大学学报》(社会科学版)2008 年第 1 期。

② 杨婕:《模因论视角下群体类流行语的词缀化》,《山东外语教学》2014 年第 2 期。

有广义和狭义之分,广义的词语模是一个历时概念,它是着眼于整个汉语历史的词语模化情况;狭义的词语模体现的是历时中的共时,即汉语的某个发展阶段词语模化的现象。

本书的"当代汉语词语模"是一个狭义概念。指 1978 年改革开放以来,语用主体在社会各种新质因素的刺激下,为了满足表达的需要,利用类推的方式,沿用或创造的能批量生产新词语的各种造词框架,该框架由具有类标记作用的不变"模标"和待填充的可变"模槽"两部分组成。

1.2   研究的内容与方法

1.2.1   研究内容

本书的研究内容包括以下五个方面。

一是收集语料,确定范围。从种类繁多的新词语语料中选取具有代表性的 33 部新词语词典和年编,以"当代"为界厘清选定语料中所有词条的产生年限,把符合时限的词条、释义、出处形成研用语料库;全面梳理当代汉语新词语的相关文献以了解模式化新词语在产生、数量、语义、来源等方面的情况。

二是厘定条件,识取模式。参照"整体为框架""标记为模标"的概念标准,采用从三方面量化的"五三七"基式标准,即"模式最低产词数(五个)、语料最低收录数(三部)、词语最少出现数(七次)",从研用词条中全面提取词语模,总体掌握当代汉语词语模的数量、分布及特征。

三是提炼模价,建立模库。统计所有个体模的造词数量、词典/年编收录情况、模式结构种类、语法功能种类、通用领域、模标义虚化和收录情况、模槽词性、音节数量,推演出 10 个价值维度并赋值,按综合模价高低构筑当代汉语词语模库。

四是分析模库,考释模式。全方位考察所构建词语模库中的高价模,从多维视角考察高价个体模在系统中的价值定位,并阐释相关个体模群在语音、语义、语法及语用上的相互联系和制约关系。

五是规范造词,利编辞书。在模价体系整体构筑中总结词语模造词存在的问题,并提出相应的规范建议;在词语模系统、全面的描写中查考高价个体模的释义以及高频词的出现,进而对辞书给出对应释收建议。

1.2.2 研究方法

本书所运用的主要研究方法如下:一是文献研究法。本书的相关文献资料主要集中于六个方面,即当代汉语词汇的衍生动因和规律、词语模的性质和特征、语言价值及相关理论、语言规范、新词语预测以及辞书编纂等。二是历时考释与共时分析相结合法。"词语模"作为一种造词法是一种历时现象,"当代"是一个历史阶段。考察一个历史阶段的造词法的规律特点,并在现今这个时点作出描写和阐释,是历时和共时的结合。三是定性分析与定量分析相结合法。为保证结论的科学性和可靠性,对当代汉语词语模的界定和基于此的对 33 种语料中 75980 余条新词语的词语模抽取,还有模价维度的确定和在此基础之上的词语模库的构建,都是在定性的基础上,借助相关的统计工具,以数据的形式直观展示当代汉语词语模的全貌和特征。四是分类描写和综合解释相结合法。在意义分类的基础上对当代汉语相关个体模群在语音、语义、语法及语用上的相互联系和制约关系进行描写和阐释。

1.3 语料来源

1.3.1 新词语词典、年编

由于编撰者个人的差异和词典收词时间范围的限定有可能会影响到新词语的判定标准和收录情况,为了能全面、有效反映当代汉语新词语的产生情况和成模情况,本书从研究对象和研究目标出发,选取"断代型"新词语词典①11 部,"编年型"新词语年编② 22 部作为主要研用语料。其中"断代型"新词语词典的选取按照"时间跨度的周全性"和"编著者的多样性"相结合的原则,时间跨度以"年代"为标准,可分为三种类型的时间跨度,即"年代跨度"(基本上一个年代)、"大年代跨度"(两个年代)和"全年代跨度"(三个年代及以上)。同时,尽可能照顾到同时期、同类型新词语词典编著者的多样性。这样,可以最大限度保证所用词典语料的丰富性、多元性、互补性和有效性。而 22 部新词语年编对本书的研究来说更是不可缺少,因为本书侧重研究的历时性,新词语年编从 1991 年开始,一直到 2020 年,虽然编著者不

---

① 本书指收词时间范围较明确、跨度大于或等于一个年代的新词语词典。
② 本书指收词时间范围基本是一年,跨度最大不超过四年的新词语词典。

同,但收词特点是时效性强,且收词丰富,是研究当代汉语词语模演变特点和规律的不可或缺的材料。因此,33 种语料互相参证,基本上可以反映当代汉语词语模的成模情况。具体收词情况如下。

1.3.1.1 "断代型"新词语词典

a.年代跨度类:

1)《汉语新词词典》(闵家骥、刘庆隆、韩敬体、晁继周等编著,上海辞书出版社 1987 年版),收词时间范围主要是 1966 年以来,收录词语 1654 条。

2)《新词新义辞典》(唐超群主编,武汉工业大学出版社 1990 年版),收词时间范围是 1949 年以来,重点是当代的词语,收录词语 3360 条。

3)《现代汉语新词词典》(于根元主编,北京语言学院出版社 1994 年版),收词时间范围是 1978—1990 年,收录词语 3710 条。

4)《新华新词语词典》(周洪波主编,商务印书馆 2003 年版),收词时间范围是 20 世纪 90 年代到 21 世纪初,收录词语 4000 余条。

5)《当代汉语新词词典》(王均熙编撰,汉语大词典出版社 2003 年版),收词时间范围是 1990 年以来,收录词语 5065 条。

6)《21 世纪华语新词语词典》(邹嘉彦、游汝杰编著,复旦大学出版社 2007 年版),收词时间范围是 2000 年以来,收录词语 1500 多条。

b.大年代跨度类:

7)《现代汉语新词语词典》(林伦伦、朱永锴、顾向欣编著,花城出版社 2000 年版),收词时间范围是 1978—2000 年,收录词语 1772 条。

8)《新词语大词典》(亢世勇、刘海润主编,上海辞书出版社 2003 年版),收词时间范围是 1978—2002 年,收录词语 20000 多条。

9)《汉语新词语词典》(侯敏编著,商务印书馆 2023 年版),收词时间范围是 2000—2020 年,收录词语 5126 条。

c.全年代跨度类:

10)《100 年汉语新词新语大辞典》(下卷)(宋子然、杨文全主编,上海辞书出版社 2014 年版),收词时间范围是 1978—2011 年,收录词语 4700 多条。

11)《新词语大词典》(亢世勇、刘海润主编,上海辞书出版社 2018 年版),收词时间范围是 1978—2018 年,收录词语 20000 余条。

1.3.1.2 "编年型"新词语词典

12)《1991 汉语新词语》(于根元主编,北京语言学院出版社 1992 年版),收词 335 条。

13)《1992 汉语新词语》(于根元主编,北京语言学院出版社 1993 年版),收词 448 条。

14)《1993 汉语新词语》(刘一玲主编,北京语言学院出版社 1994 年版),收词 461 条。

15)《1994 汉语新词语》(刘一玲主编,北京语言学院出版社 1996 年版),收词 458 条。

16)《汉语新词新语年编(1995—1996)》(宋子然主编,四川人民出版社 1997 年版),收词 410 条。

17)《汉语新词新语年编(1997—2000)》(宋子然主编,四川人民出版社 2002 年版),收词 574 条。

18)《汉语新词新语年编(2001—2002)》(宋子然主编,四川人民出版社 2004 年版),收词 512 条。

19)《汉语新词新语年编(2003—2005)》(宋子然、杨小平主编,巴蜀书社 2006 年版),收词 785 条。

20)《2006 汉语新词语》(周荐主编,商务印书馆 2007 年版),收词(包括附录)[1]424 条。

21)《2007 汉语新词语》(侯敏、周荐主编,商务印书馆 2008 年版),收词(包括附录)577 条。

22)《2008 汉语新词语》(侯敏、周荐主编,商务印书馆 2009 年版),收词(包括附录)516 条。

23)《2009 汉语新词语》(侯敏、周荐主编,商务印书馆 2010 年版),收词(包括附录)680 条。

24)《2010 汉语新词语》(侯敏、周荐主编,商务印书馆 2011 年版),收词(包括附录)783 条。

25)《2011 汉语新词语》(侯敏、杨尔弘主编,商务印书馆 2012 年版),收词(包括附录)769 条。

26)《2012 汉语新词语》(侯敏、邹煜主编,商务印书馆 2013 年版),收词(包括附录)664 条。

27)《2013 汉语新词语》(侯敏、邹煜主编,商务印书馆 2014 年版),收词(包括附录)519 条。

---

① 《汉语新词语》附录部分是前三年的补收词语,因此这里的收词数量是指正文和附录收词的总和。下同。

28)《2014 汉语新词语》(侯敏、邹煜主编,商务印书馆 2015 年版),收词(包括附录)580 条。

29)《2015 汉语新词语》(侯敏、邹煜主编,商务印书馆 2016 年版),收词(包括附录)600 条。

30)《2016 汉语新词语》(侯敏、邹煜主编,商务印书馆 2017 年版),收词(包括附录)579 条。

31)《2017 汉语新词语》(邹煜主编,商务印书馆 2018 年版),收词(包括附录)395 条。

32)《2018 汉语新词语》(邹煜主编,商务印书馆 2019 年版),收词(包括附录)348 条。

33)《汉语新词语(2019—2020)》(邹煜主编,商务印书馆 2021 年版),收词(包括附录)693 条。

1.3.2　词语模研究相关论文和网络语料

除了以上的 33 种语料之外,本书在界定词语模时,还参考了词语模研究的相关论文以及网络语料。词语模研究的相关论文不仅可以体现研究者的关注度,还可以在一定程度上反映某些词语模的分布、使用和研究情况。网络语料的搜索,本书以新词语词典和新词语年编为基础语料界定词语模,以"模标"为关联搜索词语群,进一步印证了相关词语模语用主体的认可度和模式的能产度。

2 词语模提出的背景及相关研究状况

2.1 词语模提出的背景

"词语模"是李宇明于 1999 年提出的,从改革开放算起,已经 20 多年的时间。十一届三中全会以来,中国进入了历史发展的新阶段,新事物、新概念、新观念不断涌现,打破了原来的语言词汇和社会结构之间的相对平衡,整个中国社会陷入了王希杰所认为的"名""实"矛盾①之中,由此也引发了一场声势浩大的全民造词运动。而随后开启的互联网时代,则全方位助力了这场运动更广、更深地发展,这是词语模概念提出的时代背景;另外,前文中已经明确,词语模是和词语的产生密切相连的,是一种创造新词语的手段,属于"造词法"范畴。既然是一种从实践而来的方法,本身就会带有理论上的不自足性,但这一极具语言现实贴合力的术语的提出却契合了语言学中的若干理论。或者反过来说,正是因为有着丰富的理论支撑,词语模才能在延续至今的全民造词运动中举足轻重。

2.1.1 词语模提出的时代背景

词语模提出的时代背景,既包括主观方面的词语模赖以形成的社会心理背景,也包括客观方面的词语模得以传播的技术媒介背景和语言接触背景。

---

① 王希杰:《从新词语看语言与社会的关系》,《世界汉语教学》1991 年第 3 期。

2.1.1.1 社会心理背景

陈原(2000)曾说过:"凡是社会生活出现了新的东西,不论是新制度,新体制,新措施,新思潮,新物质,新观念,新工具,新动作,总之,这新的东西千方百计要在语言中表现出来。"①我国在十一届三中全会以后,对内改革、对外开放,各种"新"如雨后春笋般出现,人们对这种"万象更新"的应接不暇,不仅表现在心理上,更表现在语言上,因此整个社会都陷入了"有实无名,有名无实,名实不符,名实不和"②的矛盾。有实无名,即社会中明明产生了某种事实,却没有相应的词语来指称;有名无实,指随着社会的变化,一些事实变化或消失,但指称它们的词语依然存在;名实不符,指某些事实还在,但因为社会的变化,人们对它们的理解不再是原来的语言符号所代表的意义;名实不和,指的是虽然指称和事实一致,但使用者却感到别扭,难以接受。以上种种"名""实"矛盾,都在迫使中国社会全速进入一个"造词"的时代。

20世纪以来,中国三次进入词语创造"大爆炸"时期:一是五四时期的学者造词;二是"文化大革命"时期的政治造词;三是改革开放时期的全民造词。③ 陈建民(2000)认为,"改革开放时期带有全民性质的造词运动,这是我国历史上新词语诞生最多的时期。这一时期不仅有政治造词,学界造词,而且有广大群众积极参与造词,新词语规模之大,变化之快,数量之多,在汉语词汇史上是空前的。"④因此,全民造词包含了学者造词和政治造词,最重要的是有广大群众的积极参与,这是全民造词时期的最大特点。究其原因,首先,正是因为五四时期新文化运动的提倡,新中国成立伊始文化教育的普及,全民的语言文化素质才得以提高,使得人民大众在摆脱了"文革"的政治影响之后,有了成为这场史无前例的造词运动主体的资本。其次,学者造词和政治造词,两者囿于造词主体和造词领域,只能产生某一方面或范围的新词,也就是说容易导致某一或几个意义范畴新词的大量滋生。而改革开放后的社会千变万化,单纯的某一群体或集团的造词,已经不能招架当代各个方面的日新月异,要求必须要有更多的人参与造词活动,才能分担社会现实和语言现实的双重压力,这是时代赋予民众的成为词语创造主体的契机。因此,在全民造词中,涵盖了各个阶层的广大民众既是造词的主体,也是用

① 陈原:《社会语言学》,商务印书馆2000年版,第211页。
② 王希杰:《从新词语看语言与社会的关系》,《世界汉语教学》1991年第3期。
③ 陈建民:《汉语新词语与社会生活》,语文出版社2000年版,第15页。
④ 陈建民:《汉语新词语与社会生活》,语文出版社2000年版,第15页。

词的主体,这种身份的重合使得他们在造词活动中更具自由性和灵活性,甚至有时不受语言规约的限制,最后导致的结果便是新词语、新用法的遍地开花,当然也缓解了语言词汇和社会发展之间不和谐的矛盾,使二者达到一种新的平衡。因此,全民造词是社会发展的需要,也是语言与社会共变的客观要求。

但有一点我们要注意,在全民造词中,并没有因为造词主体的广泛而导致整个造词活动的杂乱无章和各自为政,而是在纷繁复杂中暗藏着一种"潜规则",正是这种潜规则的存在,使得语言研究者能够在审视新词语的全貌时见微知著,进而在一定程度上把握新词语的大致走向。这种潜规则就是民众的造词心理。十一届三中全会之后,社会突然由完全封闭变为开放,新生事物大量涌现,在客观外界的刺激之下,人们的心理观念也发生了翻天覆地的变化,人们不再因循守旧、墨守成规,而是彰显个性、追求变化,表现在语言上,就是称述上的求新求异,由此而形成了千变万化的个体风格差异,而某些标新立异的称述会有很强的社会影响性和语言辐射力,其他的人会争而效仿,这样又造成了语言使用上的一种趋同倾向,因此新词语就在求异和趋同两股力量的交互作用下大量滋生。词语模就是这两股力量拉扯下的重要产物之一,新模标的层出不穷正反映了造词者求新求异的心理,其他语言使用者受到这些新颖多变的模标的刺激和感染,便会群起仿之,而模槽上的空位则又给了其他语言使用者词语再创造的机会,模式化的新词语得以不断产生。同时,词语模这种词语生产方式,也完全顺应了造词主体的求简心理。因为从造词主体的角度来讲,他们除了要考虑所造词语的新鲜程度,基于人生理上和心理上一种本能的惰性,他们还要以效能的最大化来完成交际和表达。而词语模的模标形式简单,大多由单音节或双音节语素/词语充当,不仅新颖度高,而且具有意义上的类别性和话题性,造词主体可以根据交际的需求,在模槽位置上置换不同的词语,从而实现词语模效能的最大化。因此,词语模是在造词主体求新求简的心理驱使下,能够选择的一种最高效、省力的词语生产方式,这也符合了法国语言学家安德烈·马丁内所提出的"语言经济原则",即"交际需要"与"省力原则"是构成语言经济的两个主要因素。

总之,在时代大背景的影响下,造词主体的心理既矛盾又统一,"词语模"概念就是在他们求异和趋同、求新和求简的复杂心理下产生的最契合时代发展的词语生产方式,而这种方式之所以能在后来迅速扩散和广泛传播,要得益于网络媒体的大力助推。

2.1.1.2　技术媒介背景

人类的信息传播经历了漫长的发展过程,而信息传播媒介作为传播者和受众之间的中介,在信息传播中扮演着非常重要的角色,它不仅是信息的物质载体,也是信息得以传递、交流的工具和手段。信息传播媒介的发展几乎伴随着整个人类文明的进程,它经历了语言传播、书写传播、印刷传播、电子传播和网络传播等几个阶段,而每前进一个阶段,都对技术手段以及技术载体的要求大大增加,从而引发人类知识结构和社会产业结构的重大变革。

在所有的传播媒介中,语言是最主要的,其他的如文字、报刊、广播、电视、电话、电脑、手机等都是在语言的基础之上形成并发展的。而每产生一种新的媒介,必然要求有一种新的语言形式来表达和回应,因而也就形成了诸如报刊语言、广播语言、电视语言、网络语言等媒体语言。对于媒体语言的定性,众说纷纭。有人认为没有独立的媒体语言,只承认媒体和语言的各自存在性,对二者结合的独立存在性持怀疑态度;有人则从定义的角度间接否定了媒体语言的这种提法,认为它只是语言在媒体中的运用;而大多数学者还是认为,无论媒体语言本身是否存在,还是媒体语言这种提法是否合适,都不能否认这种语言有着独特的规律性和完整的系统性。我们认为,正是这种规律性和系统性,在很大程度上影响了整个语言体系的发展,也使我们的语言研究有据可依、有章可循。因此,为了研究称说的方便,这里还是采用"媒体语言"的说法。

前面讨论过,媒介的变化会引起媒体语言的相应改变,也就是传播方式的改变会导致语言使用的变化。而传播方式的改变离不开技术手段的支撑,语言使用要受到社会因素的影响,因而也就导致了媒介、语言、技术、社会四者之间错综复杂的关系。综观新中国传播媒介的发展,经历了四个阶段:以印刷技术、声讯技术为基础的报刊传媒和广播传媒阶段(从新中国成立初期到改革开放初期);以电子声像技术为基础的电视传媒阶段(20 世纪 80 年代中期到 90 年代中期);以信息技术为基础的网络传媒阶段(20 世纪 90 年代中期到 21 世纪最初几年);以数字技术和网络技术为基础的新传媒阶段(最近 20 年)。受到媒体变化和社会变革的影响,新中国的媒体语言也经历了四个发展阶段:媒体语言相对单一的时期(新中国成立后到 20 世纪 60 年代中期);媒体语言充斥空话、套话的时期("文革"时期);媒体语言返璞归真的时期("文革"结束至 20 世纪 80 年代末);媒体语言丰富和创新时期

（20世纪90年代至今）。① 因此当代在社会变革的影响下，随着电视传媒、网络传媒和新传媒的广泛应用，媒体语言日益丰富化和多元化。尤其是互联网信息技术的发展和普及，催生了一大批的网络新词语。

1994年我国接入互联网，被国际上正式承认为拥有互联网的国家。中国互联网络信息中心（CNNIC）自1997年12月开始，大约每半年进行一次互联网络发展状况调查，发布中国互联网络发展状况统计报告，截至2023年8月，已经发布了52次统计报告。报告显示，1997年底，我国上网用户数是62万，其中年龄在21—35岁的青年人占78.5%；1998年7月，上网用户数是117.5万，21—35岁年龄段的人占79.2%；1998年底，上网用户数是210万，21—35岁年龄段的人占79.7%；而到了2000年7月，上网用户数达到了1690万，年龄在18—35岁的青年人则占到了85.98%。② 从中我们可以发现两个现象：一是从1997年底到2000年中，仅仅两年半的时间，上网人数是以每半年翻倍的速度增长的。③ 二是在上网用户群中，20—35岁左右的青年人始终是这个群体的主力，而且比重一直呈增加趋势。这两个现象能说明两个和语言有关的问题：首先是互联网的快速普及使语言的使用真正达到了"无界"状态。一个新词语或一种新的语法现象，不再限于某个地区或范围的人知晓，通过互联网的传播，可以让全世界知道，这是空间上的"无界"；一个新词语或新的语法现象，不再是借助传统媒体慢慢地传播扩散，而是一产生就几乎可以让所有人"共时"知晓，这是时间上的"无界"；在传统媒体时期，普通大众在话语平台上基本没有话语权，只能被动地接受，因此信息传播是单向的，随着互联网的普及，达到了真正的双向甚至是多向传播，因此一个新的词语或语法现象一出现，只要它具有足够的吸引力，就会有很多人复制或模仿，所以互联网客观上为所有人提供了一个词语使用和创造的平等参与权，这是权力上的"无界"。正是语言使用上这三方面的"无界"，"促使某种新的用法在很短时间内就被'高频'使用，迅速成为一种

---

① 姚喜双、张艳霜：《媒体语言发展刍议》，《语言文字应用》2010年第1期。

② 以上数据均来自"中国互联网络信息中心"发布的《中国互联网络发展状况统计报告》（第一次、第二次、第三次、第六次）。参见 https://www.cnnic.cn/6/86/88/index3.html [2024-12-30].

③ 根据2000年7月后的统计报告，在以后的时间，虽然上网人数依然保持了强劲的增长势头，但并没有出现每半年翻倍的增长速度。参见 https://www.cnnic.cn/6/86/88/index3.html[2024-12-30].

'强势词语'或'强势格式',……对语言的变化来说,尤为重要"①。其次,新词语的易感人群通过互联网大量聚集。年轻人精力旺盛、头脑灵活,乐于关注也善于接受新生事物和现象,当然也会利用互联网大量创造和即时传播新生词语。因此,相较于其他年龄段的人而言,他们首先成为新词语缔造和传播的主力军。

归结到词语模概念的提出,时间是在 1999 年,正是互联网使用人数增长速度最快的时期,也是语言的复制和模仿"高频"的初期。虽然不少新词语在网络普及之前就已经产生并流行,但迫于传统媒体的局限,没办法传得广泛、久远,互联网的出现和初步普及,为这些词语的"众所周知"提供了一个快捷的传播渠道,某些让人耳目一新而且再造性很强的新词语会通过这个渠道不断刺激人的认知领域,人们会根据这些词语的特点相应地整合出一个词语模型,在求新和从众心理的作用下,再有类似事物或现象出现时就套用这个模型,具有相同模式结构和语义关系的新词语便会不断产生,产生这些词语的模型就会成为一种"强势格式"。与此同时,互联网普及后语言使用上的时间无界性,会缩短新词语传播的周期,即间接缩短了词语模批量生产新词语的时间,导致具有相同模式特点的词语"瞬时"出现并高速传播。而语言使用上的空间无界性和权力无界性,会使人人都能参与这种认知和语言的循环整合,每个人都可以通过互联网复制、模仿、发布,成为新词语的创造者、使用者和传播者,实实在在地实现了造词主体和语用主体身份的重合。尤其是其中的年轻人,对新词语的敏感度高,对新模式的使用率也高,所以始终是词语模式化生产的有生力量。因此,词语模概念的提出,及时且形象地反映了互联网媒介下新词语产生的方式和特点,这对研究当代汉语词语的生成机制意义重大。

2.1.1.3　语言接触背景

语言接触是随着政治、经济、文化、贸易的往来而出现的一种非常普遍的社会现象。是社会因素的影响导致了语言接触的发生,从而引起语音、词汇、语法等语言内部成分和结构的变化。从类型上来说,语言接触可以分为本族语和外语的接触、共同语和方言的接触、方言和方言的接触、口语和书面语的接触。② 本书鉴于研究范围,只涉及前两种语言接触类型。

---

① 邵敬敏、马喆:《网络时代汉语嬗变的动态观》,《语言文字应用》2008 年第 3 期。
② 邵敬敏:《港式中文与语言接触理论》,《佛山科学技术学院学报》(社会科学版)2008 年第 6 期。

1)本族语和外语的接触。

综观中国的历史和汉语史,曾三次出现引入外来语的高峰。第一次始于东汉,随着佛教的传入,汉语从梵文中借入了大量与佛教有关的词语;第二次从清末开始到新中国成立前夕,西方文化大量传入,尤其是新文化运动,大大促进了外来词的保存和流传;第三次是改革开放以后,中外交往剧增,随着外来经济、文化、思想的涌入,作为载体的外来词语也汹涌而来。[①]从中可以看出,语言接触的程度和社会的发展、开放程度是分不开的,社会越发展、开放度越高,语言接触的现象就越频繁。同时,语言接触也要受制于客观的地理和物质技术条件。传统的语言接触一般是地缘接触或跨地缘接触。[②] 地缘型的语言接触是不同的语言或方言族群在地域上相邻或接壤而引起的语言上的相互影响,第一次外来语引入高峰便属于地缘型语言接触;跨地缘型的语言接触是一种远距离的接触,指不同的语言或方言族群在地域上并不相邻或接壤,而是通过商人、使者、教士、翻译作品等作为中介引发的间接的语言接触,第二次的外来语引入高峰就属于跨地缘型的语言接触。而中国在 20 世纪后半叶,交通工具的改进、通信技术的发展,不仅加快了传统的语言接触,20 世纪末期互联网技术的应用和普及,更是导致了语言接触方式的根本性变革。因此,第三次的外来语引入高峰,是传统语言接触和网络语言接触共同作用的结果。

首先,在改革开放后传统的地缘型语言接触中,日本和韩国两个近邻是和中国语言接触最频繁的国家。虽然和这两个国家的语言接触古已有之,但因为古代中国经济、政治的相对强大和文化上的绝对优势,在语言接触中大多是汉语单向性的影响,汉语词汇的借出远远多于借入。这里尤其值得一提的是日本。日本在明治维新之前,为吸收中国文明而引入了大量的汉语词,明治维新之后,为了西学东渐的需要翻译了大量欧美图书、杂志,创造了非常多的新“汉语”词,并利用这些词来大量吸取西方文化,促进了本国经济的发展和科技的进步,而渐入世界强国之列。因此,经济、政治上的优势地位使得日本对中国的语言位势逐渐增强,尤其是 20 世纪中国改革开放之后,受到中日两国经济往来、教育交流和日本影视文化的影响,汉语中的日语借词大量增加,有些词已经完全融入了现代汉语。诚如史有为所说:“日

---

① 张德鑫:《第三次浪潮——外来词引进和规范刍议》,《语言文字应用》1993 年第 3 期。

② 袁咏:《社会变化与语言接触类型及变异探究》,《新疆社会科学》2013 年第 5 期。

语词本来就是汉语借用的一个重要来源,现代汉语词汇体系的形成就得益于日语甚多甚多。"①这些日语借词不仅充实了汉语词汇,也丰富了汉语词汇的构造方式,当然这也是由日语的构词特点决定的,即日语中经常把"汉语＋汉语"或"汉语＋和语"等形式排列组合构成"复合语",某些组合形式在汉语中得到了固定使用,如"～论""～主义""～性""～力""～率""～屋""非～"等。由于汉语和日语词汇构造形式的相通性,这些固定使用又引发了相同形式系列词语的大量出现,促进了汉语的模式化造词。

其次,改革开放后在传统的跨地缘型的语言接触中,中国和西方英语国家为了发展经济贸易,开展科学技术合作,双方都采取主动的语言接触。而中国近代在与西方的语言接触中,一直在采取主动的"被动"接触。先从民间层面的中西语言的密切接触来看,主要开始于中国通商口岸中英两国民间的口头商贸交流,形成了一种汉英混合语,即"洋泾浜英语"。这是英国商人为了贸易方便而主动采取语言妥协的产物。而学术层面的广泛接触主要是明末清初的科技翻译和五四运动的西学翻译,使当时中国上层的知识分子被迫学习洋务,被迫主动接触和学习外语(主要是英语),这对当时中国人思想观念的解放、更新具有极大的推动作用。而改革开放以后,中国的国力日益增强,国际地位不断提高,不仅来中国的西方人越来越多,而且到西方去的中国人也逐年增加,语言接触一直处于双向的频繁互动状态,导致20世纪90年代开始的西方"汉语热"持续增温。但是,因为美国在政治和经济上的国际霸主地位,使得在中西的语言接触中英语始终处于强势语言的地位,汉语也吸收了大量的英语外来词。因此在英语的影响下,现代汉语出现了某种程度的变化,也就是所谓的欧化现象②。尤其是不少学者,如谢耀基(1990)、刘英凯(2000)等,认为英语的派生式构词法对现代汉语的词缀化影响明显,还有学者,如吴东英(2001),认为英语借词为现代汉语提供了一些新词缀,如"吧(bar)""的(taxi)""巴(bus)""多(multi)"等,加快了汉语本身词缀化的发展。从中可以看出,随着汉英语言接触的频繁,英语借词和借入词缀对当代汉语词汇的规模生成无疑起着很大的推动作用,也为词语模的

---

① 史有为:《外来词:异文化的使者》,上海辞书出版社2004年版,第289页。编者注,原文疑衍"甚多"。

② 王力先生认为:"所谓欧化,大致就是英化,因为中国人懂英语的比懂法德意西等语的人多得多,拿英语来比较研究是更有趣的事。"参见王力:《中国现代语法》,商务印书馆1985年版,第334页。

提出提供了大量的语例事实。

最后,互联网作为语言接触的新型纽带,不仅模糊了传统的地域概念,也加快了语言接触的速度,使语言接触可以随时随地进行,接触的对象也可以五湖四海,突破了传统语言接触的限制。网络语言的特点在于它可以"对一些汉语和英语词汇进行改造,对文字、图片、符号等随意链接和镶嵌"①。而互联网起源于美国,因此它的广泛应用,更强化了英语的优势地位,同时加剧了英语对汉语的影响。

因此,正是改革开放以后,汉语受到外来语言文化的猛烈冲击,加上信息技术的发展和互联网的逐步普及,促成了外来语引入的第三次高峰。而这又在一定程度上影响了汉语词汇的构造方式,为词语模的提出奠定了外部语境基础。

2)共同语和方言的接触。

现代汉民族共同语是普通话,普通话和方言的接触属于民族内部的语言接触。以前中国是传统的农业社会,人口和土地比较固定,生活和交往的空间非常有限,族群内部的单一语言完全可以满足日常生活的交际需求。而改革开放之后,中国传统的社会结构走向瓦解,城乡壁垒被打破,大量的农村剩余人口涌入城市。20世纪90年代以后,城市化进程的加快更加剧了人口的流动,使语言接触突破地域限制,发生了根本性的改变。这种改变主要表现为普通话和方言的相互影响。

首先,因为国家的"推普"政策和商品经济发展的现实需要,普通话对方言是一种不对等吸收甚至是取代,某种程度上导致普通话的一家独大和部分方言的萎缩、消退。在这个过程中,固然丰富、完善了现代汉语普通话系统,但对方言来说,则处于各种方言成分都向普通话靠拢的中介状态。其次,强势方言向普通话渗透明显。这种强势方言主要指粤方言,改革开放以后广东的经济优势地位,导致了广东人普遍有种语言优越感,再加上其在浓厚的宗族意识基础之上形成的"宗言"意识,使得粤方言在与其他方言的竞争中脱颖而出,大量粤语词缀迅速向普通话渗透。如"～妹""～哥""～友""～女""～星"等,促进了普通话的词缀化造词。同时,因为广东毗邻香港地区,香港地区处于粤方言区,而香港地区因为历史原因,英语的普及率和使用率都很高,英语借词及借入词缀通过港式中文辗转进入粤语,借势粤方言的强力冲击,影响现代汉语普通话,间接促进了现代汉语新词语的模式化生

---

① 于根元:《中国网络语言词典》,中国经济出版社2001年版,序第5页。

成。和香港地区同样情况的还有台湾地区,台湾地区和福建一衣带水,属于闽方言区,但因为历史原因,受到日本语言文化的影响。改革开放以后,日语借词通过台湾地区辗转进入大陆,间接影响了汉语普通话新词语的形成。前述日语和汉语的地缘型语言接触中,不少日源词缀就是通过台湾地区而入驻现代汉语普通话。

因此,改革开放以来粤语作为强势方言的影响,各地区往来的增多,逐年递增的人口迁徙和流动,再加上网络信息技术的应用,使得这一时期的语言接触更加复杂化、多元化、区域化。因此这在丰富当代汉语词汇的同时,也充实了其词缀和类词缀,为词语模的提出奠定了内部语境基础。

综上所述,我们从主观和客观两个方面探讨了词语模提出的时代背景。可以说,社会的演变和信息交换方式的改变都会在语言中得以呈现。正如我们所熟知的对语言的定义:语言是人类的交际工具。"人类"是"社会中的人类","交际"是"语言的接触"和"信息的交流",语言只有和时代共变,才能彰显"工具"的本色。词语模的提出就是最好的明证。

2.1.2　词语模提出的理论背景

第一章我们讨论过,词语模是对新词语来源进行的一种发生学研究,是一种创制新词语的方法,因此属于造词法范畴。或者更确切地说,词语模是造词实践的方法总结,在语言现实中更具导引作用。改革开放以来新词语大量产生,尤其是近十几年,新词语快速地规模化出现,说明词语模造词能量巨大,这一点是毋庸置疑的。作为一个从语言实践中来又指导语言实践的方法,可以说词语模本身已经具备了一定的理论性,但因为这种方法过于贴近语言现实,又表现出一定的理论不自足性,而引起对"词语模"这一术语称呼所属范畴的难以确定。① 因此,问题的关键在于"词语模"术语的提出其理论蕴含的多寡,而其丰硕的造词成果足以证明"词语模"这一术语具有非常丰富的理论支撑。它的形成机制、运作机制和功效机制与认知语言学理论、类推理论、语法化理论和潜显理论有着千丝万缕的联系,对这些理论进行追根溯源也是在深化我们对词语模的研究。

2.1.2.1　认知语言学理论

"机制"一词在《现代汉语词典》(第 7 版)②中的解释为:"泛指一个工作

---

① 即不好确定是"理论""概念""术语"还是其他。

② 为减少篇幅,后文把《现代汉语词典》都简称为《现汉》,需区分版次时,会在《现汉》后加注版次;需注明所引用义项的页码时,会在释义后标注页码。

系统的组织或部分之间相互作用的过程和方式。"（第 600 页）简单来说，"机制"就是一种"过程和方式"。词语模的形成机制主要是针对词语模的形成过程而言的，当然也不可避免地涉及一些方式问题。前述在讨论词语模提出的时代背景时，首先谈到了社会心理背景，而认知是心理过程的一部分，因此词语模的形成必然要受到认知因素的影响，是人对新事物、新现象的认识过程在语言结构中的一种对应和表现。由此可以推定，词语模的形成机制是与认知语言学理论息息相关的。

"认知"（cognition）一词来源于拉丁语 *cognitio*，是心理学的重要术语之一，指人获得知识或学习的过程。认知心理学认为认知有广狭之分：狭义的认知指规则运算式的信息加工；广义的认知是指以思维为核心的一组活动，包括感觉、知觉、记忆、判断、推理、想象等。而我们所说的认知语言学中的"认知"属于广义的认知，是"包括感知觉、知识表征、概念形成、范畴化、思维在内的大脑对客观世界及其关系进行处理从而能动地认识世界的过程"[1]，是把对客观世界的体验概念化和结构化，并在语言中加以呈现和对应的过程。因而认知语言学中的"语言"不是一个独立的系统，"它是客观现实、心理基础、心智作用、社会文化等多种因素综合作用的结果"[2]。正因为定义认知语言学的除了"认知"这个概念，还涉及一些基本的语言观、方法论和认识论，所以很适合用认知语言学理论分析汉语这种比较重"意合"的语言，当然这也符合了中国人重视整体综合的思维特点。词语模作为一种造词经验的总结和源于语言实践的方法，其形成机制正得赖于认知语言学的诸多理论。

1）原型范畴理论。

"范畴"是认知语言学中广泛使用但含义比较模糊的术语。通俗来讲，范畴是万事万物在人们头脑中归类的结果。因为任何事物都有自己的性质和特征，人们根据这些特性来认识千差万别的事物，找出它们的共同点，进而概括出每类事物的抽象表征，就形成了概念，也就有了语言符号的意义。因此范畴的形成和人们的类属划分密切相关，带有一定的主观因素，是认知主体对外界客体的属性作出主观概括的结果。而"范畴化"就是范畴形成的过程，是将世界结构化，使其从无序转向有序，因此范畴化是人类对世界的一种有效认知活动，是认识世界的一个重要手段。范畴化和范畴作为对

---

① 赵艳芳：《认知语言学概论》，上海外语教育出版社 2001 年版，第 2 页。

② 王寅：《认知语言学》，上海外语教育出版社 2007 年版，第 15 页。

"类"的划分过程和结果,在我国古代思想中早有体现。如《周易·系辞上》中"方以类聚,物以群分,吉凶生矣",是对"类"的经典概括。孟子在《孟子·公孙丑上》中认为"麒麟之于走兽,凤凰之于飞鸟,太行之于丘垤,河海之于行潦,类也。圣人之于民,亦类也"。这是对"类"的相似性和差异性的较早总结。荀子在《劝学篇》中更是指出"物类之起,必有所始。……物各从其类",明确了"类"即"物类"。但中国古人的整体、全局的思维方式,导致其"类"思想缺乏具体、系统、科学的论证,而西方从经典范畴理论到原型范畴理论的发展,则更好地体现了"类"思想的系统性和科学性。

从亚里士多德开始,到维特根斯坦之前,是西方的经典范畴理论时期,历时 2000 余年。这一时期,范畴被认为是一组共同特征的集合,且特征具有非此即彼的二分性;范畴的边界明确,范畴成员地位相等,没有边缘和核心之分。但 20 世纪 50 年代,维特根斯坦提出了"家族相似性"原理,是对经典范畴理论的质疑,也开启了西方原型范畴理论时期。他认为一个范畴中的众多成员之间具有较多的相似性,正是因为这些共同的属性,才使得该范畴能与其他范畴区别开来,人类就是根据事物间的属性是否具有"相似联系"而进行概括的。① 这就是"家族相似性"原理。由此他还论述了范畴边缘的不确定性以及范畴成员地位的不相等性。Berlin、Labov、Brown、Rosch、Lakoff 等学者在"家族相似性"原理的基础上将其进一步发展为"原型范畴理论"。尤其是 Rosch 通过一系列实验,不仅证明了"家族相似性"的正确性,而且认为"原型"是范畴中最具代表性和典型性的成员,进而提出原型效应理论和原型范畴理论。他还在 Brown 研究的基础上深入了对范畴层次的研究,认为基本层次范畴是形成原型的基础。Lakoff 则进一步发展了原型范畴理论,认为可以用理性化的认知模型来解释原型范畴。并且认为,语言结构和概念结构一样,也有原型效应。

综上可见,原型范畴理论认为范畴是建立在纵横交错的相似性网络基础之上的,它来源于认知主体和客观世界的互动,其属性具有渐变、多值和具体的特点,导致了范畴边界的模糊、范畴成员地位的不等和范畴层级的差异,因此范畴具有一定的开放性、灵活性和层次性。词语模的形成过程就是范畴化的过程,范畴化的结果是形成了词语模,整个词语模的形成机制很好地体现了原型范畴理论。首先,新事物、新现象的出现刺激了语用主体的表达需求,语用主体把这种需求纳入认知机制,发现旧有词语表达的概念无法

---

① ［奥］维特根斯坦:《哲学研究》,李步楼译,商务印书馆 1996 年版,第 47—48 页。

与新出现的事物、现象相对应,因此用新词语的形式来满足这种对应。同时,这个词语的新颖度又会刺激其他语用主体的认知,一旦再出现的事物或现象与这个新词语在客观世界的所指具有某种相似点时,其他语用主体马上会意识到这种相似性,然后用这个新词语的某个组成部分(语素或词)来实现这种相似性的关联,多次的重复关联即范畴化的过程。用以实现关联的语素或词就是范畴类别的标记,也是区别其他范畴的标志。因此,词语模的形成来源于人与客体世界互动的认知,具有某种相似点的新事物、新现象的层出不穷会导致"语素或词语标记(模标)范畴"边界的不确定性,使其具有开放性,也就是"模标化词语"能够无限生成。当然,具有某种相似性的不同模标范畴(词语模)还可以形成模标范畴群(词语模群),构建出更大的语义范畴,实现了范畴的层级性。而每一个具体词语模都是更大范畴的成员,当语用主体看到新的事物或现象时,最先联想到的词语模就是原型样本,它的心智处理最容易、耗时最短,具有最大的家族相似性,所以也是基本层次范畴的代表。当然原型的界定和语用主体的主观意识也有很大关系,或者说,这种主观意识也是认知机制的一部分。以上就是在原型范畴理论的基础上,对词语模的形成机制作出的阐释。

2)隐喻认知理论。

西方学者对隐喻的研究可以追溯至亚里士多德时期,但亚里士多德主要是从修辞的角度来认识隐喻,并认为隐喻是词语层面的一种修辞现象。传统的语言学也把隐喻视为一种语言形式的修辞,认为应该纳入修辞学、文学等研究的范围。西方第一个从认知角度解释隐喻的当推 Locke,他意识到人的基本心智概念应该是隐喻性的。之后,康德、Shelley、Whitney、Cassirer、Richards 等都从认知角度对隐喻进行了不同程度的论述。而近年来认知角度的隐喻研究中具有代表性的人物当是乔治·莱考夫和马克·约翰逊,他们在经典著作《我们赖以生存的隐喻》中重点强调了隐喻的认知作用:隐喻在日常生活中无所不在,不仅在语言中,也在思维和行动中。[①] 自此,隐喻被上升为一种"认知方式"和"推理机制",成为认识世界的重要手段之一。而中国从认知角度对隐喻的阐释可以上溯至孔子时代,他的"能近取譬"说就指出了隐喻对于类比联想思维的重要作用,其后的墨子、庄子、荀子等人也都认为要用已知晓的事物来说明不知晓的事物,表明了隐喻在认知

---

① [美]乔治·莱考夫、马克·约翰逊:《我们赖以生存的隐喻》,何文忠译,浙江大学出版社 2015 年版,第 1 页。

上的解释功能。这种隐喻思维的论述一直到汉代,如刘安等人在《淮南子》中说:"言天地四时而不引譬援类,则不知精微,……已知大略而不知譬喻,则无以推明事。"把创作思维的构成推衍到认识事物的方式,这可以说是典型的隐喻性的认知方式。从中可以看出,中国隐喻认知研究的历史渊源虽然比西方要早,但可惜没能延续和发展下去,古代大多数学者和不少现代学者还是把隐喻视作一种语言上的修辞手段,而忽视了其认知功能,近二三十年隐喻认知研究的兴盛还是受到了西方学者的影响。

　　上一点中我们谈到了范畴,事体、范畴和语言的关系是:一定的事体形成一定的概念范畴,一定的概念范畴由一定的语言符号来体现。这是对三者之间关系的一种静态描写,实际情况远非如此。因为随着客观世界的变化、人类认知的深化,原有的概念范畴必定无法反映新的世界,这时有两种选择:一是创造新的概念、新的语言形式来表达新出现的自然范畴,二是用已有的概念和语言形式来表达新出现的自然范畴。从经济的角度来说,人们会毫不犹豫地选择后者。因此,人们不会无休止地创造新的概念和语言形式去对应千变万化的客观世界,而是依赖已知的概念和语言形式去由此及彼地实现这种对应,其中离不开人们的想象力和创造力,而这正是隐喻的核心。那么可以推定,是隐喻的认知方式促成了语言的变化,这种变化又是概念隐喻诱导的。其过程首先是概念上将一个范畴隐喻为另一个范畴,然后才有了语言上将一个词语隐喻为另一个词语,导致了词语意义内涵的扩大。词语模模标的形成过程很好地证明了这一点。

　　词语模的模标具有范畴标记作用,隐喻是模标得以形成的强大助力。在上一点中提到过,一个新词语形成以后,其新颖度会刺激到其他语用主体的认知,一旦新出现的事物或现象与这个新词语的客观所指具有某种相似性时,其他语用主体会意识到这种相似性,并用新语词的组成部分(语素或词)来实现这种客体相似性的关联,多次关联的结果即成范畴,模标即范畴的标记。在这个过程中,模标词语的意义往往有两次升华,第一次是在一个新词语形成以后,作为这个新词语的组成部分,其意义往往脱胎于源语义[1],这是语用主体在认知的基础上,创造出某种相似性,在本体和喻体之间创建出一种新的联系,从而使人们可以从一个新的视角来认识这种事物或现象,当然这也是一个新词语出现的意义;第二次升华是语用主体无意或有意地利用这种相似性,来多次实现本体和喻体之间的这种关联,这也是一个词语

---

[1]　源语言中该词语的基本义或主要义。下同。

模形成的过程,其中包括了模标义的类化和泛化。因此,从相似性在认知中的作用来分类,词语模模标的形成包括了创造相似性的隐喻和以相似性为基础的隐喻,是两种隐喻共同作用的结果。

或者更大胆地说,正是因为隐喻在语言中的无所不在,使得整个词语模的形成就是因为语用主体创造性地使用了"隐喻",而这又牵扯到了语用主体在隐喻使用中的能动性问题,主要表现在其认知能力和水平上,体现为经验和年龄的差异。经验越多,语言使用者越容易从眼前事物的特征联想到以前经历的事物,会更有意无意地使用隐喻,而经验是与语言使用者的年龄有关的,对隐喻的理解又决定于年龄。因而,精力越旺盛,对新事物的关注度越高,体验欲望越强,经验就越多,就越有助于对隐喻的理解,于是经验和年龄的交替作用使得创造和使用词语模缔造新词语的主力人群集中在 20岁到 35 岁的年轻人,这是对我们前述观点的一次很好的印证。但是经验和年龄作为语言使用者的客观条件还不能保证其去积极、主动地使用隐喻,"隐喻的产生往往是使用者为了表示自己特定的感情,而这种感情已不能依赖常规词语表达"①。这又一次印证了语言使用者的心理需求,是新词语产生和词语模形成的重要原因。

3)构式语法理论。

构式语法是当下最前沿的主流语法理论之一。它是在批判转换生成语法理论的基础上发展起来的,而且深受认知语言学的影响。"构式"一词译自"construction",本义是"建筑""构筑",后来才有"构造"之意。构式思想的渊源很早,可以说在古希腊的语法理论中已经有了语言是"心理过程的符号性反应"的思想,这种思想导致了"能指"与"所指"的二分,语言单位也被认为是形式和意义的对应。索绪尔则在《普通语言学教程》中深入论证了语言符号是音响形象和概念的结合体,而后又正式把音响形象和概念分别称为"能指"和"所指"。因此从某种意义上说,"构式"概念就是索绪尔关于符号定义的一种自然延伸。一般认为,构式语法最初是从 Fillmore 的格语法(Case Grammar)演变而来的。然而 Fillmore 的格语法理论有其自身的局限性,它只揭示了低层次的语义关系,而不能解释高层次的语义关系,也就是整个句法格式所表示的语法意义。Fillmore 自己也意识到了这一点,因而后来又建立了"框架语义学",旨在研究并揭示话语是如何通过其所包含的词语及时、有效地获得话语的整体意义。因此,Fillmore 的框架语义学直接

---

① 胡壮麟:《语言·认知·隐喻》,《现代外语》1997 年第 4 期。

影响了构式语法理论的产生和发展。此外,构式语法理论的另一个渊源是 Lakoff 所建立的格式塔语法(Gestalt Grammar),格式塔语法把诸如被动、词序等模块视作一个整体,涵盖了句式的表层结构和深层结构,这种把句子结构看作整体的思路也构成了构式语法理论的基础。

　　构式语法理论大致可以分为四个派别:以 Goldberg, A. E. 和他的老师 Lakoff, G. 为代表的一派;以 Fillmore, C. J. 和 Key, P. 为代表的一派;以 Croft, W. 和 Taylor, J. R. 为代表的一派;以 Langacker, R. W. 为代表的一派。① 而其中,以 Goldberg 为代表的构式语法理论最具代表性,学者们对他们的某些概念也存有不少质疑,尤其是其对构式语法的基本概念"构式"的范围的界定,学界争论很大。Goldberg 认为构式是"形式与意义的结合体"或"形式与功能的结合体",且形式、意义和功能的不可预测性是判定构式的标准。② 它包括了传统语法的从语素到句型的各个层级单位,具体包括语素、词、短语词(如固定词组、熟语)、短语、小句、句子等。③ 一些学者认为 Goldberg 把构式的范围定得太过宽泛,如陆俭明(2008)认为,语素这种构式跟句法层面的构式会存在着要素无法统一的问题;邓云华、石毓智(2007)认为这是对"构式"概念定义的不合理扩大,这种扩大掩盖了本质上极不相同的两种语言现象,不利于语言的探讨;王望妮、孙志农(2008)也认为构式应具有可分解性,独立的语素不应视为构式。另外也有学者认同 Goldberg 对构式范围的界定,如陈满华(2008)认为构式包括语素、词是有充足的理据的,并且作了深入论证;赵旭(2013)也认为从语素、词、短语到句子,只要其形式或意义的某一方面不能从组成部分中得到完全预测,那么就可以称其为构式。可见,争论的焦点问题就是语素和单个的词是否可以视作构式。文旭、屈宇昕(2022)认为目前对构式范围的界定已经达成了普遍共识,"包括语素、词、习语、句法型式等"④。施春宏(2021)不仅认为构式包括"实体性单位(即一个个具体的语素、词、习语等)",更是认为"构式语法将图示性结构体也视为构式(即图示性构式,如搭配格式、词法词模、特殊句式等),这是

---

① 陆俭明:《构式语法理论的价值与局限》,《南京师范大学文学院学报》2008 年第 1 期。

② [美]Adele E. Goldberg:《构式:论元结构的构式语法研究》,吴海波译,北京大学出版社 2007 年版,第 4 页。

③ [美]Adele E. Goldberg:《构式:论元结构的构式语法研究》,吴海波译,北京大学出版社 2007 年版,中文版序 2。

④ 文旭、屈宇昕:《构式语法研究四十年》,《外语与外语教学》2022 年第 6 期。

一个很大的创新性认识"。①

根据前面我们对词语模的界定,词语模由模标和模槽两部分组成,模标具有类标记的语法功能,因此由词语模形成的语言单位至少是合成词,最大是短语,还有一些是处于词和短语之间的语言单位。由此可见,词语模完全可以纳入构式的范围,也符合"形式与意义的结合体",并且由于模槽的空位性质,也当然具有形式和意义的不可预测性。因此我们可以说,词语模其实就是构式的一种类型,构式语法理论可以作为词语模提出的理论基础。

此外,Goldberg 还明确概括出了构式语法理论的三个特征:一是认为在构式语法中,词库和语法没有严格的界线;二是认为构式语法中,语义和语用也不存在严格的界线;三是认为构式语法是属于生成性的。② 词语模作为一种造词法,属于语言的运用,而且具有强大的生成能力。因此,词语模完全符合了构式语法的特征,可以从构式语法理论的角度进行研究。

2.1.2.2 类推理论

根据《现汉》(第 7 版)对"运作"一词的解释:"(组织、机构等)进行工作;开展活动。"(第 1624 页)因此,词语模的运作机制就是指其工作的机制,该工作机制是就词语模形成之后的工作过程和方法而言的。在前述词语模的形成机制中,认知因素起了决定性的作用,而在词语模的运作机制中,类推理论则有着非常重要的影响。当然这种类推也是建立在认知基础上的,带有一定的主观能动性,但最主要的是语用主体利用了词语模造词过程中的某种关联性,而且用具体语言符号的形式实现了这种关联性的表达。

在我国古代,就有了基于类思想而进行的推理,被称为"推类",在当时是作为一个重要的逻辑用语来使用的。中国古人非常重视"类"这一逻辑范畴,认为它是"制名"(形成概念)、"析辞"(做出判断)、"立说"(进行推理)的前提。因此,"推类而不悖"(《荀子·正名》)成了古人进行推理、推论所遵循的基本逻辑原则。孔子的"举一反三"就具有推类的意味;后期墨家主张"以类取,以类予"(《墨子·小取》),指按照类别来归纳或推演;荀子则主张"以类度类"(《荀子·非相》),即根据事物的一般来衡量个别;王充认为应"揆端推类"(《论衡·实知》),意即估量事物的苗头而加以类推;朱熹主张"以类而

① 施春宏:《构式三观:构式语法的基本理念》,《东北师大学报》(哲学社会科学版)2021 年第 4 期。

② [美]Adele E. Goldberg:《构式:论元结构的构式语法研究》,吴海波译,北京大学出版社 2007 年版,第 6—7 页。

推"，则是根据所知而推向未知，以至于无所不知。由上可知，中国古代的"推类"都是一脉相承的，讨论的都是同类相推的原则，也就是将推理、推论仅限于同类事物间，而且其思维大多属于一般到个别、大类到小类的演绎性推理，范围要宽广得多。同时，还应引起注意的是，古代的"推类"经常和"理"或"道"结合在一起，所以尽管一直以来很多学者都对它推崇备至，但是从某种程度来说，"推类"已经沦为政治、伦理、哲学、文学等的附庸。而西方人对类的思考是建立在纯粹的概念思辨基础上的，其"推类"是通过明确概念而进行严密推理的过程，最终目的是对事物本质属性的探究，因此从这一点来说，西方的"推类"思想比古代中国要更系统、科学，这种特点表现在它所有的学科研究中，当然语言也不例外。

语言类推的思想最早可以追溯到古希腊时期的"规则论"与"不规则论"之争，但对这一理论思想进行系统阐述并竭力推广的是 19 世纪末期的新语法学派，新语法学派的理论也成为 19 世纪末期语言学领域讨论的焦点，从而引发了历史比较语言学的范式革命。新语法学派认为：语言变化的第一类原因是生理方面的原因，主要是发音方法的影响。语言变化的第二类原因是心理方面的原因，即人都有类推的倾向。说话人常常把发音或意义上相仿的词和句归为一类，常以类推原则创造新的词和句子。① 新语法学派的理论对索绪尔的语言学观点有着非常深刻的影响，因此在其论著《普通语言学教程》的历史语言学这部分，用专门一个章节来阐述"类比"。索绪尔认为："类比形式就是以一个或几个其他形式为模型，按照一定规则构成的形式。""类比必须有一个模型和对它的有规则的模仿。"②索绪尔还把这种类比规律归结为一个四项比例式，来更加形象地解释借助类比构成新词的方式。如：$a : a_1 = b : x, x = b_1$。这个比例式由两部分组成，前一部分是 a 和 a_1 这组，a 和 a_1 是大家所熟知的言语形式，二者在语音、词汇、语法、语用等方面潜存着某种规律或规则；后一部分由 b 和 x 组成，其中 x 是个未知数，但根据 a 和 a_1 之间潜存的规律或规则由 b 可以推测出 $x = b_1$，因此 b_1 是类推出来的新的言语形式。索绪尔还认为，类推形式并不属于语言变化，而是一种语言创造。

可以说词语模就是一个非常标准的类推范式。词语模的模式就是一个基本形式，模标的类标记作用以及模标和模槽之间的语义、语法和结构关系

---

① 刘润清：《西方语言学流派》，外语教学与研究出版社 1995 年版，第 69 页。

② ［瑞士］索绪尔：《普通语言学教程》，高名凯译，商务印书馆 1980 年版，第 226 页。

就是所依据的规则，这样就可以类推出以模标为中心的、无限多的新的言语形式。而且新语法学派和索绪尔都认为类推具有创新的作用，这也印证了我们对词语模所属范畴是"造词"的判断。而"造词"涉及造词的材料和方法，可视为语言的运用，词语模之所以有强大的造词能力，是语用主体积极、主动地利用了造词过程中的某种关联性，同模标词语的不断产生正是这种关联性起作用的结果。这里借用后格赖斯时期，斯波伯（Dan Sperber）和威尔逊（Deirdre Wilson）提出的"关联理论"中的某些观点，来阐述词语模造词过程中的关联性问题。他们认为，在交际过程中有两条基于关联的原则，一是交际关联原则；二是认知关联原则。① 交际关联原则要具备最佳关联性，认知关联原则要追求关联最大化，其中都涉及关联性问题。这种关联性与语境相关，因此斯波伯和威尔逊从"程度条件"对关联性作了如下定义：如果一个设想的语境效应大，所需的处理努力小，那么这个设想就在这个语境中具有关联性。也就是说，要择定一个语境，使其关联性最大，才能产生最大的效应，付出最小的努力。具体到词语模的运作过程，词语模的模式就是一个语境，模标就是关联性最大化的体现，语用主体根据表达的需求以及模式内部的语义、语法和结构关系，在模槽的空位上填充词语，可以产生无数的新词语。以最小的投入可以获得最大的产出，这就是关联性所起到的作用。因此这种关联性以及在此基础上进行的类推就是词语模的运作机制。

2.1.2.3　语法化理论

这一小节要谈到的语法化理论和下一小节中要谈到的潜显理论都和词语模的功效机制有关。"功效"在《现汉》（第 7 版）中的解释为"功能；效率"（第 454 页），因此词语模的功效机制是就词语模效用的表现方式而言的。具体说来有两点：一是模标的类词缀化，②二是模式化新词语的隐现。这一小节里涉及的是模标的类词缀化。

关于"类词缀"这一术语争论颇多，争论的焦点就是"类词缀"这种提法是否成立。有些学者如朱德熙（1982）、蒋宗许（2009）等，不主张设立类词缀，前者明确把"性""式"等划归为词根语素，因其具有不定位性；③后者则认

---

① 胡壮麟：《语言学教程》（第 3 版中文本），北京大学出版社 2002 年版，第 194—197 页。

② 在没有更好的术语可以替代前，这里暂且用"类词缀"来指称词语模模标虚化的结果。

③ 朱德熙：《语法讲义》，商务印书馆 1982 年版，第 28—29 页。

为词缀问题已经很复杂了,如果再设立类词缀,会带来词缀问题的更加无从把握而永远地争论不休。① 但是有些学者,如吕叔湘(1979)、陈光磊(1994)、马庆株(2002)等明确主张设立类词缀,②而且认为类词缀比真正的词缀还多,这是汉语的一个特点。这一主张由吕叔湘开始,作者在《汉语语法分析问题》中正式提出了"类前缀""类后缀"的术语,"汉语里地道的语缀不很多,……有不少语素差不多可以算是前缀或后缀,然而还是差点儿,只可以称为类前缀和类后缀。……还得加个'类'字,是因为它们在语义上还没有完全虚化,有时候还以词根的面貌出现。……可以说是汉语语缀的第一个特点"③。可见"类词缀"这一术语的提出,是为了说明词根和词缀之间存在中间状态。而这种状态的存在不仅表现为大量的语例事实,也有其坚定的理论基础,即语法化理论。

"语法化(Grammaticalization)"这一术语最早出自法国学者梅耶于1912年出版的《语法形式的演变》④一书,用其来描写一个词汇形式如何演化成为一个语法标记,引起了国外语言学界的普遍关注。而语法化作为一种语言理论或研究方法的真正形成,在西方学界大概要到20世纪80年代中后期,汉语学界对西方语法化理论的介绍以及应用此理论来研究汉语的语法化现象,则开始于20世纪90年代中期。1994年,沈家煊的《"语法化"研究综观》首次把语法化理论引入中国,文章对语法化的表述为:"'语法化'通常指语言中意义实在的词转化为无实在意义、表语法功能的成分这样一种过程或现象,中国传统的语言学称之为'实词虚化'。"⑤此后,文旭(1998)、彭睿(2009)、张秀松(2018)、胡亚(2022)等又相继发表文章介绍国外语法化研究的相关成果,使得国内对于语法化理论和语法化现象研究的热度一直不减。而实际上,中国很早就开始了关于实词虚化的研究。宋代已有了虚字之论,元代的周伯琦则在其著作《六书证讹》中提出了虚化之说,"大抵古人制字,皆从事物上起。今之虚字,皆古之实字"。元末和清代还分别出现了中国第

---

① 蒋宗许:《汉语词缀研究》,四川出版集团巴蜀书社2009年版,第370页。
② 吕叔湘:《汉语语法分析问题》,商务印书馆1979年版,第48页;陈光磊:《汉语词法论》,学林出版社1994年版,第20页;马庆株:《现代汉语词缀的性质、范围和分类》,《著名中年语言学家自选集·马庆株卷》,安徽教育出版社2002年版,第42—91页。
③ 吕叔湘:《汉语语法分析问题》,商务印书馆1979年版,第48页。
④ Meillet Antione 1912 L'evolution des formes grammaticales, reprinted in Meillet 1958 Linguistique historique et linguistique generale. Paris:Champion.
⑤ 沈家煊:《"语法化"研究综观》,《外语教学与研究》1994年第4期。

一部虚词专著《助语辞》和袁仁林的《虚字说》。到了近现代,日本学者太田辰夫在《中国语历史文法》①中以现代汉语为基础,首次用语法化式的描写方法系统考察了汉语语法从唐代到明清的历史发展。因此,西方学者也认为中国语法化研究的历史要早于西方,但我们必须承认系统的语法化理论的研究和具体语法化现象的分析是起于西方。

关于语法化研究的内容,从梅耶对这一术语的表述就能看出其限定在了词语层面,不少西方学者也持这样的观点,如 Sweetser、Taylor、Dirven、Langacker 等。但随着研究的深入,有些学者认为语法化研究不应只限于词语,如 Hopper 和 Traugott 在《语法化》一书中明确指出"语法化"有两层意思:一是研究语法形式和构造如何出现、如何被使用、如何影响语言;二是研究词项如何成为语法形式。② 因此,在认知语言学的影响下,语法化研究有扩大的趋势,更有甚者认为整个语言的演变都可以看作语法化。我们虽然不主张把语法化研究过于泛化,但也不能只限于语言的某个层面。这里采用王寅对语法化研究内容层次的划分:狭义的语法化,主要是指"词义虚化";广义的语法化应包括词汇、语篇、语用三个层面;最广义的语法化,除了上述内容之外,还要把典型的概念结构、事体结构的语法化研究也包括进来。③ 因此,从广义的语法化研究来说,整个词语模的产生、运作和结果都应包括在其研究内容之中,这也契合了语法化的研究是历时和共时的结合。但鉴于语法化研究的主要内容和中国语法化研究的传统——"实词虚化",所以这里只把词语模的结果,也就是模标的产生,纳入语法化研究的范围。

"结构式"的语法化研究肇端于 20 世纪 70 年代 Givón 的研究。而且很多研究也表明,语法化过程涉及的并不是单个的词语或语素,而是包含特定词语或语素的整个结构式。④ 词语模正是这样一个结构式,它以词汇项为输入端,这些词汇项的语法化发生在词语模这样一个特殊的结构式里,词语模的模式结构和语义关系又是词汇项发生语法化的语义、语法和语用条件,在这些条件的作用下,语法语素(或词)成为输出端,模标得以形成。在模标语

---

① [日]太田辰夫:《中国语历史文法》(第 2 版),蒋绍愚、徐昌华译,北京大学出版社 2003 年版。

② Hopper, P. J. & Traugott, E. C. *Grammaticalization*, Cambridge: Cambridge University Press,1993,p. 1.

③ 王寅:《狭义与广义语法化研究》,《四川外语学院学报》2005 年第 5 期。

④ 吴福祥:《汉语语法化研究的当前课题》,《语言科学》2005 年第 2 期。

法化的过程中,受到语用主体造词心理和认知因素的影响,加之类推手段的使用,包含同语素(或词)的语言单位大量产生,正好符合了语法化发生的频率条件和重复机制。正如 Haspelmath 所说:"一个语法化的候选者相对于其他参与竞争的候选者使用频率越高,那么它发生语法化的可能性就越大。"①而模标作为语法化的输出端,其语义必定是虚化的,可因为词语模在每个时间段上的造词频率不同,所以会导致模标虚化程度的不同,但基本都会保持一定的"语义滞留"②,也就是其源语义多少都会滞留在已经虚化了的模标当中,并限制它的语义和语法功能。因此,词语模的造词频率越高,模标的虚化程度就越高,就越有变成词缀的可能。③ 但是就词缀的演变历史来说,这是一个漫长的发展过程,当代汉语词语模造词才几十年的时间,其模标在很多时候还在以词根的面貌出现,所以只能算作是一种类词缀式的成分。

2.1.2.4 潜显理论

上一小节中已经谈到,模式化新词语的隐现是词语模功效机制的另外一个方面。这种词语隐现是词语模造词的直接后果,和潜显理论密切相关。

潜显理论本是哲学中关于全息学说的一个非常重要的理论。该理论认为,事物的发展过程是潜体和显体互相转化的过程。在我国,把潜显理论首次引入语言学研究的当属王希杰。其在 20 世纪 80 年代的中后期,明确提出了语言潜显概念,在 90 年代中后期,形成了比较系统的语言潜显理论。而于根元等人则进一步发展和完善了语言潜显理论并积极应用于语言实践。

---

① Haspelmath, M. *Explaining the Ditransitive Person-role Constraint : A usage-based Approach* , Paper presented at the International Conference on Cognitive Linguistics, UC Santa Barbara,2001.

② "语义滞留"作为一条语法化原则,由 P. Hopper 首次提出,梁银峰认为它是后来的结构制约或其意义只能根据较早的意义来理解,史维国认为它是指一个形式从词汇项语法化为语法项时,语法项的语义和语法功能受到词汇项词汇意义的制约和影响。参见 Hopper, Paul J. On Some Principles of Grammaticization. In: Traugott, Elizabeth Closs and Heine, Bernd (Eds). *Approaches to Grammaticalization*. Amsterdam: Benjamins, 1991;鲍尔·J. 霍伯尔、伊丽莎白·克劳丝·特拉格特:《语法化学说(第 2 版)》,梁银峰译,复旦大学出版社 2008 年版,第 119 页;史维国:《"语义滞留"原则及其在汉语语法中的表现》,《外语学刊》2016 年第 6 期。

③ 赵艳梅:《语法化视域下称谓类模标的语义演化机制及路径》,《语言与翻译》2022 年第 4 期。

王希杰在其论作《论潜词和潜义》中明确提出了语言潜显现象,认为"所谓潜词,指的是符合语言的一种构词规律,潜藏在语言词汇的底层,尚未变成言语事实的词。它之所以没有成为一个言语的事实,是因为缺乏它们走上舞台的社会文化语用条件,或者有时受到语言系统内部的某种压力阻挡。如果模仿弗洛伊德的说法,那么某一种语言的词汇就有如一座冰山,其暴露在水面上的部分,就是显词,而在水下的那更加广大深沉不可测的一部分就是潜词"①。而后,王希杰又把这种语言潜显现象发展为一种理论,明确指出:"我们可以把语言的世界分为显性的世界和潜在的世界两大部分。所谓显性语言就是到目前为止人们已经在使用的并且得到社会公认的那个部分,是我们大家都很习惯了的东西。所谓潜在的语言世界指的是,按照语言的结构规则和组合规则所构造和组合起来的一切的可能的语言形式的总和,但是它们还没有被这个语言社团所利用和开发。正是它为语言的自我调节的功能提供了可能性。"②于根元在王希杰研究的基础上,提出了"初显词语"这一概念,指的是既不同于已经被大家熟悉的词语,也不同于不规范的词语,使用的时候要特别注意让人好懂。③ 而后于根元又提出了"占位"说,强调在语言的发展过程中,潜的部分和显的部分都在变化,而且一旦潜词具备了显化的条件,就会出来占位。④ 尤其值得一提的是,于根元在运用语言的潜显理论解决语言应用中的实际问题方面,也做了很多有益的尝试,如新词新语研究、网络语言研究和语言规范研究等,都属于潜显理论在语言研究中的应用,这些研究也为证实语言潜显理论的实用性和科学性提供了很好的范例。⑤

潜显理论在语言学上的价值主要体现在语言的预测和规范上。正如夏中华(2002)所言:"在语言潜显问题研究中,人们对显性语言潜性化和潜性语言显性化这一语言发展基本形式的揭示,为我们对语言的走向和趋势的预测提供了可能性。"⑥当今时代人们的语言规范观念已经发生了很大变化,这一方面表现为超前的预测观开始取代滞后的追认观,为语言规范工作免

---

① 王希杰:《论潜词和潜义》,《河南大学学报》(哲学社会科学版)1990年第2期。

② 王希杰:《汉语的规范化问题和语言的自我调节功能》,《语言文字应用》1995年第3期。

③ 于根元:《现代汉语新词词典》,北京语言学院出版社1994年版,前言第6页。

④ 于根元:《应用语言学理论纲要》,华语教学出版社1999年版,第203—204页。

⑤ 夏中华:《语言潜显理论价值初探》,《语言教学与研究》2002年第5期。

⑥ 夏中华:《语言潜显理论价值初探》,《语言教学与研究》2002年第5期。

除了很多可能出现的尴尬局面,另一方面也表现为人们在注意语言显性状态的同时也开始注意语言的潜性状态,并注重开发潜性语言在语言规范中的重要作用。①

从对潜显理论的论述可见,我们应该重视词语模这种结构模式,因为它是一种极具能产力的造词手段,且潜显性明显。这种潜显性既表现在模槽上,也表现在模标上。模槽是词语模中的"空位",语用主体在模标的类标识作用下,依据模标和模槽的语义、语法和结构关系,结合表达的需要,不断进行替换填充,这样新词语得以显现。模槽的替换功能正是其潜显性的表现。而模标一般都是社会价值比较高的词语,它们很容易占据人们语言中枢的兴奋点,因此"潜在性模标不但有存在的必然性和合理性,更有显化的可能性"②。模标和模槽的潜显特点也恰好印证了吕叔湘在《语文常谈》中所说:"语言的表达意义,一部分是显示,一部分是暗示,有点儿像打仗,占据一点,控制一片。"③因此,应该用动态、发展的语言观去观照词语模这种语言现象,对其进行科学的预测和规范。

综上所述,我们从认知语言学理论、类推理论、语法化理论和潜显理论方面分别论述了词语模的形成机制、运作机制和功效机制。从中可以发现,认知因素在词语模的所有机制中都起着或多或少的作用,也正是因为这种作用才能把以上所有理论统合起来,共同作用于词语模这种造词手段。因此,强大的理论支撑是词语模在当代汉语词汇的生成机制中独树一帜的重要原因。

2.2　词语模的相关研究状况

词语模是一种比较独特的以类推为运行机制,充分体现语言潜显性的造词模式。而实际上,无论从哪个角度对词语模进行分析,都必须建立在对词语模所产生的词语群的分析基础之上。因此在当代汉语词语模的研究成果当中,既有对词语模本身的研究成果,也包括不少有关词语模所形成的词语群的研究成果。我们以"词语模"概念的提出为界,把当代汉语词语模的研究状况分为两类:一类是词语模概念提出之前的研究状况,我们称为"前

---

① 夏中华:《语言浅显理论价值初探》,《语言教学与研究》2002 年第 5 期。
② 禹存阳:《现代汉语词语模研究》,湘潭大学硕士学位论文,2006 年。
③ 吕叔湘:《语文常谈》,生活・读书・新知三联书店 1980 年版,第 64 页。

词语模"阶段;一类是词语模概念提出之后的研究状况,即"词语模"阶段。

2.2.1 前词语模阶段的研究状况

词语模是李宇明于 1999 年提出的概念,根据本书对词语模时间范围的界定,从改革开放之初到词语模概念的提出,中间有大约 20 年的时间。我们以 1990 年为界,把这 20 年分为前后两段,这样更有利于我们从历时的角度审视词语模现象的发展历程。而把 1990 年作为一个界点,不仅因为它是自然年代的分界,更因为正是在 1990 年前后的时间,新词语和类"词语模"研究才开始真正兴盛起来。

前半段从 1978 年至 1990 年。自从 1984 年吕叔湘在《辞书研究》第 1 期上发表《大家来关心新词新义》后,很多语言研究者把研究的兴趣和重点转移到了新词语的研究上。这样,很快就出版了一批新词新语词典,如闵家骥等人编著的《汉语新词词典》(1987),沈孟璎的《新词新语新义》(1987),韩明安的《汉语新语词词典》(1988),诸丞亮、刘淑贤等编著的《现代汉语新词新语新义词典》(1990),唐超群的《新词新义辞典》(1990)等,虽然各词典收词的起始时间都早于改革开放,但收词的重点都是改革开放以来产生的新词语。另外,语言研究者们纷纷从各自的角度对新词语问题加以探讨。总结起来,讨论的焦点无外乎以下三个方面:一是新词语产生的来源;二是新词语的特点;三是新词语的规范问题。其中值得一提的是,在对以上三方面的探讨中,不少研究者都注意到了一种现象,即新词语的大量"同素"现象①。这种现象,在吕叔湘的文章发表以前,已有研究者开始关注,如王振昆(1983)在阐述词的内部形式的时候,认为"汉语词的内部形式有许多能够表现出语义场中词与词的相互联系。它们有共同的内部形式类型和共同的内部形式的构成成分"。文中还以"青霉素、链霉素、氯霉素"等为例,分析出"素"表示一种物质,"霉"表示一种霉菌,"青、链、氯"等表示要素的不同类别,并且认为这种"具有同样类型的内部形式是汉语词的内部形式的发展倾向"②。而后,越来越多的研究者注意到了这种现象。

例如:沈孟璎(1986)在讨论新词语产生过程中的词缀化倾向时,尤其注意到"现阶段汉语又有一些词根词缀化,或者原有词缀又有新的发展"③,并且认为词根词缀化后,会有广泛的构词潜力,可以派生出大量新词语。还列

---

① 即某些新词语含有相同的语素,而且语素在词语中的位置、语义也相同。

② 王振昆:《词汇的规范化与词的内部形式》,《汉语学习》1983 年第 4 期。

③ 沈孟璎:《汉语新的词缀化倾向》,《南京师大学报》(社会科学版)1986 年第 4 期。

举了"多～""～热""～户""～感""～坛"等比较典型的词缀化模式,并从这些模式中总结出了词缀"意义虚化程度不一",有"定位性、能产性、类化作用"等特点。李振杰(1987)在讨论新词新义产生的问题时,把"旧词加词缀组成的新词语"单独列为一类,认为这些词加上词缀后,词性发生了变化,成为独立的词。并列举出了当时使用较多的词缀,如"热、性、式、化、型"等。①王邦安(1988)在探讨新词语的特点时谈到了"大量同族词",并区分出了"首序同素"和"尾序同素"等情况,认为三音节及以上的同族词增多主要是以双音节为主派生出来的,如"智力～""城市～"等。②季恒铨、徐幼军、亓艳萍(1989)在讨论语言变异现象时,注意到有些语素以前构词数量不多,而近几年却大量构成新词,并称其为"类词缀"。其特点是保留了原来的实词义,而且和其他语素结合能力较强,组成的词语结构也较松散。如"多～""～～观""～～意识"等。③周启模(1989)在讨论新词的特征时认为,汉语新词的构词方式中类推构词法非常盛行,从而使新词出现系列化倾向。并且把这种类推分为顺类推和逆类推。顺类推又分为以"词缀语素"类推新词和以"词根语素"类推新词两类。前者如"～热""～性""～度"等,后者如"～盲""～销""～巴"等。逆类推是指由一类事物类推向与之相反或相对的事物,如"软件、硬件""宏观、微观"等。④可见作者已经对此类词语现象有了非常深入、细致的观察。

后半段从1991年至1999年。这一阶段和前一阶段相比,新词语词典的出版依然如火如荼。尤其要说的是,1994年北京语言学院出版社出版了由于根元主编的《现代汉语新词词典》,该词典的收词范围是1978年至1990年,可以说是第一部真正意义上的当代汉语新词语词典。同时,于根元还编写了《1991汉语新词语》《1992汉语新词语》,刘一玲继而编写了《1993汉语新词语》《1994汉语新词语》,开始了当代汉语新词语年编的编写历程,其意义不言而喻。正如王铁昆(1993)在评价《1991汉语新词语》时所言:"这本书的出版是建立年鉴式新词语档案的有益尝试,它填补了我国词典编纂的一项空白,是新词新语研究和汉语新词新语词典编纂的重要收获之一。"⑤另

---

① 李振杰:《近十年汉语中新词新义的产生》,《语言教学与研究》1987年第2期。
② 王邦安:《略谈现代汉语新词》,《逻辑与语言学习》1988年第5期。
③ 季恒铨、徐幼军、亓艳萍:《试论新时期的新词语》,《语文研究》1989年第4期。
④ 周启模:《汉语新词的特征》,《汉语学习》1989年第1期。
⑤ 王铁昆:《简评〈1991汉语新词语〉》,《语言文字应用》1993年第1期。

外,语言研究者们对当代汉语新词语的研究也更系统、细致,有向更广、更深处展开的倾向。这种研究倾向同样表现在大量"同素"新词语的研究上,且多与构词、造词、修辞、社会、心理、语用相联系。

　　侧重于从构词和造词角度研究的,如于根元(1993)认为,很多词语是有关联的,这是一个事实。并举"～热""～坛"为例进行了具体分析,认为词典在收录此类词语时可以多做说明,并且鼓励词典在编纂时应把"为读者查检新词释疑解难"和"为研究新词提供资料"两个目的结合起来。① 孟守介(1992)在论述"仿造"时,认为"仿造"是"若干词性相同的语素,用相同的结构,组成一个其意义可以类推出来的新词的造词方法"。并且认为这是汉语创造新词的重要方法,因为它符合人们的思维规律和语言约定俗成的规律,这里的"约定俗成"指要受到汉文化传统、民族心理、汉语自身规律等因素的影响和制约。② 陈建民(1994)也认为新时期众多新词语的构词特点就是仿造现象非常突出,而且观察到这些仿造词一般是在一个单音节语素的基础上,通过向左或向右扩展而成,推定这种单音节语素与别的语素的结合能力很强。作者还发现这些仿造词不仅数量多,而且结构和表意方式相同,强调要重视这些仿造词的存在。周静(1995)在阐述汉语自身产生的新词的词型特点时,认为词根和词缀的结合产生了一大批派生词,如"～热""～风""～感"等,这些词的词缀语义弱化,只表示语法意义,认为要与运用仿造方法造出的复合式合成词区别开来,如"～盲""晕～""～浴"等,其中"盲""晕""浴"等语素仍有实在意义。徐国珍(1995)则系统论述了从"空符号"现象到潜词的产生;然后从潜词的显化中总结出其转化成仿词的结果是消亡、词化(变成新词)和等候"裁决"(成为"准词"),认为其中类推起了主要作用。而从仿词的能被预测又得出了词汇系统有序的结论。程祥徽(1996)则意识到汉语构词的词尾化趋势正在扩大,而且以"人"为例,认为与"人"相关的词尾式语素在港澳粤语中已经十分活跃,还以"族、一族、人士、分子、星、客"等词尾式语素为例分析了其语义上的异同。

　　侧重于从修辞角度进行探讨的,如吴晓峰(1998)在阐述修辞现象词汇化特点的时候,认为修辞有有定和无定之分。仿拟构词是有定修辞的一种,所以一些语素如"盲""热""潮""意识""族"等逐渐具有了类词缀性质,而无

① 于根元:《读〈汉语新词新义词典〉》,《语言教学与研究》1993年第2期。
② 孟守介:《试论汉语词汇的仿造及其制约机制——从"法盲"、"科盲"一类词的产生说起》,《铁道师院学报》(社会科学版)1992年第3期。

定修辞具有相对稳定的来源和语境,它们都具有很强的生成能力。这些也导致了修辞现象词汇化的产物,包括显在的和潜在的,都是一个开放的系统。岳长顺(1993)则详细论述了类推造词的定义、特征、类别及社会心理因素。认为"类推造词"是以某个词为原型,通过替换其中的某个词素来创造新词的过程或结果。并把类推造词分为修辞式与非修辞式、能产型与非能产型两类,而且认为在类推造词中,心理因素非常重要。

　　侧重于从社会、心理、语用等角度来研究的,如张维耿(1995)在论述改革开放以来新词语的特点时,认为其中之一便是新出现了一些构词能力很强的语素,还列举了"星、工程、网络、硬、化、一族"等诸多例子,并着重阐述了新词语呈现这些特点,是因为受到社会历史和语言心理等多方面的影响。郭伏良、杨同用(1999)在探讨新中国成立后仿拟造词法的类型和特点时,认为以替换词素为手段的仿拟法造词,是随着词的多音节化逐步发展起来的,但在新中国成立之后到改革开放之前的这段时间,这种方法的造词数量很少,通过这种方法大量造词,主要出现在改革开放时期。促成原因有两方面:一是具有某些类别关系的新事物、新现象迫切需要命名,二是新时期语用主体追求词语表义鲜明、表达幽默。

　　值得一说的是,在这一阶段,还出现了一些个案分析的文章,如:林利藩《说"点族词"》(1999)、朱亚军《说"——热"》(1991)、徐丽华《谈"风"说"热"》(1991)等。各篇文章分别对能产性语素"点""热""风"的语义进行了具体分析,并对以这些语素为后缀形成的新词语的语义结构和语法结构进行了剖析。

2.2.2　词语模阶段的研究状况

　　从李宇明于1999年提出词语模概念到现在已有二十几年的时间。在这段时间内,针对词语模的各种研究可以说是成果丰硕。总结起来,大体可以分为以下两类:系统研究和个案研究。

　　1)系统研究方面。词语模系统研究的成果多集中在2005年以后,李宇明、禹存阳、曹春静、熊杰、杨绪明、苏向红、宋作艳等在各自的论文或著作中对汉语词语模进行了比较系统的研究。

　　李宇明(1999)第一次系统探讨了具有批量生产新词语能力的词语模的特点、类型以及形成等有关问题。他认为词语模是具有新造词语功能的各式各样的框架,该框架由不变成分"模标"和可变成分"模槽"两部分组成,词语模具有较强的能产性;根据模标和模槽的位置,词语模主要分为"前空型"

和"后空型"两类,还有少数是"中空型";词语模的形成有两个条件不可缺少,即语言学条件和社会文化条件。限于篇幅,作者只讨论了语言学条件,包括词语模的基式,以及词语模和基式的三个主要来源:继承、引进和创新。可以说词语模这一提法具有开创性的意义。

禹存阳(2006)以现代汉语词语模为研究对象,根据对词语模模标的认识以及词语模所形成的词语和相关词语的比较,对词语模重新进行了界定,并以框架理论、连续统理论、类推理论和潜显理论为支撑,对词语模的特点、结构类型、生成基础、语用效果等方面进行了分析。其中值得一提的是,作者对词语模赖以产生的社会文化基础和心理基础进行了阐述,并对词语模的发展趋势作了预测。遗憾之处是对词语模的分类稍显笼统和简单。

曹春静(2007)则以改革开放后的词语模和相关新词语为研究对象,在李宇明"词语模"概念的基础上重新进行了定义,并对当代汉语词语模的类型与特点、内部搭配关系、形成与发展状况作出了分析。值得注意的是,作者对模标与模槽的关系有了更进一步的认识,并且对当代汉语词语模的类型从不同角度进行了划分,对当代汉语词语模的发展和预测上的论述也更加具体、细致。比较遗憾的是对词语模模标的界定比较狭窄,只限于当代新产生的类词缀和一些正在向类词缀方向发展的语素或词充当的模标。

熊洁(2013)是以现代汉语新词语中的词语模为研究对象,基本上沿用了李宇明的"词语模"概念,对现代汉语新词新语词语模的现状、分类及特点进行了分析,总结了词语模在语音、语义、语法上的特点,并探讨了词语模流行的条件和影响。其中值得注意的是,作者从历时角度对词语模的研究状况进行了梳理,并对词语模的基式有了量的界定。

杨绪明(2009)则是借鉴李宇明的"词语模"概念,作为归纳词族和探寻同族词衍生机制的一个重要依据,从整体上对当代汉语新词族的数量、种类、分布、形式特征及性质功能等进行了全方位描写。作者考察了20种语料中所收录新词语的成族情况,根据模标划分为539个词族。然后依据模标语义和来源的不同,对其中的54个词族进行了分类考释,并对当代汉语成族新词语的整体特征及衍生机制进行了理论总结,最后具体探讨了当代汉语新词语族群化现象的影响以及词族的研究价值。文章语料占有丰富翔实,对改革开放以来的词语模以及由此而产生的新词族分析描写细致。尤其值得一说的是,作者注意到了词语模间的某些规律性,并对这些规律性作了理论分析。但遗憾的是,这些分析不少都局限于某类词语模或某些新词族,没能在全局上对词语模或新词族的整体进行理论归纳。另外,文章偏重语言事实描写,在解释上还可以有更大的理论提升空间。

苏向红(2010)考察了当代汉语词语模的物种价值、性能和构成要素,并探讨了当代汉语词语模的外部动因和内部动因,而且根据词语模的构式和模标两个要素,对当代汉语词语模模标的类型进行了分析。另外,作者在语料分析的基础上,还探讨了当代汉语词语模"模群"现象的类别、特点和形成动因。不可否认,《当代汉语词语模研究》作为国内第一部系统研究词语模现象的著作,有其鲜明的特色。正如其导师胡范铸总结的那样:意识敏锐、视野开阔、语料丰满。作者在搜集占有丰富语料的基础上,对当代汉语词语模现象的分析做到了微观和宏观相结合、历时和共时相统一,并且上升到了一定的理论高度。略微遗憾的是,在词语模现象的具体分析中,少了一些计量统计,使得某些结论缺少一点儿说服力。

宋作艳(2018)以《100年汉语新词新语大辞典》和新词语年编等为依托语料,考察了近百年间汉语词语模的形成和能产性的变化,据此观测整个中国社会的变迁,证实语言与社会的共变关系。文章语料类型丰富,词典有断代体和编年体,作者注意到了各类词典的收词范围,并以此精准控制模式词语统计的节点性,进而在划定的时间范围内从整体上抽绎并考察高产词量的词语模,从而比对同时期社会发展的概况。但作者也意识到了语料收词的局限,以及词语模的能产性并不能完全反映社会对相关事物现象的关注度。

2)个案研究方面。在词语模概念提出之后,个案研究的文章非常繁复,但有不少个案分析的文章并不是从词语模的角度进行探讨的,分析基础基本都是建立在相应的词语族或词语群之上的,而且大多都侧重于新词语的语义探讨、结构特点或产生途径,因此本书也把这类文章划归到"词语模"大背景的个案研究之下。我们可以这样认为,各式各样的词语模体现了语言研究对种种社会现象的关注和分类,是语言与社会共变现实的集中呈现,且这种呈现具有及时性、多维性和规律性等特点。基于前面所述,这里把描写细致、分析透彻的个案文章略举数端。

高燕(2000)从词源上考订了"吧"是汉译过程中"叠屋架床"式的误导,然后逐渐类推,由音节而语素,构词能力增强,最终词化。施春宏(2002)在揭示"界"和"坛"两者功能分化的基础上,探索了词语的空位问题、占位问题及其制约因素,进而指出语义关系就是语义的时空分布,认为词汇学研究应该加强词语显隐和语义关系的动态描写及分析。张谊生(2002)对"×式"中"×"的性质特征、"×式"的句法功能和表义方式等进行了考察和分析。秦华镇(2005)分析了"×化"的强大能产性所受到的三方面限制:"×"本身在概念上的要求、语用频率和类推作用的影响。丁建川（2008）分析了"走"的语义、位置、构词能力等特点，并认为是类推机制、经济简练等原因促成了其强大的构词能力。刘楚群、龚韶（2010）从词语模造词的角度，对"×族""×奴"的语义特点、音节特点、语法性质、构造理据差异等进行了分析，并阐述了其中的语言规范问题。涂海强、杨文全（2011）根据关联理论，着重分析了"×＋哥"类词语在媒体语言运用中的结构特征、衍生方式、词语模机制、语义特征及推理。杨炎华（2013）认为"被＋××"来源于两类不同的被动句式，"被＋××"的句法化诱发了"被＋××"的词汇化，"被＋××"的词汇化使得部分"被＋××"成为词而进入词库。王灿龙（2015）阐述了"中国式"的内涵和使用条件，总结了"中国式"的表义特点及其他"××式"的用法。陈颖、李金平（2020）分析了"刷"多个衍生义内部的语义特征，并运用多种语言学理论探求"刷"的衍生义和原型义之间的理据以及新义的衍生路径。闫克（2022）认为"×共同体"词族之所以成功构建，是其有利的结构基础"×共同体"词语模框架赋予了强势模因，展现了政治的语言性，是一次成功的话语创新。

本章小结

本章主要论述了"词语模"概念提出的背景及相关研究状况。首先，"词语模"概念的提出兼有时代背景和理论背景：前者包括社会心理、技术媒介和语言接触等三方面的背景因素，后者包括认知语言学理论、类推理论、语法化理论和潜显理论等四方面的理论背景因素。可见，正是在各种背景因素的综合作用下，"词语模"概念才应运而生。其次，当代汉语词语模研究大体分为两个阶段：一是词语模概念提出之前的"前词语模"阶段；二是词语模概念提出之后的"词语模"阶段。在前一阶段中，不少学者已经注意到了新词语的大量"同素"现象，并逐步展开对这种"同素"现象的研究。在后一阶段中，词语模研究成果丰硕，大体可以分为两类：系统研究和个案研究。可见词语模研究已经渐趋成熟，从该视角可以解释新词语产生过程中的诸多形式和内容问题。

3 当代汉语词语模的模价分析和词语模库构建

上一章中,我们对词语模提出的背景和相关研究状况分别进行了梳理,当然这种梳理很大程度上建立在词语模的产物——词语群的基础之上。或者说,正是在林林总总的词语群中,潜藏了词语模式化生产的规律和特点,我们才得以通过"产物"来研究"工具"本身,这种研究可以说是一种逆向研究。而词语模作为一种创造新词语的工具或方法,是一直在语言实践中被运用着的,因此必然涉及效用问题;而作为使用词语模这种"工具"或"方法"的主体——人,在创造新词语的过程中对具体使用哪种"工具"或"方法"必然又存在主观选择的问题。这两方面的问题说明每个具体词语模都有其存在的价值,因此本章将对词语模的模价进行研究。我们拟从词语群的规模、词语模的使用时间、模标义的义项和词典收录情况、模槽成分的词性、模式的结构和功能等几个角度对所归纳的 341 个词语模进行模价维度确定、赋值和综合模价计算。在此基础之上,按照综合模价的高低对所有个体模进行模价降序排列,形成当代汉语词语模库,并进行总体性阐释。

3.1 词语模的模价分析

词语模的模价,意即词语模的价值,这涉及语言的价值问题。因此本节将在梳理语言价值及相关理论、词价理论及应用的基础上,并以此为指向和引导,对词语模的模价进行综合分析。

3.1.1　模价概念提出的理论和实践基础

词语模模价概念的提出，既有直接理论基础，也有间接理论基础。其中哲学中的价值论、语言价值理论是模价概念提出的间接理论基础；词价理论及相关应用则是模价概念提出的直接理论和实践基础。

3.1.1.1　模价概念提出的间接理论基础

价值问题本是哲学最古老的问题之一，但是作为一个哲学流派的价值论则产生于 19 世纪中叶。哲学"价值论"的兴起可以说是在哲学出现危机时，对西方传统哲学观进行反思后探寻出路的一种尝试。首先把哲学"价值论"明确作为一种哲学理论形态的是德国新康德学派。① 此前，西方的传统哲学认为哲学是一种科学知识，以整个世界为研究对象，同时也研究知识本身。因此传统哲学研究是把人类的一切知识都放进哲学之中，又把哲学当作包罗万象的知识。而"价值哲学"则标示着一种新的哲学观念，它认为哲学不应该以世界为研究对象，哲学的对象应该是"价值问题"。正如李凯尔特所言："哲学开始于价值问题开始的地方。"② 而文德尔班也认为："哲学只有作为普遍有效的价值的科学才能继续存在。"③ 此后，尼采也提出要"重估一切价值"，凸显了人类的"价值问题"，也为现代哲学确立了把"价值问题"作为中心问题来研究的新方向。由此，哲学由建构性转向批判性，哲学的性质因此发生了改变。而萨特更是直接以"价值论"的视角，通过揭示"自在"和"自为"的否定性关系，肯定并强调了"人"在客观世界中的独特地位和能动作用。④ 综观以上可以看出，西方现代哲学对传统哲学的批判蕴含着明显的"价值论"倾向，而且认为"价值问题"只能由"价值哲学"这一哲学的分支来研究，这样就遮蔽了"价值问题"的真实意义，又失去了哲学自身，而且研究后所得出的知识对于解决现实生活中的价值问题并没有什么大的指导意义。这说明必须重新认识哲学中的"价值问题"，来消解"价值哲学"对"价值问题"的遮蔽。

---

① 参见常江、涂良川：《"哲学范式"转换与当代哲学价值论取向》，《吉林师范大学学报》（人文社会科学版）2008 年第 5 期。

② 赵修义、童世骏：《马克思恩格斯同时代的西方哲学——以问题为中心的断代哲学史》（第 2 版），华东师范大学出版社 2008 年版，第 567 页。

③ ［德］文德尔班：《哲学史教程》（下卷），罗达仁译，商务印书馆 1993 年版，第 927 页。

④ 参见常江、胡海波：《从"实在论"走向"价值论"的当代哲学》，《理论探讨》2007 年第 1 期。

19 世纪末 20 世纪初的语言转向给哲学发展带来了新的思路,甚至使得不少哲学家认为,哲学问题实质就是语言问题,哲学研究主要在于对语言的研究。作为推动哲学语言转向的人物之一的维特根斯坦就曾认为"哲学的混乱和谬误,皆出自哲学家们对语言用法的曲解和误用。一旦我们正确地使用语言,消除使用中的错误,我们也就真正解决了哲学问题。"①这里暂且不论这一论断是否值得商榷,它至少证明了哲学研究转向对语言的分析这一思路已经引起哲学界的高度关注,很多哲学领域的研究也越来越重视语言问题。或者从某种意义来说,对语言的不解或误用确实给哲学研究带来了很多干扰和困惑,其中就包括对价值论的研究。价值论研究的核心在于构建客体满足主体需要的价值关系,因为价值论的研究没有搭上语言转向的便车,因此给价值论研究带来了很多言语麻烦。首先,"价值和价值关系的呈现离不开语言表达和语义建构"②。客体满足主体的需要,体现的是一种价值关系,而且这种价值关系是客观地建立在理性基础之上的。正如陈新汉(2008)所认为的:"主客体之间的价值关系是客观的,这就决定了价值是客观的,价值属于物质范畴。"③而既然价值是客观的,价值关系也是客观的,这就要求对价值以及价值关系的呈现必须通过理性的语言,或者说,使用什么样的语言和表达方式,所呈现的价值和价值关系也就不同。因此,对语言的分析就成为揭示价值存在和价值关系的重要环节,它可以深层地挖掘价值关系背后隐藏的价值问题。其次,对价值的误读经常在于对语言的不解或误解,而不在于价值本身。虽然一般说来可以找到合适的语言来描述或解释价值,但在价值研究的过程中我们可以深切地感受到,对价值的领悟和理解的差异,不仅是事物本身的问题,很多时候更在于语言分析的差异。甚至可以这样说,对很多价值问题的争论其实很大一部分原因在于对语言分析得不够或不彻底。因此,价值论研究必须要重视对语言的分析,尤其是要对语言的价值进行阐释。

而要谈到对语言价值的研究,毋庸置疑,索绪尔在这方面做出了巨大贡献。他在其著作《普通语言学教程》(以下简称《教程》)中明确提出:"语言是一个纯粹的价值系统。"④这不仅为语言价值问题的研究提供了一个框架,也

---

① 江怡:《维特根斯坦:一种后哲学的文化》,社会科学文献出版社 1998 年版,第 5 页。
② 邱仁富:《论价值研究的语言转向》,《桂海论丛》2015 年第 3 期。
③ 陈新汉:《社会主义核心价值体系价值论研究》,上海人民出版社 2008 年版,第 138 页。
④ [瑞士]索绪尔:《普通语言学教程》,高名凯译,商务印书馆 1980 年版,第 118 页。

指出了语言分析的方向。

语言价值理论是索绪尔语言学思想的核心,并对后来的结构主义语言学的发展起到了相当大的作用。有关价值的论述在索绪尔的《教程》中占有很大的篇幅,可以说是渗透到了《教程》中的很多地方。首先,索绪尔阐述了语言存在的价值,他认为:"从心理方面看,思想离开了词的表达,只是一团没有定形的、模糊不清的浑然之物。"①"在语言出现之前,一切都是模糊不清的。"②但这并不是索绪尔所要论述的真正的语言的价值,真正的语言价值是建立在语言存在的价值基础之上的。

概括起来说,索绪尔所认为的语言价值是由三维构成的:单位能指的差别价值、单位所指的差别价值、语言系统内部单位之间的差别价值。而对语言价值的说明则是引入了政治经济学中关于"价值"的概念,把语言学和经济学、语言和货币进行类比。在论述单位所指的差别价值时,索绪尔认为语言符号和货币有价值,是因为它们都具有价值的两重特征:一种能与价值有待确定的物交换的不同的物;一些能与价值有待确定的物相比的类似的物。③ 以货币为例,如一元钱的人民币可以交换一个面包,一元钱的人民币也可以与两元钱的人民币或一元钱的美币相比。这样确定出来的就是货币的价值。同理,对语言符号来说也是一样,如一个词可以跟某个概念交换,也就是说这个词具有了某种意义,但这时还不好确定它的价值,所以还要把这个词跟和它同类的词去比较,这样才能真正确定它的价值。而在论述单位能指的差别价值时,索绪尔认为能指作为语言符号的物质部分,和语言符号的概念部分(所指)一样,其价值也是由它和语言中其他要素的关系和差别构成的。他认为:"在词里,重要的不是声音本身,而是使这个词区别于其他一切词的声音上的差别。"④因为正是这些声音上的差别才代表了不同的意义。因此,他进一步指出语言的能指实质是无形的,"是由它的音响符号和其他任何音响形象的差别构成的"⑤。从以上可以看出,索绪尔不仅论述了语言符号能指和所指的价值,也论述了差别,而且认为是差别造就了特征,同时也造就了单位和价值。所以索绪尔认为语言系统就是一系列的声

---

① [瑞士]索绪尔:《普通语言学教程》,高名凯译,商务印书馆1980年版,第157页。

② [瑞士]索绪尔:《普通语言学教程》,高名凯译,商务印书馆1980年版,第157页。

③ 参见[瑞士]索绪尔:《普通语言学教程》,高名凯译,商务印书馆1980年版,第161页。

④ [瑞士]索绪尔:《普通语言学教程》,高名凯译,商务印书馆1980年版,第164页。

⑤ [瑞士]索绪尔:《普通语言学教程》,高名凯译,商务印书馆1980年版,第165页。

音差别和概念差别的结合,也就是把一定数目的音响符号和同样多的思想片段相配合,就会产生一个价值系统。① 而声音差别和概念差别的结合就是语言符号,因此这种语言符号既是一个具体的语言单位,又一定处于该语言的系统当中,这也构成了语言系统内部单位之间的差别价值。综上可见,不管是把能指和所指分开来进行研究,还是把能指和所指结合起来作为语言符号进行研究,索绪尔都强调要把它们放到特定的系统中去考察,②而语言单位的价值也只有在特定的系统中才能体现。他还以下棋作比喻,即棋子的价值由它在棋盘中的位置决定,与制作它的材料毫无关系,认为语言系统中单位的价值也和构成它的实质(声音和思想)无关,而只和形式有关,而形式就是语言的结构,可以通过结构来探求意义。"词的意义源于能指和所指的关系,价值则源于词与语言系统中其他要素的共存关系。"③因此,索绪尔的语言价值理论关注形式,看重关系,强调系统,把语言看作一个由社会集体约定的共时价值系统。

　　索绪尔的语言价值理论开启了后来的结构主义语言学的研究,其中有些研究侧重于语义结构,有些研究则侧重于语法结构。而在 20 世纪 50 年代,法国语言学家特思尼耶尔(Tesnière)开创的配价理论则为语言结构的描写和研究开辟了新的路径。但是特思尼耶尔在创立这一理论时并没有说明配价到底是一种形式范畴抑或是语义范畴,因此在配价理论的发展过程中,语言学者们有些从逻辑角度挖掘配价本质,有些从句法角度解释配价现象,有些从语义角度探讨配价性质,有些从语用角度研究配价特点。随着研究的深入,语言学者们逐渐认识到配价这一概念具有不同的平面,而且对配价的各种不同认识和解释并不是对立的,是从不同角度对配价特性的描写。但还是有不少语言学者认为,尽管可以从不同角度对配价的特征进行描写和研究,但就其实质而言,配价应该更倾向于语义范畴。正如张国宪(1994)所认为的:"配价是由语义所决定的,是价载体(如动词)在各种场合具体运用时所具有的一种语义功能。"④总而言之,配价理论不仅深化了对语言本体的研究,也带动了一批与之有关联的语法理论的兴起,如转换生成语法、格

---

① 参见[瑞士]索绪尔:《普通语言学教程》,高名凯译,商务印书馆 1980 年版,第 167 页。

② 索振羽:《德·索绪尔的语言价值理论》《新疆大学学报》(哲学社会科学版)1983 年第 2 期。

③ 徐莉娜:《从语言价值看翻译价值对等》,《外语学刊》2019 年第 5 期。

④ 张国宪:《有关汉语配价的几个理论问题》,《汉语学习》1994 年第 4 期。

语法、功能语法、关系语法等,它们都不同程度地借鉴或使用了配价理论。因此,配价理论多层面、多角度地拓展了语言学的研究领域。

3.1.1.2　模价概念提出的直接理论和实践基础

如果说特思尼耶尔是从语义角度开创了某些类词语价值方面的研究,那么 20 世纪 60 年代中叶兴起的"词价"理论则是词汇系统研究的一个新范畴,尤其是加拿大学者萨瓦尔德(Savard)从多维角度提出了新的"词价"理论。① 随着词汇计量学的发展,萨瓦尔德给出了"词价"的具体标准。他认为一个词的词义范围越广,涵盖不同概念的能力越强,这个词的使用率就越高。因此,他给出了"词价"的四个标准:定义能力,指用来定义其他词的能力;包含能力,指在句中能同义代替其他词的能力;组合能力,指构成复合词和短语的能力;扩展能力,指派生词义或造成同形异义的能力。② 根据这些标准,萨瓦尔德考察了 3628 个法语基础词的各项能力和综合能力,这和只根据词频统计的结果不同。因此,萨瓦尔德词价研究的多维标准改变了当时词汇选择和控制唯频率标准的统计方法,同时也给出了基础词汇新的选词标准。③

我国根据词价理论对汉语词汇进行系统研究的成果还不是很多。2010年,苏向丽的博士论文《现代汉语基本词汇的词价研究及应用》,可以说是在萨瓦尔德词价理论基础上对现代汉语基本词汇的词价进行全面、系统研究的一个比较突出的成果。苏向丽选取具有原型特征的 374 个单音基本词作为样本词,然后运用定量和定性相结合的方法,从 10 个维度考察了这些词在不同词汇语义坐标系统中的价值表现。这 10 个维度分别为:(1)认知价,即认知范畴层次的归属度和熟知度;(2)结构价,即是单纯词还是复合词;(3)语义价,即语义的中性程度;(4)兼通价,即古今、方普的通用程度;(5)自由价,即自由使用的程度;(6)使用价,即频率和分布;(7)释义价,即元语言释义频率;(8)丰度价,即派生词义的能力;(9)聚合价,即同义、反义、上下义的多少;(10)组合价,即构词、构语能力。④ 研究结果表明:从静态角度来看,

---

① Savard, J. G. *La Valence Lexicale*, Paris: Didier, 1970.

② 孙彩惠、张志毅:《新词个体和世界整体》,《语言文字应用》2011 年第 2 期。

③ 苏向丽:《词价研究与汉语国际教育基础词汇表的优化——以〈词汇大纲〉与〈等级划分〉为例》,《语言教学与研究》2012 年第 4 期。

④ 苏向丽:《现代汉语基本词汇的词价研究及应用》,中国传媒大学博士学位论文,2010 年。

基本词汇相对于一般词汇来说比较稳定;从动态角度来看,不同时代的基本词汇会发生一定变化;从基本词汇的整体来看,其中大多数处于认知范畴的中心,受语域、语体、时代、地域的限制较少,一般具有较高的使用率和释义能力,自由度高,词义的派生能力强,组合能力和聚合能力也较强;从基本词汇的个体来看,每个基本词在整个基本词汇系统中其隶属度的强弱都不同,从而表现出一个词在词汇系统中的价值差异。

在苏向丽从 10 个维度分析现代汉语基本词汇词价的基础上,2011年,孙彩惠、张志毅在其文章《新词个体和世界整体》中提出了从多维价值认识新词词价的观点。① 作者借用了苏向丽现代汉语基本词汇词价研究中的 5 个词价:频率价、释义价、丰度价、组合价、聚合价,又另外构建了 3个词价:时域价(词语产生以来的年代数)、地域价(通行于方言区的多少)、语域价(用于口语、政治、经济、法律、文学、教育、媒体、军事、体育、科技等领域的多少),文章用这 8 个价给"靓丽""打"两个词及相关同义词群作了价值定位,每个词 8 种词价的数量之和就是该词的综合价,而价序就是综合价的排列次序,直接反映了该词在相关同义词群中的价值定位。可见,从多维价值考察一个新词及相关词群,不仅可以比较科学、准确地把握每个新词在相关词群中的价值定位,还可以清楚、全面地了解整个词群的词价情况。

王东海(2014)在梳理苏向丽、孙彩惠和张志毅应用词价理论对汉语所进行的研究的基础上,以法律术语为主要语料,构建出了"术语价"。作者认为术语价应包括两个维度:一是基本术语价,包括命名价群、系统价、异形价、频率价;二是受限术语价,主要指同音同形术语、多义术语、同义术语中的受限情况。术语价研究为术语工作提供了比较客观的量化标准,可以减少术语工作中的随意性和主观倾向性。② 而后,王磊、王东海(2016)又以前述法律术语价研究为基础,补充了法律色彩价、语义透明价、模因结构价、语形价和地域价等五个术语价,用以量化并规范内地和香港的法律术语译差。③

---

① 孙彩惠、张志毅:《新词个体和世界整体》,《语言文字应用》2011 年第 2 期。

② 王东海:《法律术语"术语价"研究》,《同济大学学报》(社会科学版)2014 年第 4 期。

③ 王磊、王东海:《中国内地和香港法律术语的译差及其规范化》,《中国科技术语》2016 年第 4 期。

李家琦、王东海(2019)又在词价理论的基础上,构建了"异形价"体系。该体系包括基本核心价、扩展辅助价和外围补充价,以用来确定争议性异形词的主形。这不仅为争议性异形词主形的择定提供了新思路,也为异形词整理表的修订以及词典主词条的确立提供了一定的参考。①

综上所述,价值论、语言价值理论是"词价"的理论基础,在这个基础之上萨瓦尔德提出了"词价"理论并积极应用于法语实践,苏向丽、张志毅、王东海等学者在萨瓦尔德词价理论的基础之上,结合汉语实际,从多维价值角度系统考察了所设定的词和词群,给出了每个词在词群中的价值定位,这可以说是运用词价理论分析汉语词汇价值的有益尝试,对各类型词典的编纂、各种词表的制定、术语翻译的规范以及汉语词汇的内外教学都有极大的推动作用。

3.1.2　模价确定的多向维度

如果说词价是从词汇应用角度提出的一种语言价值理论,那么词语模作为创造新词语的方法,也属于语言应用的范畴,自然也有其价值,即"模价"。我们以所整理的 341 个词语模和所形成的词语群为基础语料,可以从多维价值角度对当代汉语词语模进行模价分析。

3.1.2.1　词语模"模价"的提出

"模价"是指词语模的系统价值,它关注的是一个词语模在当代汉语词语模系统中的意义、结构、功能等所体现的价值,模价体系是一种多指标综合考察词语模价值的评价体系。"模价"概念的提出不仅符合索绪尔的语言价值理论,也是对词价理论的扩展。首先,索绪尔在讨论语言价值时,几乎所有探讨语言价值之处都在以经济学来类比,或者引用经济学领域的例证,由此可以推断,经济学的确是索绪尔语言价值理论的重要来源之一。而在现代的宏观经济学和微观经济学体系建立之前,价值理论的发展过程是效用价值论和劳动价值论相互竞争和彼此消长的历史。因而在对索绪尔的语言价值理论进行思想溯源时,有些学者如 Pariente(1969)、Rossi-Landi(1975)、Thibault(1999)等,认为索绪尔的理论主要是受瑞士经济学家

---

① 李家琦、王东海:《基于词价理论的争议性异形词的主形择定研究》,《辞书研究》2019 年第 5 期。

Walras 等人的影响比较深。① Walras 的价值理论是边际学派经济学理论的重要组成部分,该学派的主要理论特征之一是反对古典经济学的劳动价值论,提倡边际效用价值论。② 他们认为价值不附属于商品,也不是商品的属性,价值本身不能独立存在,它源于边际效用。也就是说,商品的价值决定于主体的需求和判断,而不是客观的劳动或其他外在因素。而索绪尔的语言价值理论并不关乎主体的判断,而是体现在相互对立的关系和系统中。因此夏登山、蓝纯(2016)等人认为索绪尔的语言价值理论与 Walras 等人的效用价值论相去甚远,其真正的思想来源应是以 Smith 和 Ricardo 等人为代表的劳动价值论。这一派的理论观点为:劳动是创造价值的主要甚至唯一来源,商品的价值由凝结在商品中的劳动量决定。因此,该价值论和前价值论的不同在于:商品的价值决定于客观要素,并不依附于主体的判断,而且进入交换时可以量化。认为索绪尔的价值理论来源于劳动价值论,是因为他在比较经济学和语言学的异同时,一直在把语言的价值和劳动、工资、资本、土地等要素的价值相比,而这些要素又是劳动价值论所认定的价值来源的三要素。另外,索绪尔认为作为商品的地产其商品价值是和其使用价值分不开的,并不是主观任意的,如他在论述能指和所指之间的任意性时,就把它与地产的价值、产量相对比。由此可以推断,索绪尔认为使用价值才是决定商品价值的物质基础,而这正是劳动价值论所持的观点。③ 综上可见,索绪尔的语言价值理论和劳动价值论的渊源关系更近一些。

而如果要谈到"模价",也就是词语模的价值问题,必然要涉及词语模的效用,而词语模的效用是和词语模的使用密切联系的。换言之,正是词语模的使用价值才是决定词语模价值的基础。但有所不同的是,在词语模的使用中,掺杂了些许使用主体——人的主观因素,或者说,在词语模的使用中人的主观因素或多或少占据了其价值的一部分。这是和索绪尔的语言价值理论源泉有所区别的一个方面。但也正是在语用主体的使用中,词语模的模标义(或模式义)范畴越来越广,所能指称的事物或现象越来越多,使得模式出现的频率越来越高,这一点正好和萨瓦尔德的词价理论不谋而合。这

---

① 参见 Pariente, J. Essais sur le langage. Paris: de Minuit, 1969; Rossi-Landi, F. Linguistics and Economics. The Hague: Mouton, 1975; Thibault, P. Re-reading Saussure: The Dynamics of Signs in Social Life. New York: Routledge, 1997.

② 夏登山、蓝纯:《索绪尔语言价值理论源考》,《外语教学与研究》2016 年第 3 期。

③ 夏登山、蓝纯:索绪尔语言价值理论源考》,《外语教学与研究》2016 年第 3 期。

说明,我们可以运用定量和定性相结合的方法,从多维价值角度对词语模的模价进行分析,并以此为基础来考察每个具体词语模在相关词语模群中的价值定位。这样我们不仅可以全面观察当代汉语词语模的整体特点,也可以比较出每个具体词语模在同类词语模群中的价值差异,这对新词语的预测和规范,以及新词语的词典收录都是大有裨益的,当然也有助于我们在一定程度上把握当代汉语词汇系统的发展规律和未来趋势。

3.1.2.2 模价的多维价值角度阐释

在上一小节中谈到过,苏向丽(2010)从 10 个维度"认知价、结构价、语义价、兼通价、自由价、使用价、释义价、丰度价、聚合价、组合价"考察了现代汉语基本词汇的词价;孙彩惠、张志毅(2011)从 8 个维度"频率价、时域价、地域价、语域价、释义价、丰度价、聚合价、组合价"考察了现代汉语新词及相关词群的词价。在本小节,我们在参考前两者价值维度确定的基础上,借用其中的"使用价、丰度价、语域价、聚合价、组合价、结构价"6 个价值维度,另外构建 4 个新的价值维度"关注价""熟度价""容长价""通用价"①,来界定当代汉语词语模的模价。但因为上述三位学者进行的是词价研究,而本书是对模价的分析,因此虽然借用了已有价值维度的 6 个名称,但含义却有很多不同。这也是由词语模是一种创造新词语的方法所决定的。根据所搜集整理语料的来源和特点,具体解释如下:

"使用价",是指每个具体词语模所造词语的数量。也就是每个个体模所造词语在 33 部词典/年编中不重复出现的次数。以词语模"吧~"为例,由其产生的词语"吧女"虽然被 7 部词典/年编收录,但就"吧~"的造词来说,只能算作 1 条词语。以此类推,"吧蝇"(5 部词典/年编收录),"吧娘、吧台"(4 部词典/年编收录),"吧托、吧凳、吧姐、吧客、吧椅、吧街、吧友"(2 部词典/年编收录),都分别只能算作 1 条词语,那么再加上"吧费、吧主、吧仔、吧丽、吧厅、吧座、吧员、吧文化"(1 部词典/年编收录)等 8 个"吧~"词语,词语模"吧~"的使用价就是 19。

"关注价",是指收录每个具体词语模所造词语的词典/年编的数量。也就是每个个体模所造词语在多少部词典/年编中出现过。在 33 部词典/年编中,每本收录个体模词语的年限不同,那么据此可以大致推断每个词语模

①　这里所说的"通用价",在含义上相当于孙彩惠、张志毅(2011)所界定的"语域价",本书根据研究需要,命名更换为"通用价"。

造词持续时间的长短。如词语模"～奴",共有 12 部词典/年编收录了"～奴"所造的词语,词语模"～奴"的关注价就是 12;词语模"陪～",共有 14 部词典/年编收录了"陪～"所造的词语,词语模"陪～"的关注价就是 14。

"通用价",是指具体词语模所造词语适用领域的种类数量。也就是说每个个体模所造词语用于多少个领域,适用领域越多,模式词语分布范围越广,说明模式产词潜力越大。这里采用孙彩惠、张志毅(2011)对领域范围的划分,①分为"口语、政治、经济、法律、文学、教育、媒体、军事、体育、科技"等 10 个领域,然后结合个体模词语的语义、个体模词语在词典/年编中出现的句例及该句例的分布语料来判定通用领域数量。因此,我们以 20 为赋值的高限,具体赋值情况为:模式词语主要用于一个领域的赋值为 5,用于两个领域的赋值为 8,用于 3 个领域的赋值为 12,用于四个领域的赋值为 15,用于五个及以上领域的赋值为 20。以词语模"～门"为例,所造词语数量不计重复有 202 条,计重复有 303 条。通过该模式词语在本书选用词典和年编中的 570 余个句例和句例分布语料来看,该模式词语主要用于"政治、经济、文学、媒体、体育、科技"6 个领域,因此通用价赋值为 20。

"组合价",是指具体词语模所造词语的句法功能种类数量。也就是每个个体模所造词语能充当多少种句法成分,能充当的句法成分越多,说明其句法功能越灵活,越有利于语用主体使用和模式造词。这里参照《现代汉语》(增订第 6 版)②下册对句法成分的分类,即"主语、谓语、动语、宾语、定语、状语、补语、中心语"八种基本句法成分,本书整合为"主语、谓语、宾语、定语、状语、补语、中心语"七类③,然后结合个体模词语在词典/年编句例中所充当的句法成分判定其能够组合的种类数量。因此,我们以 20 为赋值的高限,具体赋值情况为:模式词语充当一种句法成分的赋值为 5,充当两种句法成分的赋值为 8,充当三种句法成分的赋值为 12,充当四种句法成分的赋值为 15,充当五种及以上句法成分的赋值为 20。如词语模"半～",所造词语不计重复有 18 条,计重复有 27 条,通过该模式词语在本书选用词典和年编中的 50 余个句例来看,该模式词语主要充当了"主语、谓语、宾语、定语、中心语"五种句法成分,因此组合价赋值为 20。

---

① 孙彩惠、张志毅:《新词个体和世界整体》,《语言文字应用》2011 年第 2 期。

② 黄伯荣、廖旭东:《现代汉语》(增订第 6 版),高等教育出版社 2017 年版。

③ 这里根据词语模造词特点和研究方便需要,把"动语"归入"谓语"。

"结构价","结构"指的是词语模模式的结构,而模式的结构是通过所形成词语的结构体现出来的。所以"结构价"是指每个个体模所形成的词语群中词语结构方式的种类数量。它能在一定程度上反映模标的语法化程度,也就是说,个体模模式的结构越单一,模标的语法化程度就越高。根据对341个词语模的考察发现,词语模模式结构的种类数量最多为三种,绝大多数为一种或两种,因此,我们以10作为赋值的高限。具体赋值情况为:把只有一种模式结构的赋值为10,有两种模式结构的赋值为8,有三种模式结构的赋值为5。如词语模"～死",所形成的词语包括"优死、安乐死、过劳死、过游死、过学死、盖被死、走路死、冲凉死、发烧死、发狂死、粉刺死、洗脸死、喝水死、如厕死、骷髅死、做梦死"等,根据词典/年编释义,其中"优死、安乐死、过劳死、过游死、过学死"都为名词,是定中结构,而"盖被死、走路死、冲凉死、发烧死、发狂死、粉刺死、洗脸死、喝水死、如厕死、骷髅死、做梦死"都为动词,是状中结构,但二者都属于偏正结构,因此其结构价赋值为10。又如词语模"高～",所形成的词语包括"高酬、高亏、高票、高效、高技能、高技术、高科技、高文化、高聘、高看、高企、高开、高腾、高扬、高走、高发、高危、高知识"等,其中"高酬、高亏、高票、高效、高技能、高技术、高科技、高文化"都为名词,是定中结构,"高聘、高看、高企、高开、高腾、高扬、高走"都为动词,为状中结构,二者都属于偏正结构,而"高发、高危、高知识"都为形容词。① 因此,词语模"高～"有两种模式结构,结构价赋值为8。

"丰度价",依据每个具体词语模模标义的义项来确定。模标义义项越少,概括力越强,所指称的事物或现象越复杂,说明模标的语法化程度越高,证明模式的成熟度越高。根据对341个词语模的考察发现,词语模模标义义项的数量最多为三个,多数为一个或两个,因此,我们以10作为赋值的高限。即把含有一项模标义的赋值为10,含有两项模标义的赋值为8,含有三项模标义的赋值为5。如词语模"～热",其模标义的义项只有一个,为"形成的某种热潮",因此其丰度价为10。词语模"拼～",其模标义的义项有两个:"①几个人拼合起来做某事。②比拼。"其丰度价为8。词语模"超～",其模

---

① "高发、高危、高知识"在《新词语大词典》(2018)中的标注为"区别词"。区别词也称"属性词"或"非谓形容词",本书把"区别词"归入"形容词"的次小类,参照为:邢福义《现代汉语》,高等教育出版社2015年版;周一民《现代汉语》(第4版),北京师范大学出版社2016年版。而有些书中也把区别词独立成类,如:黄伯荣、廖旭东《现代汉语》(增订第6版),高等教育出版社2017年版;邵敬敏《现代汉语通论》(第3版),上海教育出版社2016年版。

标义的义项有三个:"①超过。②超出(一定的程度或范围)。③在某个范围以外;不受限制。"其丰度价为 5。

"熟度价",依据每个具体词语模的模标义被《现汉》(第 7 版)收录的情况来确定,它反映了模义的成熟程度。因为涉及每个个体模所有义项在《现汉》(第 7 版)中的收录情况,所以情况较复杂。但根据对 341 个词语模的考察,我们发现其模标义被《现汉》(第 7 版)收录的情况可以分为三类,所以也以 10 作为赋值的高限。具体赋值情况如下:把《现汉》(第 7 版)和《现汉》(第 1 版)①两相比较,如果模标义在两本词典中都出现了,说明是《现汉》的原有义项,赋值为 10;如果模标义在第 1 版中还没有出现,是在第 7 版中才出现的,说明是《现汉》(第 7 版)的新增义项,赋值也为 10;如果在第 7 版中出现了相类似的义项,稍作修改可以作为模标义的,赋值为 8;如果在两者中都没有出现相同的或相类似的义项,只能根据词语群词语概括出模标义的,赋值为 5。如词语模"~圈",其模标义只有一项,且在两个版本的《现汉》中都收录了,为"集体的范围或活动的范围",其熟度价为 10;词语模"迷你~",其模标义也只有一项,是在《现汉》(第 1 版)中没有收录,在《现汉》(第 7 版)中才收录的,模标义为"同类物品中较小的;小型的",其熟度价为 10;词语模"~模特",其模标义只有一项,是根据《现汉》(第 7 版)中对"模特"的释义进行修改形成的模标义,为"用来展示某种事物的人或人体模型",其熟度价为 8;词语模"~漂",其模标义也只有一项,在两个版本的《现汉》中都没有收录,是根据所形成的词语群概括出来的,为"指工作或生活处于不稳定状态的外地人",其熟度价为 5。模标义义项为两个或以上的词语模,其熟度价更为复杂些,可以取其所有义项熟度价的平均值。如词语模"白色~",其模标义有两项,其中模标义①在《现汉》(第 1 版)中没有,是根据《现汉》(第 7 版)中对"白色"的释义修改的,为"白颜色的,多指代白颜色的事物",赋值为 8;模标义②是在两个版本的《现汉》中都没有收录的,根据所形成的词语群概括为"程度轻的或合法的",赋值为 5。因此,词语模"白色~"模标义的熟度价为 8 加上 5 的和再除以 2,其最终的熟度价为 6.5。

"语域价",是依据每个具体词语模模标义语域的变化情况而确定,它反映了模标义的泛化程度。根据对 341 个词语模的考察,我们发现其模标义

---

① 把二者作为比较依据,因为《现汉》(第 1 版)的出版时间是在 1978 年,而《现汉》(第 7 版)的出版时间是在 2016 年,与本书所整理的当代汉语词语模的时间最为接近,因此把二者作为模标义收录的依据进行比较。

语域的变化情况可以分为三类,所以也以 10 作为赋值的高限。具体赋值情况如下:如果模标义在语域上没有变化,说明其概括力强,泛化程度高,可以赋值为 10;如果模标义在语域上有一种变化,说明模标义的概括力还不是很强,泛化程度较高,可以赋值为 8;如果模标义在语域上有两种变化,说明模标义的概括力还不强,泛化程度不高,可以赋值为 5。而如果模标义在语域上没有变化,一般在形式上体现为一个义项;如果模标义在语域上有变化,一般在语义上会呈现某种程度的类指或泛指倾向。如词语模"导～"中,其模标义只有一个义项,为"引导",语域上没有变化,语域价赋值为 10。词语模"～病"中,其模标义有两个义项:"①生理上或心理上发生的不正常状态。②喻指某种社会弊端。"从模标义①到模标义②,是从"医学域"向"普通域"泛化,其语域价为 8。词语模"～霸"中,其模标义也有两个义项:"①强横无理、仗势欺人的人。②指在同类中某方面最好或最突出的个体。"从模标义①到模标义②,有两种语域上的变化:一是在所指对象上,从"人域"向"人、物域"泛化;二是在感情色彩上,从"贬义"向"中性义"或"褒义"泛化。因此其语域价赋值为 5。

"聚合价",指在每个具体词语模中模槽成分词性的种类数量,它反映了词语模模槽的词性聚合能力。也就是说,模槽成分的词性种类越多,说明模槽对所填入词语的限制越小,模槽的词性聚合能力就越强,所形成词语群的规模就越大。根据对 341 个词语模的考察发现,每个个体模模槽成分词性的种类数量非常复杂,多的可以达到七八种,少的只有一种,但总体上说,能达到五种及以上的是小部分,大部分为两种、三种或四种。因此,我们以 20 作为赋值的高限。具体赋值情况如下:把词语模中模槽成分只有一种词性的赋值为 5,模槽成分有两种词性的赋值为 8,模槽成分有三种词性的赋值为 12,模槽成分有四种词性的赋值为 15,模槽成分有五种及以上词性的赋值为 20。如词语模"金牌～"中,其模槽成分只有一种词性,都为名词,如"金牌节目、金牌演员、金牌球迷、金牌工人、金牌营业员"等,因此其聚合价为 5。而在词语模"～哥"中,其模槽成分有五种词性,包括名词,如"的哥、球哥、网哥、房哥、Q 哥、宴会哥、红娘哥、高考哥、大衣哥、章鱼哥、新闻哥"中的模槽成分"的、球、网、房、Q、宴会、红娘、高考、大衣、章鱼、新闻"等;包括动词,如"呼哥、踏哥、上墙哥、咆哮哥、蹭课哥、撑伞哥、抢修哥、街净哥、抱抱哥"中的模槽成分"呼、踏、上墙、咆哮、蹭课、撑伞、抢修、街净、抱抱"等;包括形容词,如"帅哥、酷哥、淡定哥、齐全哥、犀利哥、睿智哥、低碳哥"中的模槽成分"帅、酷、淡定、齐全、犀利、睿智、低碳"等;包括数词,如"一哥、4 哥"中的模槽成分

"一、4"等;还包括副词,如"初哥"中的模槽成分"初"等。所以其聚合价赋值为20。

"容长价",指每个具体词语模中模槽成分音节数的种类数量,它反映了词语模模槽的音节容纳能力。也就是说,模槽成分音节数的种类越多,说明模槽对所填入词语音节数的限制越小,模槽的音节容纳能力就越强,所形成词语群的规模就越大。根据对341个词语模的考察发现,每个个体模模槽成分音节数的种类多少不一,多的可以达到五六种,少的只有一种,但总体上说,能达到容长价五种及以上的是小部分,大部分为两种或三种。因此,我们以20作为赋值的高限。具体赋值情况如下:把词语模中模槽成分音节数只有一种的赋值为5,有两种的赋值为8,有三种的赋值为12,有四种的赋值为15,有五种及以上的赋值为20。如词语模"～村",所造词语数量不计重复为28条,其中模槽音节数为一的有1条,模槽音节数为二的有23条,模槽音节数为四的有2条,模槽音节数为五的有1条,模槽音节数为七的有1条。因此"～村"模槽成分音节数的种类为五,容长价赋值为20。

以上分别从10个维度解释了词语模的"使用价""关注价""通用价""组合价""结构价""丰度价""熟度价""语域价""聚合价""容长价",而这10个价值维度涵盖了词语模的模标、模槽、模式和所形成词语群这四个方面。如果从上述价值维度对当代汉语词语模进行模价分析,应该能够比较准确、全面地反映每个词语模的价值定位和相关词语模群的整体情况。

3.2 词语模库的构建及概释

为了给出更科学、更符合语言事实的价值定位,我们先把所整理的341个词语模从"使用价""关注价""通用价""组合价""结构价""丰度价""熟度价""语域价""聚合价""容长价"等10个价值维度进行模价分析,算出每个词语模的综合模价,也就是10个分项模价的相加之和,再把341个词语模的综合模价按照从高到低的顺序排列,构建出当代汉语词语模库并进行总括性说明和阐释。

3.2.1 词语模库的构建

我们把341个词语模从10个价值维度进行综合模价的降序排列后,构建出当代汉语词语模库。具体见表3-1。

表 3-1 当代汉语词语模库

词语模	模价维度赋值										综合价	价序
	使用价	关注价	通用价	组合价	结构价	丰度价	熟度价	语域价	聚合价	容长价		
～族	517	29	20	15	10	10	10	10	15	20	656	①
～门	202	15	20	15	10	10	10	10	12	12	316	②
微～	194	23	20	20	8	8	6.5	10	8	15	312.5	③
～经济	168	31	20	15	10	8	7.5	8	15	20	302.5	④
大～	172	24	20	20	8	8	7.5	10	15	15	299.5	⑤
～化	163	24	20	20	10	10	10	10	8	20	295	⑥
～人	165	31	12	15	10	8	7.5	8	12	15	283.5	⑦
小～	153	25	20	15	8	8	7.5	10	15	15	276.5	⑧
～工程	135	28	20	15	10	10	10	10	15	20	273	⑨
～制	128	25	20	15	10	10	8	10	15	20	261	⑩
～客	124	28	20	20	8	10	5	10	15	12	252	⑪
～卡	120	27	15	20	8	8	7.5	10	15	20	250.5	⑫
新～	116	26	20	15	8	8	10	10	12	20	245	⑬
～体	121	16	12	15	10	10	5	10	20	15	234	⑭
～女	119	26	12	15	10	8	5	8	15	15	233	⑮
～点	109	28	20	20	5	8	10	8	12	12	232	⑯
～费	90	25	20	20	8	10	10	10	20	15	228	⑰
绿色～	101	25	20	15	10	8	7.5	8	12	20	226.5	⑱
～时代	88	23	15	15	10	10	8	10	20	20	219	⑲
～症	93	27	20	15	10	8	5	8	12	20	218	⑳
～权	88	20	20	20	8	8	10	10	12	20	216	㉑
～病	96	24	20	15	10	8	7.5	8	12	15	215.5	㉒
云～	102	14	20	20	10	10	5	10	12	12	215	㉓
～男	95	21	12	15	10	10	5	10	15	20	213	㉔
～区	98	20	15	15	10	8	6.5	8	12	20	212.5	㉕
～哥	89	22	15	15	10	8	5	8	20	15	207	㉖

续表

词语模	模价维度赋值										综合价	价序
	使用价	关注价	通用价	组合价	结构价	丰度价	熟度价	语域价	聚合价	容长价		
～生$_1$	80	21	12	15	10	10	10	10	15	20	203	㉗
～令	86	21	15	15	10	8	7.5	8	12	20	202.5	㉘
～日	73	24	20	15	10	10	8	10	12	20	202	㉙
～友	88	25	20	15	10	8	5	8	15	8	202	㉙
～热	87	15	15	15	10	10	10	10	12	15	199	㉛
～剧	80	25	12	20	8	8	6.5	10	15	12	196.5	㉜
软～	86	28	15	20	10	5	7.7	8	8	8	195.7	㉝
～户	85	21	15	15	10	10	5	10	12	12	195	㉞
～率	80	18	15	15	10	10	10	10	12	15	195	㉞
～网	77	19	15	20	8	8	8	8	12	20	195	㉞
～效应	66	23	20	15	10	8	10	8	15	20	195	㉞
～风	81	17	20	20	8	8	7.5	10	15	8	194.5	㊳
～股	76	18	15	20	8	10	10	10	12	15	194	㊴
～员	78	20	20	15	10	10	8	10	8	15	194	㊴
～线	74	17	20	20	8	5	9.3	5	15	20	193.3	㊶
～市场	83	15	15	15	10	8	10	10	12	15	193	㊷
～文化	75	27	12	15	10	10	8	10	12	12	191	㊸
～价	75	21	15	20	8	10	8	10	15	8	190	㊹
～服务	72	22	15	15	10	10	8	10	12	15	189	㊺
～案	57	21	20	20	8	10	10	10	12	20	188	㊻
老～	75	20	15	15	10	8	7.5	10	15	12	187.5	㊼
～计划	56	21	20	15	10	10	10	10	15	20	187	㊽
～消费	66	20	20	15	10	10	8	10	12	15	186	㊾
超～	68	20	20	20	5	5	10	10	12	15	185	㊿
～吧	73	16	15	20	8	8	7.5	10	12	12	181.5	(51)
～力	58	18	20	20	8	10	10	10	12	15	181	(52)

词语模	模价维度赋值										综合价	价序
	使用价	关注价	通用价	组合价	结构价	丰度价	熟度价	语域价	聚合价	容长价		
～手	60	25	12	15	10	10	10	10	12	15	179	㊼
黑～	66	22	20	15	10	8	8	8	12	8	177	㊾
高～	67	14	20	20	8	5	8.3	10	12	12	176.3	㊿
～团	57	19	15	20	8	10	10	10	12	15	176	㊺
～市	73	17	12	20	8	8	7.5	10	12	8	175.5	㊼
～节	55	22	12	15	8	10	8	10	15	20	175	㊽
～银行	57	22	20	15	10	8	7.5	8	12	15	174.5	㊾
～师	59	20	12	15	10	8	7.5	10	12	20	173.5	㊿
被～	66	7	20	20	10	10	10	10	12	8	173	㊱
洋～	57	19	20	15	10	10	10	10	12	12	173	㊱
零～	60	22	20	20	10	8	7.5	8	8	8	171.5	㊾
～性	54	17	20	15	8	10	10	10	12	15	171	㊽
～指数	55	23	12	15	8	8	7.5	8	12	20	170.5	㊺
～税	57	21	12	15	10	10	5	10	15	15	170	㊻
～展	57	13	20	20	8	10	10	10	12	8	168	㊼
～星	61	20	15	20	8	8	7.5	8	12	8	167.5	㊽
热～	64	17	15	20	10	8	9	8	8	8	167	㊾
～家庭	50	26	15	15	10	8	7.5	8	15	12	166.5	㊲
～游	47	25	15	20	10	10	5	10	12	12	166	㊱
裸～	56	17	20	20	10	8	10	8	8	8	165	㊳
～型	46	16	20	15	8	10	8	10	12	20	165	㊳
～商₁	52	22	12	15	10	10	5	10	12	15	163	㊴
～圈	39	18	15	20	10	10	9	10	12	20	162	㊵
吃～	46	16	20	20	10	8	7.5	10	12	12	161.5	㊶
～婚	38	20	15	20	8	8	6.5	10	20	15	160.5	㊷
～姐	49	20	8	15	10	10	10	10	20	8	160	㊸

续表

词语模	模价维度赋值										综合价	价序
	使用价	关注价	通用价	组合价	结构价	丰度价	熟度价	语域价	聚合价	容长价		
～秀	46	17	15	20	8	10	10	10	12	12	160	⑱
～霸	49	22	20	20	8	8	7.5	5	8	12	159.5	⑳
数字～	48	18	15	15	10	10	10	10	8	15	159	㉑
～粉	50	17	15	20	8	10	5	10	15	8	159	㉑
～潮	37	22	20	15	10	10	10	10	12	12	158	㉝
～品	45	19	12	15	10	10	10	10	15	12	158	㉝
反～	31	19	20	20	10	10	10	10	12	15	157	㉟
～食品	51	20	12	15	10	10	5	10	12	12	157	㉟
～感	46	17	15	20	8	10	10	10	12	8	156	㉧
硬～	44	19	20	20	10	8	6.5	10	8	8	153.5	㊎
～意识	44	12	20	15	10	10	5	10	15	12	153	㊉
～者	37	16	20	15	10	8	10	10	12	15	153	㊉
生态～	44	18	15	15	10	10	10	10	8	12	152	㊑
～腐败	35	16	20	15	10	10	8	10	12	15	151	㊒
冷～	36	19	20	20	10	8	10	8	12	8	151	㊒
～坛	60	8	15	15	10	10	10	10	8	5	151	㊒
～现象	38	18	15	15	10	10	5	10	15	15	151	㊒
智能～	31	17	20	15	10	10	10	10	8	20	151	㊒
～龄	57	17	12	15	5	8	10	10	8	8	150	㊗
～奴	45	12	20	15	10	10	8	10	8	12	150	㊗
～险	45	16	12	15	10	10	5	10	15	12	150	㊗
非～	37	14	20	15	8	10	10	10	5	20	149	⑩
～农业	42	15	12	15	10	10	10	10	12	15	149	⑩
～货	44	14	12	20	8	8	9	10	15	8	148	⑩
家庭～	35	15	20	15	10	10	5	10	8	20	148	⑩
～旅游	40	20	8	15	10	10	8	10	12	15	148	⑩

词语模	模价维度赋值										综合价	价序
	使用价	关注价	通用价	组合价	结构价	丰度价	熟度价	语域价	聚合价	容长价		
～派	37	14	15	15	10	10	10	10	12	15	148	⑩②
～综合征	30	10	20	15	10	10	8	10	15	20	148	⑩②
～小说	35	17	12	15	10	10	8	10	15	15	147	⑩⑦
～媒体	26	20	12	15	10	10	8	10	15	20	146	⑩⑧
～群	31	19	12	20	8	8	10	8	15	15	146	⑩⑧
女～	50	17	12	15	10	10	5	10	8	8	145	⑪⓪
～墙	38	19	12	20	8	8	5	8	12	15	145	⑪⓪
～式₁	44	15	15	8	8	10	8	10	12	15	145	⑪⓪
～战	39	14	20	15	10	8	6.5	8	12	12	144.5	⑪③
～村	28	18	20	15	10	5	8.3	8	12	20	144.3	⑪④
超级～	34	20	15	15	10	10	10	10	5	15	144	⑪⑤
～二代	44	14	15	15	10	10	5	10	12	8	143	⑪⑥
～警	37	16	12	20	8	10	10	10	12	8	143	⑪⑥
假～	29	18	20	20	10	8	7.5	10	12	8	142.5	⑪⑧
～评	44	16	12	15	8	10	8	10	12	8	142	⑪⑨
～商品	35	15	12	15	10	8	10	10	12	15	142	⑪⑨
～一族	37	11	15	15	10	10	10	10	12	12	142	⑪⑨
～度	32	14	20	15	10	8	10	8	12	12	141	⑫②
～论	27	19	15	15	10	8	6.5	8	12	20	140.5	⑫③
～站	26	13	20	15	10	8	6.5	10	12	20	140.5	⑫③
～期	34	14	15	15	10	10	8	10	12	12	140	⑫⑤
～文学	35	16	12	15	10	10	8	10	12	12	140	⑫⑤
～污染	29	16	15	15	10	10	8	10	12	15	140	⑫⑤
～主义	29	16	15	15	10	10	8	10	12	15	140	⑫⑤
～链	32	15	15	20	8	10	5	10	12	12	139	⑫⑨
～盲	33	16	15	15	10	10	10	10	12	8	139	⑫⑨

续表

词语模	模价维度赋值										综合价	价序
	使用价	关注价	通用价	组合价	结构价	丰度价	熟度价	语域价	聚合价	容长价		
～民	30	19	15	15	10	10	10	10	12	8	139	⑫⑨
～屏	34	16	12	20	8	10	5	10	12	12	139	⑫⑨
～商₂	37	23	12	15	10	10	5	10	12	5	139	⑫⑨
～宝	36	12	15	20	8	8	6.5	10	15	8	138.5	⑬④
陪～	39	14	12	20	8	10	8	10	12	5	138	⑬⑤
～新闻	31	15	15	15	10	8	9	8	12	15	138	⑬⑤
～主	37	15	15	15	10	5	6	8	12	15	138	⑬⑤
～工	33	19	12	15	10	8	6.5	10	12	12	137.5	⑬⑧
低～	31	15	20	20	8	5	8.3	10	12	8	137.3	⑬⑨
～事件	27	10	15	15	10	10	10	10	15	15	137	⑭⓪
炒～	34	14	15	20	10	8	10	10	8	8	137	⑭⓪
～德	25	17	20	15	10	10	10	10	15	5	137	⑭⓪
～妹	27	13	12	15	10	10	10	10	15	15	137	⑭⓪
～死	21	16	12	20	10	10	5	10	12	12	137	⑭⓪
～学	27	13	15	15	10	10	10	10	12	15	137	⑭⓪
～观	17	11	20	20	8	10	10	10	15	15	136	⑭⑥
～源	32	13	20	15	10	8	7.5	10	12	8	135.5	⑭⑦
轻～	26	15	12	20	10	8	10	10	12	12	135	⑭⑧
～小姐	36	14	15	15	10	10	8	10	12	5	135	⑭⑧
可～	19	12	20	20	5	10	10	10	8	20	134	⑮⓪
～量	26	15	15	15	10	10	10	10	15	8	134	⑮⓪
男～	35	11	15	15	10	10	5	10	15	8	134	⑮⓪
～情	35	12	15	15	10	10	10	10	12	5	134	⑮⓪
～行动	25	14	15	15	10	10	8	10	12	15	134	⑮⓪
～库	34	13	15	20	8	8	7.5	8	8	12	133.5	⑮⑤
～干部	31	18	15	15	10	10	8	10	8	8	133	⑮⑥

续表

词语模	模价维度赋值										综合价	价序
	使用价	关注价	通用价	组合价	结构价	丰度价	熟度价	语域价	聚合价	容长价		
～一代	26	15	15	15	10	10	5	10	15	12	133	⑮⑥
涉～	36	16	20	5	8	10	10	10	12	5	132	⑮⑧
～场	27	16	15	15	8	8	10	8	12	12	131	⑮⑨
～家	23	15	20	15	10	8	10	10	8	12	131	⑮⑨
～生活	22	14	15	15	10	10	8	10	12	15	131	⑮⑨
～迷	29	15	15	15	10	10	10	10	8	8	130	⑯②
半～	18	15	20	20	10	8	10	8	8	12	129	⑯③
名～	31	15	12	15	10	10	10	10	8	8	129	⑯③
～人才	22	13	12	15	10	10	10	10	12	15	129	⑯③
～债	31	17	15	15	10	8	5	8	12	8	129	⑯③
～婚姻	25	15	12	15	10	8	6.5	10	15	12	128.5	⑯⑦
～官	23	20	15	15	10	8	5	8	12	12	128	⑯⑧
～爷	28	19	12	15	10	8	5	8	15	8	128	⑯⑧
走～	30	12	20	20	5	8	7.5	8	12	5	127.5	⑰⓪
～城	26	8	20	15	10	8	10	10	12	8	127	⑰①
刷～	28	17	12	20	10	8	5	10	5	12	127	⑰①
～托	31	15	12	20	8	8	5	8	12	8	127	⑰①
～云	27	13	15	15	8	10	5	10	12	12	127	⑰①
代～	25	14	15	20	10	8	10	10	8	8	126	⑰⑤
导～	28	13	15	15	8	10	10	10	12	8	126	⑰⑤
拼～	28	14	12	20	8	8	10	10	8	8	126	⑰⑤
微博～	23	6	15	20	10	10	8	10	12	12	126	⑰⑤
～综合症	27	7	15	15	10	10	5	10	15	12	126	⑰⑤
打～	23	15	15	20	10	10	5	10	12	5	125	⑱⓪
～值	22	13	12	15	10	8	7.5	10	12	15	124.5	⑱①
助～	20	9	20	20	8	10	10	10	12	5	124	⑱②

续表

词语模	模价维度赋值										综合价	价序
	使用价	关注价	通用价	组合价	结构价	丰度价	熟度价	语域价	聚合价	容长价		
灰色~	22	15	15	15	10	8	10	8	12	8	123	⑱③
酷~	34	11	12	15	10	10	5	10	8	8	123	⑱③
~保姆	18	12	20	15	10	8	7.5	8	12	12	122.5	⑱⑤
~党	29	14	12	15	10	8	6.5	8	12	8	122.5	⑱⑤
~流	25	14	15	15	10	8	7.5	8	12	8	122.5	⑱⑤
~的	21	15	15	15	8	10	8	10	12	8	122	⑱⑧
~精神	16	12	15	15	10	10	10	10	12	12	122	⑱⑧
~路	25	10	12	15	10	10	10	10	12	8	122	⑱⑧
山寨~	27	7	15	15	10	8	10	10	8	12	122	⑱⑧
虚拟~	19	13	15	15	10	10	10	10	8	12	122	⑱⑧
~谷	20	13	20	15	10	8	5	10	12	8	121	⑲③
~年	16	13	15	15	10	10	5	10	12	15	121	⑲③
阳光~	22	15	15	15	10	8	10	10	8	8	121	⑲③
秒~	26	12	12	20	8	10	5	10	12	5	120	⑲⑥
~危机	20	15	12	15	10	10	8	10	5	15	120	⑲⑥
~执法	18	10	15	15	10	10	8	10	12	12	120	⑲⑥
~虫	17	14	20	15	10	8	7.5	8	12	8	119.5	⑲⑨
~垃圾	21	13	12	15	10	10	8	10	12	8	119	⑳⓪
~生₂	15	9	15	20	10	10	10	10	12	8	119	⑳⓪
问题~	19	12	20	15	10	10	10	10	5	8	119	⑳⓪
隐形~	16	11	15	15	10	10	8	10	12	12	119	⑳⓪
~战略	15	11	15	15	10	10	10	10	8	15	119	⑳⓪
~先生	15	11	20	15	10	8	6.5	10	15	8	118.5	⑳⑤
~领	18	18	12	15	10	10	5	10	12	8	118	⑳⑥
白色~	15	15	20	15	10	8	6.5	8	12	8	117.5	⑳⑦
~革命	16	14	20	15	10	8	6.5	8	8	12	117.5	⑳⑦

词语模	模价维度赋值										综合价	价序
	使用价	关注价	通用价	组合价	结构价	丰度价	熟度价	语域价	聚合价	容长价		
低碳~	22	8	12	15	10	10	10	10	8	12	117	⑳⑨
~疗	24	14	8	20	8	8	5	10	12	8	117	⑳⑨
~模	17	13	12	15	10	10	10	10	12	8	117	⑳⑨
闪~	21	16	12	20	10	10	5	10	8	5	117	⑳⑨
~问题	10	7	15	15	10	10	10	10	15	15	117	⑳⑨
泛~	10	8	15	20	10	10	10	10	8	15	116	㉑④
~扶贫	12	14	15	20	10	10	8	10	12	5	116	㉑④
~阶层	13	9	15	15	10	10	10	10	12	12	116	㉑④
~嫂	29	17	8	15	10	8	5	8	8	8	116	㉑④
~荒	17	15	15	15	10	10	10	10	5	8	115	㉑⑧
~假	21	14	15	20	10	10	5	10	5	5	115	㉑⑧
垃圾~	19	15	15	15	10	8	9	8	8	8	115	㉑⑧
做~	13	9	20	20	8	10	5	10	12	8	115	㉑⑧
~明星	18	13	12	15	10	8	7.5	8	15	8	114.5	㉒②
多~	15	10	15	20	8	10	10	10	8	8	114	㉒③
~帝	22	9	15	15	10	10	5	8	12	8	114	㉒③
恶~	14	11	15	20	10	8	9	10	12	5	114	㉒③
~环境	15	9	15	15	10	10	10	10	12	8	114	㉒③
~季	14	12	15	15	10	10	8	10	8	12	114	㉒③
萌~	25	8	12	15	10	10	10	10	6	8	114	㉒③
~青年	19	13	12	15	10	10	5	10	12	8	114	㉒③
去~	10	7	15	20	10	10	8	10	12	12	114	㉒③
~王	18	12	15	15	10	10	8	10	8	8	114	㉒③
吧~	19	9	12	15	10	8	7.5	10	5	8	113.5	㉒②
黄金~	18	11	12	15	10	10	10	10	5	12	113	㉓③
~仔	13	10	12	15	10	10	10	10	15	8	113	㉓③

续表

词语模	模价维度赋值										综合价	价序
	使用价	关注价	通用价	组合价	结构价	丰度价	熟度价	语域价	聚合价	容长价		
傍～	13	11	12	20	10	10	10	10	8	8	112	㉟
～腐	14	8	20	20	8	10	5	10	12	5	112	㉟
～女郎	16	9	8	15	10	10	10	10	12	12	112	㉟
晒～	13	9	12	20	10	10	8	10	12	8	112	㉟
亮～	16	11	15	20	10	8	7.5	8	8	8	111.5	㉙
～癌	17	11	15	20	8	5	6	5	12	12	111	㉔
潮～	17	11	12	15	10	10	10	10	8	8	111	㉔
灰～	14	15	15	15	10	8	10	8	8	8	111	㉔
～灾	16	10	12	15	10	10	8	10	12	8	111	㉔
～模特	13	8	12	15	10	10	10	10	12	12	110	㉞
～头	15	14	12	15	10	10	8	10	8	8	110	㉞
～效益	14	9	12	15	10	10	10	10	12	8	110	㉞
隐性～	10	13	15	15	10	10	10	10	12	5	110	㉞
～暴力	12	11	20	15	10	10	5	10	8	8	109	㉘
倒～	13	7	15	20	8	10	10	10	8	8	109	㉘
～倒	13	8	15	15	10	10	8	10	15	5	109	㉘
～蓝	13	9	12	20	8	8	5	10	12	12	109	㉘
～妈妈	15	12	12	15	10	10	5	10	12	8	109	㉘
～风暴	8	9	12	15	10	10	10	10	12	12	108	㉝
～控	20	10	12	15	10	10	5	10	8	8	108	㉝
宅～	12	8	15	20	10	8	9	10	8	8	108	㉝
～疗法	12	8	12	15	10	10	10	10	12	8	107	㉝
铁～	17	12	8	15	10	10	10	10	5	12	107	㉝
伪～	10	12	8	15	10	10	8	10	12	12	107	㉝
安全～	10	10	15	20	10	8	7.5	10	8	8	106.5	㉟
～警察	16	14	12	15	10	8	7.5	8	8	8	106.5	㉟

词语模	模价维度赋值										综合价	价序
	使用价	关注价	通用价	组合价	结构价	丰度价	熟度价	语域价	聚合价	容长价		
～安全	10	6	20	15	10	10	8	10	5	12	106	㉖
～爸	14	8	12	15	10	10	10	10	12	5	106	㉖
蹭～	10	10	12	20	8	10	10	10	8	8	106	㉖
～模式	11	8	12	15	10	10	10	10	8	12	106	㉖
～特区	10	11	12	15	10	10	8	10	12	8	106	㉖
群～	17	11	15	20	8	10	5	10	5	5	106	㉖
～屋	18	8	12	15	10	8	5	10	12	8	106	㉖
亚～	11	11	12	15	10	10	10	10	12	5	106	㉖
～周	11	10	15	15	10	10	8	10	12	5	106	㉖
准～	10	10	15	15	10	10	10	10	8	8	106	㉖
劲～	11	7	20	20	10	8	6.5	10	8	5	105.5	㉗
～界	11	7	12	15	10	10	10	10	12	8	105	㉗
～脑	17	10	12	20	5	10	10	10	8	8	105	㉗
神～	19	8	12	15	10	10	5	10	8	8	105	㉗
～行为	12	6	12	15	10	10	10	10	12	8	105	㉗
暴力～	10	10	15	15	10	8	6.5	10	12	8	104.5	㉗
暴～	13	6	12	20	10	10	10	10	8	5	104	㉗
飙～	13	11	12	20	8	8	5	10	12	5	104	㉗
海₁～	15	9	15	15	10	8	5	10	12	5	104	㉗
跑～	10	11	12	20	10	10	10	10	5	5	104	㉗
～事	12	11	12	15	10	10	8	10	8	8	104	㉗
负～	14	13	12	15	10	8	7.5	8	8	8	103.5	㉘
～绿	20	10	8	20	10	10	10	10	5		103	㉘
～妈	11	8	12	15	10	10	10	10	12	5	103	㉘
逃～	15	9	12	20	8	8	7.5	10	8	5	102.5	㉘
草根～	10	7	12	15	10	10	8	10	8	12	102	㉘

续表

词语模	模价维度赋值										综合价	价序
	使用价	关注价	通用价	组合价	结构价	丰度价	熟度价	语域价	聚合价	容长价		
～才	8	9	15	15	8	10	10	10	12	5	102	㉘⑥
～大战	11	8	20	15	10	10	5	10	8	5	102	㉘⑥
～贩子	11	12	8	15	10	10	10	10	8	8	102	㉘⑥
～分子	9	7	15	15	10	8	10	8	12	8	102	㉘⑥
国民～	18	7	12	15	10	8	5	10	5	12	102	㉘⑥
～后₂	17	7	15	15	10	10	5	10	5	8	102	㉘⑥
楼～	20	7	8	15	10	10	5	10	12	5	102	㉘⑥
星～	12	9	12	15	10	10	8	10	8	8	102	㉘⑥
流量～	17	6	12	15	10	8	7.5	10	8	8	101.5	㉙⑤
～漂	14	13	8	15	10	10	5	10	8	8	101	㉙⑥
～啤	14	7	5	15	10	10	10	10	12	8	101	㉙⑥
商品～	15	8	12	15	10	10	8	10	5	8	101	㉙⑥
影子～	15	10	12	15	10	10	5	10	6	8	101	㉙⑥
放心～	14	8	12	15	10	10	8	10	5	8	100	㉛⓪
留守～	10	12	12	15	10	10	5	10	8	8	100	㉛⓪
～女孩	13	9	8	15	10	10	5	10	8	12	100	㉛⓪
泡～	9	10	8	20	10	10	10	10	5	8	100	㉛⓪
～神	12	10	8	15	10	10	5	10	12	8	100	㉛⓪
～项目	12	6	12	15	10	10	5	10	12	8	100	㉛⓪
中国式～	10	4	12	15	10	10	5	10	12	12	100	㉛⓪
方便～	10	9	12	15	10	10	10	10	5	8	99	㉛⑦
概念～	11	10	12	15	10	10	5	10	8	8	99	㉛⑦
～老虎	10	8	15	15	10	10	5	10	8	5	99	㉛⑦
迷你～	12	7	8	15	10	10	10	10	5	12	99	㉛⑦
～后₁	9	4	15	20	8	10	5	10	12	5	98	㉛⑪
～格	9	8	15	15	10	10	10	10	5	5	97	㉛⑫

词语模	模价维度赋值										综合价	价序
	使用价	关注价	通用价	组合价	结构价	丰度价	熟度价	语域价	聚合价	容长价		
另类～	14	4	8	15	10	10	10	10	8	8	97	⑫
最美～	18	4	12	15	10	10	5	10	5	8	97	⑫
～帮	8	9	12	15	10	8	6.5	8	12	8	96.5	⑮
二手～	8	8	12	15	10	10	10	10	5	8	96	⑯
休闲～	12	5	12	15	10	10	5	10	5	12	96	⑯
～缘	11	11	8	15	10	10	8	10	5	8	96	⑯
～经	8	7	12	15	10	8	7.5	8	12	8	95.5	⑲
～爸爸	7	6	12	15	10	10	5	10	8	12	95	⑳
～魔	10	9	5	15	10	10	8	10	12	5	94	㉑
～人物	8	10	8	15	10	10	10	10	8	5	94	㉑
银发～	12	8	8	15	10	10	5	10	8	8	94	㉑
明星～	12	8	12	15	10	8	6.5	8	5	8	92.5	㉔
～群体	7	8	8	15	10	10	10	10	8	5	91	㉕
银色～	8	9	8	15	10	10	5	10	8	8	91	㉕
～叔	7	5	8	15	10	10	5	10	12	8	90	㉗
～替	11	7	8	15	10	10	5	10	8	5	89	㉘
泡沫～	6	7	12	15	10	10	8	10	5	5	88	㉙
～式₂	8	7	8	15	10	10	10	10	5	5	88	㉙
保险～	6	5	12	12	10	8	7.5	10	8	8	86.5	㉛
～人类	6	6	8	15	10	10	5	10	8	8	86	㉜
网红～	8	3	12	15	10	10	5	10	5	8	86	㉜
～子	11	7	8	15	10	10	5	10	5	5	86	㉜
金牌～	5	5	12	15	10	10	5	10	5	8	85	㉟
～疯	5	5	8	15	10	10	5	10	8	8	84	㊱
靓～	13	7	5	15	10	8	7.5	8	5	5	83.5	㊲
趋～	10	5	12	8	10	10	8	10	5	5	83	㊳

续表

词语模	模价维度赋值										综合价	价序
	使用价	关注价	通用价	组合价	结构价	丰度价	熟度价	语域价	聚合价	容长价		
桥～	6	4	5	15	10	10	5	10	8	5	78	㉝
～耗子	7	5	5	15	10	10	5	10	5	5	77	㉞
哈～	5	7	8	12	10	10	5	10	5	5	77	㉞

3.2.2 词语模库的概释

在上一小节中,我们以"使用价""关注价""通用价""组合价""结构价""丰度价""熟度价""语域价""聚合价""容长价"这10个模价对341个词语模进行了列表分析,构建出了当代汉语词语模库,"价序"是按照综合模价的多少进行的降价排列。从整体来看,词语模库呈现如下特点。

从综合价来看,词语模库前70位的词语模价差比较明显,前一位和相邻的后一位的综合价相比基本都有价差,这说明前70位的词语模在所整理的当代汉语词语模中其造词能力确实很强,表现突出。其中①—⑳位的价差较大,价差多有5或大大多于5的情况。而㉑—⑰位的词语模价差比较小,前一位和相邻后一位的综合价价差没有超过5的,绝大多数价差在1左右。尤其值得关注的是,处于第一位的"～族"比处于第二位的"～门",综合价多了340,足见"～族"的造词能力之强。⑰位之后的词语模价差不明显,相邻综合价价差基本都在1左右,而且经常出现若干个词语模综合价相同的情况,个别综合价甚至聚集着十个左右的词语模,这说明⑰位之后的词语模造词能力要逊色于⑰位之前的,而且它们在造词能力上相差不是很明显,很难在短时间内赶上或超越前70位词语模。

从各个维度价来看,首先,"使用价"和"关注价"这两者对词语模综合价的影响最大。前者"使用价"大体上还是表现出了逐渐减少的趋势,基本上能和综合价的多少以及价序相对应。但是从后者"关注价"来看,和综合价以及价序却没有表现出对应性。也就是说,词语模的综合价和其造词能力、所形成的词语群规模大体上是成正比的,但和其模式的造词持续时间却不成比例,因为有些模式可以爆发性造词。如词语模"～门",关注价只有15,低于词语模库中45%的词语模,但是综合价却排到了第二位,是因为该模式从2006年开始大规模造词以来,一直到2017年,十年左右的时间所造词语不计重复竟有 202 条,计重复达到了 303 条,可见造词能量非常强大,属于典型的爆发性造词。其次,"通用价""聚合价"和"容长价"总体上保持了和综合价以及价序的对应,可以说综合价越高、价序越靠前,词语模的"通用价""聚合价"和"容长价"就越高,也就是说词语模的适用领域越广、模槽成分词性的种类数量以及模槽成分音节数的种类数量越多。最后,"组合价""结构价""丰度价""熟度价"和"语域价"对词语模综合价和价序的影响较小,对应性最弱。

从模标和模槽的位置关系来看,词语模库中模槽在前、模标在后的词语模居多,共 223 个,包括"～族、～门、～经济、～化、～人、～工程、～制、～客、～卡、～体、～女、～点、～费、～时代、～症、～权、～病、～男、～区、～哥、～生₁、～令、～日、～友、～热、～剧、～户、～率、～网、～效应、～风、～股、～员、～线、～市场、～文化、～价、～服务、～案、～计划、～消费、～吧、～力、～手、～团、～市、～节、～师、～性、～指数、～税、～展、～星、～家庭、～游、～型、～商₁、～圈、～婚、～姐、～秀、～潮、～粉、～品、～食品、～感、～意识、～者、～龄、～腐败、～坛、～现象、～奴、～险、～农业、～货、～旅游、～派、～综合征、～小说、～媒体、～群、～墙、～式₁、～战"等,在词语模库中占比为 65.4%;而模标在前、模槽在后的词语模较少,共 118 个,包括"微～、大～、小～、新～、绿色～、云～、软～、老～、超～、黑～、高～、被～、洋～、零～、热～、裸～、吃～、数字～、反～、硬～、生态～、冷～、智能～、非～、家庭～、女～、超级～、假～"等,在词语模库中占比为 34.6%。也就是说,前空型词语模占了当代汉语词语模的近三分之二。同时比较巧合的是,词语模库中价序的中点也是前空型词语模和后空型词语模占比出现明显变化的分界线。具体说来,就是词语模库中⑰位前是前空型词语模居多,占比达到了 77%,词语模库中⑰位后基本是前空型词语模和后空型词语模各占一半。因此,无论是从词语模的数量还是价序来看,都说明前空型词语模的造词能力更强。

从词语模的词性来看,词语模库中名词性词语模[1]居多,因为前空型词语模占多数,而前空型词语模中除了"～化"为动词性词语模,"～市、～展、～星、～脑"为名词性兼动词性词语模,"～客、～卡、～点、～费、～权、～剧、～网、～风、～股、～线、～价、～案、～吧、～力、～团、～节、～性、～型、～

---

　① 名词性词语模界定的依据是所造词语的词性,如果所造词语都为名词性的,则为单纯的名词性词语模。

圈、～霸、～婚、～秀、～粉、～感₁、～感₂、～龄、～货、～群、～墙、～式₁、～警、～评、～链、～屏、～宝、～观、～库、～场、～托、～云、～的、～疗、～腐、～癌、～才、～后₁"等46个词语模所造词语的绝大部分都为名词性词语外,其余的172个前空型词语模都为单纯的名词性词语模。而在后空型词语模中,包括"绿色～、云～、老～、黑～、洋～、数字～、生态～、智能～、家庭～、女～、超级～、男～、灰色～、酷～、山寨～、虚拟～、阳光～、问题～、隐形～、白色～、低碳～、垃圾～、萌～、名～、微博～、吧～、黄金～、潮～、灰～、隐性～、铁～、伪～、亚～、神～、草根～、国民～、楼～、星～、商品～、影子～、放心～、留守～、中国式～、方便～、概念～、迷你～、另类～、最美～、二手～、休闲～、银发～、明星～、银色～、泡沫～、保险～、网红～、金牌～、靓～、桥～"等59个词语模也都为单纯的名词性词语模,其他的包括"微～、大～、小～、新～、软～、老～、零～、热～、裸～、硬～、冷～、轻～、半～、非～、可～、泛～、宅～、安全～、准～、暴力～、海₁～、流量～"等22个词语模所造词语的大部分也都为名词性词语。

从词语模的语义来看,词语模库中以表"人"或"物"的词语模为最多,这是因为单纯的名词性词语模在词语模库中占比近70%的缘故,可以说名词性词语模所形成的词语都是表示某种"人"或"物"的。而动词性词语模①,只有"超～、被～、吃～、反～、陪～、打～、导～、炒～、涉～、走～、刷～、代～、拼～、助～、秒～、闪～、做～、恶～、去～、傍～、晒～、亮～、倒～、蹭～、群～、劲～、暴～、飙～、跑～、负～、逃～、泡～、趋～、哈～"等34个所造词语绝大部分或大部分是表示某种"动作行为"的,较少部分表示某种"人""物"或"属性"的。

本章小结

本章在梳理相关"价值"理论的基础上提出了"模价"概念,把所提取的341个词语模进行了10个维度的模价赋值及以此为基础的综合模价计算,形成了当代汉语词语模库,并进行了总体性阐释。模价概念提出的直接理论基础是哲学中的价值论和语言价值理论,间接理论和实践基础是词价理论及相关应用。在参考苏向丽、孙彩惠和张志毅三位学者将词价理论应用

---

① 动词性词语模界定的依据也是所造词语的词性,如果所造词语全部或大部分都为动词性的,则为动词性词语模。

于汉语研究的基础上,本章从词语群的规模,词语模的使用时间,模标义的义项和词典收录情况,模槽成分的词性,模式的音节、结构和功能等几个角度对 341 个词语模进行了模价维度确定,构建出"使用价""关注价""通用价""组合价""结构价""丰度价""熟度价""语域价""聚合价""容长价"等 10 个维度,进行赋值和综合模价计算,并按照个体模综合价的高低构建了当代汉语词语模库,使每个词语模的价值定位和相关词语模群的整体情况更一目了然。而从综合价、模价维度、模标和模槽的位置关系、词语模的词性、语义等角度对词语模库的总体性分析,能更全面、客观地揭示当代汉语词语模群的整体情况。

4 当代汉语词语模的分类及
高价词语模的类别考察

在上一章中,本书对所提取的 341 个汉语词语模进行了模价分析,并在此基础上构建了当代汉语词语模库。本章将在意义分类的前提下,对词语模库中的词语模进行分类考释,重点探讨各意义类别中的高价模,分析其在语义、词长、搭配、功能、色彩等方面的特点和规律。

4.1 词语模的类别划分

本节将按照"表人""表物""行为""特征""地点""时间""事件"七个意义大类,对当代汉语词语模库中的 341 个词语模进行类别划分。

4.1.1 类别划分的依据

汉语中词类的划分,主要依据的是词的语法功能,形态和意义是参考依据。而对于本书词语模库中的 341 个词语模来说,也可以进行类别的划分,这里暂且简称"模类"。但是模类的划分不好以词语模的语法功能作为主要依据,原因是:虽然我们在上一章概释词语模库时统计过,有 231 个单纯的名词性词语模,占比词语模总数的近 70%,但是还有 30% 多的词语模所造词语或者都为动词性词语,如"～化、被～"等,或者所造词语一部分为名词性词语,一部分为动词性词语,如"～市、～展"等,或者所造词语一部分为动词性词语,一部分为形容词性词语,如"群～、涉～"等,甚至还有个别词语模所造词语有三种词性,即名词性词语、动词性词语和形容词性词语,如"超

～"。鉴于部分词语模所造词语词性并不统一,这里对模类的划分以意义为依据。下面将以"表人""表物""行为""特征""地点""时间""事件"七个意义标准,对341个词语模进行模类划分。

4.1.2　词语模的分类

1)表人模,即模标义(或模式义)主要是表示某种"人"或"人的集合"且模式结构主要为偏正式(定中)的词语模。词语模库中的表人模有84个,占比词语模总数的24.6%,也就是说几乎四分之一的词语模都是表人模。包括"～族、～人、～客、～女、～男、～哥、～生₁、～友、～户、～员、～手、～团、～师、～星、～家庭、～商₁、～圈、～姐、～霸、～粉、～者、～奴、～派、～群、女～、～二代、～警、一族、～盲、～民、～主、～工、～妹、～小姐、男～、～干部、～一代、～家、～迷、～人才、～官、～爷、～托、～保姆、～党、～虫、先生、～领、～模、～阶层、～嫂、～明星、～帝、～青年、～王、～仔、～女郎、～模特、～头、～倒、～妈妈、～控、～警察、～爸、～界、～妈、～才、～贩子、～分子、～后₂、～漂、～女孩、～神、～老虎、～后₁、～帮、～爸爸、～魔、～人物、～群体、～叔、～替、～人类、～耗子"。

2)表物模,顾名思义,即模标义(或模式义)主要表示某种"物"且模式结构主要为偏正式(定中)的词语模。词语模库中此种类型的最多,有110个,占词语模总数的32.3%,也就是说近三分之一的词语模都是表物模。包括"～经济、～工程、～制、～卡、～体、～费、～症、～权、～病、～令、～热、～剧、～率、～网、～效应、～风、～股、～线、～文化、～价、～服务、～计划、～消费、～力、～性、～指数、～税、～展、～游、～型、～婚、～秀、～潮、～品、食品、～感、～意识、～腐败、～坛、～现象、～险、～农业、～货、～旅游、～综合征、～小说、～媒体、～墙、～式₁、～战、～评、～商品、～度、～论、～文学、～污染、～主义、～链、～屏、商₂、～宝、～新闻、～德、～死、～学、～观、源、～量、～行动、～生活、～债、～婚姻、～云、～综合症、～值、～流、～的、～精神、～路、～危机、～执法、～垃圾、～战略、～革命、～疗、～问题、～扶贫、～荒、～环境、～腐、～癌、～灾、～效益、～暴力、～风暴、～疗法、～安全、～模式、～界、～脑、～行为、～大战、～啤、～项目、～格、～缘、～经、～式₂、～子、～疯"。

3)行为模,即模标义(或模式义)主要表示某种"行为动作"且模式结构主要为动宾式或偏正式(状中)的词语模。词语模库中此种类型的词语模不多,只有33个,包括"～化、超～、被～、吃～、反～、陪～、炒～、涉～、走～、刷～、代～、导～、拼～、打～、助～、秒～、闪～、做～、去～、傍～、晒～、亮～、倒～、蹭～、飙～、跑～、逃～、泡～、趋～、哈～、～绿、～蓝、～生$_2$"。

4)特征模,即模标义(或模式义)主要表示人或事物"某种特点"且模式结构主要为偏正式(定中)的词语模。词语模库中此种类型的词语模也不少,有87个,占词语模总数的25.5%,也就是说四分之一的词语模都是特征模。包括"微～、大～、小～、新～、绿色～、云～、软～、老～、黑～、高～、洋～、零～、热～、裸～、数字～、硬～、生态～、冷～、智能～、非～、家庭～、超级～、假～、低～、轻～、可～、半～、名～、微博～、灰色～、酷～、山寨～、虚拟～、阳光～、问题～、隐形～、白色～、低碳～、泛～、垃圾～、多～、恶～、萌～、吧～、黄金～、潮～、灰～、隐性～、宅～、铁～、伪～、安全～、群～、亚～、准～、劲～、神～、暴力～、暴～、海～、负～、草根～、国民～、楼～、星～、流量～、商品～、影子～、放心～、留守～、中国式～、方便～、概念～、迷你～、另类～、最美～、二手～、休闲～、银发～、明星～、银色～、泡沫～、保险～、网红～、金牌～、靓～、桥～"。

5)地点模,即模标义(或模式义)主要表示"地点"且模式结构主要为偏正式(定中)的词语模。词语模库中此种类型的词语模很少,只有14个,包括"～点、～区、～市场、～吧、～市、～银行、～村、～站、～库、～场、～城、～谷、～特区、～屋"。

6)时间模,即模标义(或模式义)主要表示"时间"且模式结构主要为偏正式(定中)的词语模。词语模库中此种类型的词语模非常少,只有8个,包括"～时代、～日、～节、～龄、～期、～年、～季、～周"。

7)事件模,即模标义(或模式义)主要表示"事情或事件"且模式结构主要为偏正式(定中)的词语模。词语模库中此种类型的词语模最少,只有5个,包括"～门、～案、～事件、～情、～事"。

4.2　高价词语模的类别考察

在上一小节中我们以意义为依据,把当代汉语词语模库中的341个词语模划分成了七大类别。为了更清楚、细致地考察各意义类别的词语模,我们将逐一对每一类别的词语模进一步探讨。因篇幅所限,这里只对词语模

库中排名前 100 位的各意义类别词语模①进行分析,这些高价词语模是当代
汉语词语模库中综合价值表现最为突出的,其在改革开放以来的造词活动
中发挥了举足轻重的作用。

4.2.1　表人模的类别考察

表人模的模标义(或模式义)主要是表示某种"人"或"人的集合",在高
价词语模库中有 22 个词语模为表人模,占了总数的五分之一多。

从表人模的语义范畴来看,这 22 个表人模可以分为两大类:一类是表
示"人"的语义范畴,既可以表示"人的个体",也可以表示"人的群体",甚至
有些表人模更多时候是表示"人的群体",包括"～族、～人、～客、～女、～
男、～哥、～生₁、～友、～户、～员、～手、～师、～星、～商₁、～霸、～姐、～粉、
～者、～奴"等 19 个表人模;另一类是表示"人的集合"的语义范畴,在概念
上具有整体性,一般不用来表示人的"个体",包括"～团、～家庭、～圈"3 个
表人模。

而前一大类表人模按照模标义的特点又可以做属种划分。其中"～族、
～人、～客、～生₁、～友、～户、～员、～手、～师、～星、～商₁、～霸、～粉、～
者、～奴"等 15 个表人模的模标义表示"人"的语义范畴,可以视作"人"的
"属范畴";其中"～女、～姐"2 个表人模的模标义表示"女人"的语义范畴,可
以视作"人"的"种范畴";其余的"～男、～哥"2 个词语模的模标义表示"男
人"的语义范畴,可以视作"人"的另一个"种范畴"。而无论是"属范畴"还是
"种范畴"的表人模,按照模标义的类别,还可以做进一步划分。

在属范畴内,"～族、～人、～客、～户、～者"等 5 个表人模处于中心语
义范畴,也就是说这些表人模都是"属范畴"中表人模的典型成员,它们的模
标义在表示"人"的概念上所受限制最小,所具有的"人"范畴属性最多。而
"～生₁、～友、～员、～师、～星、～商₁、～霸、～粉"等 8 个表人模处于次中心
语义范畴,即这些表人模都是"属范畴"中表人模的非典型成员,它们的模标
义在表示"人"的概念上所受限制较多,有些或具有身份、行业特点,如"～
生₁、～友、～员、～师、～星、～商₁";有些或具有性状特点,如"～霸、～粉",
因此它们所具有的"人"范畴属性不如典型成员。剩下的"～手、～奴"2 个表
人模处于边缘语义范畴,即它们也都是"属范畴"中表人模的非典型成员,其

---

① 因存在模价并列的情况,所以一共是 101 个词语模。这些词语模形成的集合可称
为"高价词语模库"。

模标义在表"人"的概念上不仅所受限制较多,而且模标义的形成还运用了修辞手法。

　　我们把属范畴中的表人模分为四组来研究,即"～族、～人、～客、～户、～者""～生₁、～友、～员、～师、～星、～商₁""～霸、～粉""～手、～奴"四组。

　　首先来看一下第一组。表人模"～人、～户、～者",它们不仅是表人模的典型成员,在模标义上最具有"人"范畴的属性,而且模标义上有更加相近的特点,都表示"某种人"。但是从模式的产生和来源看,"～人、～户、～者"属于本土的继承型表人模,也就是说其模标"人、户、者"和它们的模标义都源自汉语,而且模式是当代以前就有的。具体说来,表人模"～人",在当代汉语中既可以称呼"人的群体",也可以用来指称"人的个体"。《现汉》(第7版)对《现汉》(第1版)中"人"的释义进行了修改,修改后释义为"指某种身份或职业的人"(第1096页),我们把其视为表人模"～人"中模标"人"的初始模标义。如"影人、广告人、太空人、经纪人、媒体人、电视人、外企人、尾款人、逆行人、独立制片人、自由撰稿人、农业经理人、生命摆渡人"等,而随着模式使用频率的增加,"人"的模标义不再局限于身份、职业,还可以指"具有某种特征的人或事物"①。如"强人、冰人、粗人、鸟人、棋人、关系人、智残人、边缘人、平面人、蜘蛛人、煎饼人、干饭人、工具人、矮星人、喵星人"等等,可见"人"的模标义已经大大泛化,或者说进一步的语法化,而且模式的造词贯穿了目前为止的整个时期。另外,所造词语的形象感、主体认同感也越来越强,如"蜘蛛人"(悬挂在高楼外作业的清洗工或无保护徒手爬高楼的人)、"煎饼人"(精力不专注,涉猎广而认识粗浅的人)等都具有鲜明、生动的形象色彩,而像"影人"(电影界中的人士)、"外企人"(在外商投资企业任职的人)等,在用作对某个单位或行业成员的整体称呼时,就带有了明显的主体认同感。综上可见,这个古老的词语模在当代依然保持着旺盛的生命力,并且更加地大放异彩,因而高居高价词语模库的第7位。与"～人"相比,表人模"～户"的模标义《现汉》(第7版)中不仅没有收录,也没有出现比较近似的义项,只能通过对"～户"所形成词语群的意义进行概括而成,指"某种类别的家庭或个人"②。因此"～户"的模标义是以释义的方式指称"人的群体和个体",这也就表明了表人模"～户"和"～人"相比,具有更强的"群体"倾向

---

　　① 此义项《现汉》(第7版)中并没有收录,是通过对所形成的词语群的意义进行概括得出的。简称"自增"。下同。

　　② 自增。

性。如"文化户、万元户、贩运户、个体户、先富户、重点户"等,既可以指称"家庭",也可以指称"个人";像"侨户、半边户、三不户、双女户、新风户、拆迁户、回迁户、搬迁户、二女户、无房户、钉子户、住房特困户"等更偏向于指称"家庭";当然,还有一些偏向于指称"个人"的,如"散户、邮户、外来户、暴发户、群租户、影子户、暴花户"等。总之,正因为"～户"的模标义具有既可以指称"群体"又可以指称"个人"的特点,使得这个较古老的表人模能够在当代继续保持强大的造词能力,尤其是在改革开放初期到 20 世纪 90 年代,产生了大量的"～户"词语,当然这也和当时的政治、经济发展有很大的关系,结果是使"～户"居于当代汉语高价词语模库的第 34 位。与"～人"相比,表人模"～者"的两个模标义在《现汉》(第 1 版)中就收录了,"～者"在当代汉语中既可以称呼"人的群体",也可以用来指称"人的个体"。"者"作为一个高度语法化的后缀,在先秦文献《诗经》中就开始出现"实词/短语＋者"结构,说明"～者"模式已经在酝酿,而后在两千多年的汉语发展中,"者"一直在忠实履行自己的句法功能,直到文言文衰落。而后一直到现在,"者"不断在词法领域发挥着自己的余热,造就了非常多的"～者"词语,本书根据研用语料统计出 37 条"～者"词语(不计重复),其中部分是表示"有某种属性或做某种动作的人"(模标义①),如"消费者、终结者、受益者、失独者、蹭睡者、吃螃蟹者、无症状感染者"等,而另一部分是表示"从事某项工作或信仰某个主义的人"(模标义②),如"志愿者、主创者、科研者、支教者、候鸟守望者、素食主义者"等。但正是因为"者"作为后缀的黏着语素身份,使其定指性和施事性较强,语义指向第三方,语用上又过于书面化,不能引起当代青年文化群体的认同感和代入感,[①]因此造词能力上远不如"～人",价序也只是在高价词语模库的第 89 位。

另外的两个表人模"～族、～客"则属于外来的引进型表人模,也就是说其模标"族、客"都源自外语,模标义虽然也是源自外语,却有很深的汉语语义基础,导致模式上也具有汉外同源的特点,但我们还是视其为引进型表人模。首先来看一下表人模"～族"。其模标和模式都源自日语,而日语中的"族"是源自古代汉语,它基本保留了"同类"和"祖先相同的一类人"这两种意思。1947 年 12 月,日本作家太宰治发表小说《斜阳》,在书中他描写了二战之后因为社会变动而日趋没落的贵族阶层——斜阳族,该词带动了以后

---

① 徐晓琼、涂雅婷:《汉语流行词中"人"与"者"的三个平面理论研究》,《长春大学学报》2023 年第 7 期。

日语中"族"词语的陆续产生,如"社用族、太阳族、抵抗族、团地族、原宿族"等,"族"也被赋予了"具有同样倾向性和特征的群体"的意义。"族"的这一用法传到了韩国,如在韩语中先后出现了"长发族、旅行族、深夜族、冷血族"等。这一用法也传到中国,如在我国朝鲜族地区使用的朝语里也出现了此种类型的词,如"hahɛ族、sarip族"等,在台湾地区则出现了"单身族、上班族、红唇族"等。由于汉语和日语的接触以及台湾地区华语对大陆的影响,中国大陆地区也逐渐出现了各种各样的"～族"词语,如"追星族、耳机族、光头族、本本族、款族、飘族"等,模标"族"指称"具有某种共同属性的一类人",而"族"的这一义项也被《现汉》(第6版,第1738页)收录。可以说,"～族"在当代汉语词语模中是一个全新的构式。"族"原指"事物有某种共同属性的一大类"(《现汉》第1版,第1530页),不用来指称"人"。如"水族"(生活在水中的动物)、"语族"(同一语系的语言根据关系疏密所做的划分)等。在当代汉语新词语模式化生产的过程中,引进型词语模"～族"发挥了异常强大的造词能力,"族"也具有了"称具有某种共同属性的一类人"的意义,它可以称呼人的整体,也可以指称人的个体。综上所述,虽然表人模"～族"的模标、模标义和模式都源自日语,但是因为日语和汉语的渊源关系,使得模标"族"在汉语中具有很深的语义基础,因此借用过来后"族"的概括性就非常强,这样具有新颖性的外来"～族"模式一旦应用于当代汉语的造词实践,就呈现出势不可当的态势,其模式的造词不仅贯穿了目前为止的整个当代,而且所形成的词语群规模也非常庞大,所造词语通行于口语体和书面语体,形象色彩鲜明。如"持卡族、轮椅族、金领族、丁克族、飞车族、考研族、SOHO族、袋鼠族、蚕茧族、草莓族、充电族、吊瓶族、考碗族、竹笋族、奔奔族、月光族、酱油族、鬼旋族、围脖族、斑马族、炸街族、仌族、3·3·30族、高考离婚族"等等。总之,表人模"～族"以其强大的造词能力稳居当代汉语高价词语模库的首位,而它无与伦比的造词潜力很可能会将它的这一优势地位长期保持下去。其次来看一下表人模"～客"。其模标、模标义以及模式虽然都源自英语,但其在汉语中的语义基础和模式基础应该说更深。我们说"～客"的模标"客"源自英语,大体分为两种情况:一种是源词语后一个音节的音译,如"hacker(黑客)""cracker(快客)""digger(掘客)"的后一音节音译为"客",另一种是源词语音节最后一个音素的音译,如"blog(博客)""geek(极客)""joke(趍客)""bike(拜客)"音节的最后一个音素音译为"客"。因此正是对英语中两种"客"的音译,产生了当代汉语表人模"～客"。而说"～客"的模标义和模式有更强的汉语基础,是因为汉语中本来就有"～客"这种模式,也产生过很多的"客"词语,如"佳客、俗客、商客、过客、旅客、房客、政客、说客、剑客、愁客、熟客"等,其中的"客"或有"客人"义(《现汉》第 7 版,第 740 页),或有"客商"义(《现汉》(第 7 版,第 741 页),或是"对某些奔走各地从事某种活动的人的称呼"(同上所注)。因此当海外来"客"与本土熟"客"相遇之后,就造就了当代汉语表人模"～客"新的外延和内涵,其模标"客"开始指称"具有某种共同特征的一类人(或事物)"①,既可以称呼"人的整体",也可以用来指称"人的个体",甚至还可以用来指称某些"事物",如"慕客(电子书)""爪客(搭乘飞机的宠物)"等,"～客"也成为一个兼收并蓄的词语模,并在当代的汉语造词活动中发挥了举足轻重的作用。其所造词语不仅具有强烈的外来色彩和网络时代色彩,有些还带有鲜明的褒贬色彩。如"水客、摇客、港客、番客、吧客、蛇客、食客、掘客、赶客、快客、炫客、闪客、刷客、淘客、善客、推客、威客、试客、账客、职客、虚客、印客、换客、播客、骇客、黑客、红客、蓝客、灰客、白客、帮客、即客、痛客、助筹客"等等。综上可见,表人模"～客"在汉英语义和模式的相融相通中,在当代继续保持了自己强大的造词活力,因此能够稳居当代汉语高价词语模库的第 11 位。但也正因为其本土色彩过于浓厚,相较于"～族"来说其新颖度不够,因此在模价上要逊色于后者不少。

接下来看一下第二组表人模"～生₁、～友、～员、～师、～星、～商₁"。这 6 个表人模都处于次中心语义范畴,是属范畴中的非典型成员。因后置模标"生₁、友、员、师、星、商₁"都属于"社会称谓类模标"②,所以其所形成模式都属于社会称谓类表人模。其中"～生₁、～星、～商₁"是当代出现的表人模,"～友、～员、～师"是当代以前就有的表人模。它们的模标义在表示"人"的概念上所受限制较多,一般具有身份或行业特点。"～生₁"中的模标"生₁"指"学生"(《现汉》第 7 版,第 1166 页),如"病生、差生、盲生、台生、残疾生、定向生、特长生、代培生、议价生、自考生、克隆生、资格生、试学生、双外生、项目生、非地段生、推优直选生"等;"～星"中的模标"星"指"明星",这里的"明星"不仅"称有名的演员、运动员等"(《现汉》第 7 版,第 1463 页),也"泛指在

---

①　自增。

②　这里的"社会称谓类模标"是根据"社会称谓语"而来。曹炜(2005)根据称谓语内涵的"关系"特点,将称谓语分为亲属称谓语和社会称谓语。社会称谓语包括"职业称谓语、职称称谓语、职务称谓语、身份及友邻关系称谓语和泛称称谓语"。参见曹炜:《现代汉语中的称谓语和称呼语》,《江苏大学学报(社会科学版)》2005 年第 2 期。

某一方面出众的人"①,如"舞星、笑星、谐星、打星、歌星、影星、脱星、毒星、韩星、泳星、冰星、奥星、富星、科星、教星、学星、会星、毯星、崇星、点星、砸星、虐星、评星"等;"～商₁"中的模标"商₁"指"从事商业活动的人或机构团体"②,如"港商、题商、邮商、童商、儒商、书商、片商、客商、房商、裸商、微商、展商、电商、码商、赞助商、承包商、皮包商"等。"～生₁、～星、～商₁"都属于身份称谓类表人模,模价都比较高,所以能在高价词语模库中占有一席之地。究其原因,应该与当代社会的发展,包括经济、文化、教育等的发展不无关系。因为当代的改革开放,主要是经济领域的对内改革和对外开放,因此产生了形形色色的"商人"和"商业团体",也就促进了"～商₁"词语的大量产生,并且一直保持了旺盛的造词势头;而"～生₁"词语的层出不穷,则是由于改革开放以来国家对生育的限制而引起了人们对养育的重视,因此五花八门的"学生"让人目不暇接,反映的就是家庭、学校、社会对教育问题的关注,而且这种关注多年如一日,只增不减;另外,各种各样"～星"词语的增多,则是人们精神文化生活的一种反映,这也是伴随国家的改革开放政策而出现的一种文化现象,五光十色的"明星"充斥着人们的耳目,在一定程度上引领着人们的精神生活。"～友、～员、～师"作为旧有的表人模,该模式的初始模标义在表示"人"的概念上是受到限制的。"～友"作为友邻称谓类表人模,其模标"友"本是"朋友"(《现汉》第 7 版,第 1588 页)之意,即"志趣相投、彼此友好的人",多用于互称,如"残友、插友、鸟友、辩友、烟友、网友、笔友、听友、信友、抖友、舱友"等。而在频繁的语用实践中,"友"的模标义逐渐泛化开来,不再限于"朋友"之意,也不再只用于互称,而开始表示"具有某种特点的人"③,如"卡友、漫友、微友、八友、发烧友、僵尸友"等,也终于使得"～友"具有了更多的"人"范畴属性。"～员"是泛称称谓类表人模,其模标义"从事某种工作的人",是对《现汉》(第 7 版)中"员"的释义"指工作或学习的人"(第 1609 页)进行修改的基础上形成的,其模标义的泛化是一种直接扩大的方式。改革开放以来,人们用"～员"来指称从事各种工作的人,随着社会分工的精密化,"～员"的模槽成分也渐趋复杂,如"柜员、文员、陪员、伴舞员、领位员、视导员、兑奖员、服勤员、内审员、执达员、程序员、网格员、稽察特派员、网站管理员、求职代理员、酒店试睡员、蜜月测试员、系统运维员、微

---

① 自增。

② 自增。

③ 自增。

博廉政观察员"等。"～员"相较"～友",虽然前者属于泛称称谓类,但其模标的"工作"义不如"～友"模标的"特点"义内涵更宽泛,因此价序上前者要低于后者。"～师"的模标义为:"①掌握专门学术或技艺的人。(《现汉》第 7 版,第 1178 页)②特指教师。①"该模式属于职称称谓类表人模,"教师"义词语,如"流师、民师、名师、家教师"等只占很小部分,大部分是"专门学术或技艺"义词语,如"策划师、调酒师、遛娃师、逗闷师、企业文化师、入户育婴师、衣橱整理师、临终关怀师、观影体验师、在线学习服务师"等等。从"专门学术或技艺"义"～师"词语可以发现,虽然模槽成分都和某种学术、技术、技艺相关,但越来越细化的技艺也是改革开放发展到今天,职业或行业多样化的体现。说明"～师"的模标义①更接近于"从事某种工作的人",语义上已经开始泛化,而这种泛化的结果就是和"～员"模标义的殊途同归。但因为"～师"模标义近些年才有泛化倾向,而"～员"模标义的泛化早已开始,所以在造词能力上"～师"不如"～员",高价词语模库中"～师"的排位也要靠后一些。

再次来看一下第三组表人模"～霸、～粉"。这里将二者列为一组,是因为它们的模标义都具有某种性状特点。"～霸"的模标义为:"①强横无理、仗势欺人的人。(《现汉》第 7 版,第 22 页)②指在同类中某方面最好或最突出的个体。②""霸"作为模标其语义的演变比较特殊,是两个同形但不同音、不同义的"霸道"简缩后巧合的结果。模标义①中的"霸"为"霸道(bà dào)的人",即"强横不讲理、蛮横的人",如"集霸、棚霸、艺霸、菜霸、景霸、钢霸、票霸、市霸、座霸"等;模标义②中的"霸"为"霸道(bà dɑo)的人或物",即"厉害的人或物",如"波霸、笋霸、笔霸、面霸、咪霸、投霸、会霸、颜霸、屏霸、影霸、浴霸"等。二者都简缩为"霸"后,模标相同,但模标义却全然不同,正是语用主体的"偷梁换柱"影响了"霸"模标义的演变。所以像"学霸",原指"学术界横行霸道、为非作歹的人",而近年来多用"学霸"来指称"学习成绩非常好的人",就是"霸"的模标义转化的结果。而"～粉"的模标"粉"来自英语,是"fans"(粉丝)的节略式音译,其意义和用法都是汉语"粉"先前所不具备的。③ 据陈流芳、曲卫国(2011)考证,"粉丝"的译法来自中国台湾地区,2005

---

① 自增。

② 自增。

③ 杨昊、杨文全:《"汉英融合词"的生成过程及其演化机制》,《语言文字应用》2018 年第 4 期。

年湖南卫视"超级女声"比赛的热播使得"粉丝"一词风靡全国,所以在《现汉》(第7版)中收录了"粉丝"的新义"迷恋、崇拜某个名人的人"(第386页)。"粉丝"的流行也开启了"～粉"持续大量造词的大门,自2005年以来,几乎每年都在产生新的"～粉"词语,本书所选取的词典和年编中,"～粉"词语不计重复就有50条,而且模式结构也从开始的偏正式(定中),如"超粉、凉粉、果粉、职粉、散粉、麦粉、奥粉、铁粉、宝粉、CP粉、脑残粉、真爱粉"等,发展到动宾式,如"互粉、求粉、骗粉、掉粉、撩粉、涨粉、圈粉、脱粉"等。可见,"粉"已经有了新的义项,即"迷恋、崇拜某事物的人"①,而且还在快速语法化。遗憾的是截至目前,《现汉》尚未增收此新义项,但这并不影响"～粉"的持续造词,因此才能居于高价词语模库中的第81位。

最后来看一下第四组表人模。"～手、～奴"作为属范畴中的非典型成员,处于边缘语义范畴,其模标义在表"人"的概念上所受限制较多,但二者模标义的形成都具有某种修辞色彩。其中"～手"是旧有的词语模,"手"作为指人的词缀在古代汉语里就有了,如"高手、快手、水手、对手"等,都是用"手"来指代"某种人"。"～手"的模标义应该说具有转喻性,而且这种特性在古代汉语中就形成了,所以《现汉》(第1版)中就收录了"～手"的模标义"擅长某种技能的人或做某种事的人"(第1047页)。在当代汉语的造词实践中,其模标义并没有发生某种偏离,由此说明"～手"的模标义是由直接扩大的方式泛化的。其模式在当代依然保持了较强的造词能力,如"跤手、省手、辩手、怪手、买手、写手、机手、车手、迷手、射手、推手、强手、祸手、骑手、二把手、操盘手、发包手、段子手、网意操盘手"等,有些"～手"词语还带有幽默形象色彩,如"苦手、枪手、灰手、宰手、炒手、刷手、二传手、香蕉手、弹簧手"等。而"～奴"是2000年左右产生的表人模,其模标义为"为各种压力所累而失去某种自由的人",是在《现汉》(第7版)中"奴"的新增义项"称失去某种自由的人,特指为了偿还贷款而不得不辛苦劳作的人(含贬义或戏谑义)"(第962页)的基础上整合而成的。其模标义和"～迷、～粉、～控"的模标义相比较而言有所不同,四者都有"沉迷"意,但后三者的"沉迷"是一种主动的"沉迷",是一种因喜欢而成的"沉迷",而"奴"的"沉迷"是一种被动的沉迷,是一种因为种种客观因素的作用而不得不的"沉迷",它更多反映了社会上某些人很无奈的生活状态或生存状态。因此这个模式产生之后也很得语用主体的青睐,在十几年的时间内创造了大量的"～奴"词语,使词语模"～

①　自增。

奴"位于高价词语模库的第93位,如"卡奴、性奴、白奴、车奴、班奴、房奴、节奴、礼奴、娃奴、证奴、租奴、墓奴、猫奴、权奴、股奴、药奴、债奴、菜奴、码奴、险奴、屏奴、发票奴、网购奴、租房奴、专利奴、知识产权奴"等等。

　　而在"种范畴"内,无论是表示"女人"的种范畴还是表示"男人"的种范畴,其中的称谓类表人模作为非典型成员,数量占了一半。在表示"女人"种范畴的两个表人模中,"～姐"是称谓类表人模;而在表示"男人"种范畴的两个表人模中,"～哥"也是称谓类表人模。而种范畴其余的表人模,包括表"女人"的"～女",和表"男人"的"～男"都是各自范畴中的典型成员。综观"种范畴"内的表"女人"表人模和表"男人"表人模,它们在语义上具有很强的对应性,如"～哥—～姐""～男—～女",因此我们把种范畴的表人模分为这两组来研究。

　　首先来看第一组表人模。"～哥、～姐"作为种范畴中表人模的非典型成员,其模标义具有相同的语义特征,即都含有[＋称谓],并且在模标义的泛化上几乎经历了相同的路径:亲属称谓→类亲属称谓→泛亲属称谓→亲属称谓义脱落。"哥、姐"作为模标本来是亲属称谓语,后来出现了和姓名相关的"哥/姐"类词语,如"刘哥、大牛哥、小陈哥、张姐、丹丹姐、鞠萍姐"等,这些词语它们的类亲属语义特征明显,都是对比自己年龄大的女性或男性的尊称。而随着社会经济的发展和社会分工的细化,"姐、哥"等又出现了语义泛化的倾向,经常用来指称从事某一行业或活动的女性或男性,如"的哥、军哥、迪哥、托哥、踏哥、动哥、公交哥、空姐、发姐、巴姐、导姐、的姐、陪姐、警姐、环姐、世姐、中姐、网姐、港姐"等。在不断发展的网络媒体中,由于人们社会意识的觉醒和彰显个性、诙谐幽默、趋新求同等心理意识的激活,"哥、姐"的亲属称谓义开始脱落,用来指称具有某种特点的女性或男性,如"帅哥、酷哥、一哥、保证哥、浮云哥、锦旗哥、瞌睡哥、蹭课哥、啃雪哥、睿智哥、帐篷哥、油条哥、回收哥、款姐、傍姐、初姐、御姐、犀利姐、淡定姐、微笑姐、钢管姐、扫帚姐、提货姐"等。另外我们还发现,"哥"作为模标比"姐"语法化程度要高很多,因为其已经进一步语法化为"性别义脱落",如"戚哥(演员戚薇)、迅哥(演员周迅)"等,甚至个别词语"表人义脱落",如"章鱼哥(准确预测2010年南非世界杯出线球队的德国某水族馆章鱼"保罗")、新闻哥(各高校开通的腾讯官方新闻微博)、4哥(4G网络)、阿中哥(饭圈女孩对中国的爱称)"等。同时,因为模标"哥"和"姐"在语义上有相对的特点,导致模式所造词语呈现互补分布的状态,而且基本是一种"相同模槽＋哥/姐"式的互补分布,如"的哥—的姐、空哥—空姐、警哥—警姐、军哥—军姐、网哥—网姐、迪哥—迪姐、托哥—托姐、房哥—房姐、款哥—款姐、一哥——姐、初哥—初姐、犀利哥—犀利姐、淡定哥—淡定姐、咆哮哥—咆哮姐"等。

其次看一下第二组表人模"～男、～女"。这两个词语模作为种范畴表人模中的典型成员,其模标义具有相对的特点。也正是因为这种模标义的相对性,使得模式在造词时能相辅相成,虽然表现在模价上还是略有差异,但价序上非常接近,都处于高价词语模库的前列。具体来说,"～男、～女"两个表人模既可以用来称呼整体,也可以用来指称个体。从二者模标义词典收录的情况来看,在《现汉》(第 7 版)中,"男"被解释为属性词,意为"男性的(跟"女"相对)"(第 935 页),如"男装、男婴",而"女"也被解释为属性词,意为"女性的(跟"男"相对)"(《现汉》第 7 版,第 964 页),如"女工、女学生"。从上述释义和语例看,"男"和"女"实际上是区别词,只能充当限制、修饰性成分,而"～男、～女"作为两个早已有之的词语模,如"丁男(已及服役年龄的成年男子)、中男(未成年的男子)、大男(成年男子)、孝男(对父母行孝道的男子)、圣男(德才超群的男子)、上女(手艺高超的女子)、才女(有才华的女子)、不女(因生理缺陷不能生育的女子)、烈女(重义轻生、有节操的女子)"等,可见"男"和"女"还可以充当被限制、被修饰的成分,作定中结构中的中心语,即"男子"和"女子"的意思。因此本书认为《现汉》(第 7 版)对"男""女"的释义不够全面。当代汉语中不仅"～男"词语群有了显著发展,"～女"词语群更是进一步壮大,并且具有更多的形象色彩、时代色彩和外来色彩。如"俊男、舞男、网男、猛男、离男、淑男、贝塔男、凤凰男、奶嘴男、丑橘男、草食男、干物男、顺溜男、抢车男、经济弱势男、打女、陪女、酒女、离女、肥女、没女、情女、网女、长包女、青春女、麻袋女、孔雀女、普相女、肉食女、炫书女、甘蔗女、仙人掌女、清汤挂面女"等等。根据本书所搜集的语料,"～女"词语比"～男"词语更多,可见表人模"～女"的造词能力要更强一些,因此模价上要稍高于"～男"。从二者模标义泛化的方式来看,"～男"的模标义是直接泛化,即"具有某种特征的男子"①。"～女"的模标义是逐步泛化,即:"①从事某种职业的女子。②具有某种特征的女子。"②但是二者模标义泛化方式的不同并没有影响模式的发展,反而是殊途同归,使所形成词语也呈现出互补分布的特点:第一种是"相同模槽＋男／女"式的互补分布,这种类型占多数,如"大男—大女、网男—网女、淑男—淑女、剩男—剩女、猛男—猛

---

① 自增。
② 自增。

女、离男—离女、未男—未女、情男—情女、超男—超女、潮男—潮女、宅男—宅女、暖男—暖女、干物男—干物女、三不男—三不女、草食男—草食女、肉食男—肉食女、拆迁男—拆迁女、妈宝男—妈宝女、经济适用男—经济适用女"等等；第二种是"相近模槽＋男／女"式的互补分布，这种类型较少，如"型男—索女、俊男—靓女、草食男—食草女"等，第三种是"相对模槽＋男／女"式的互补分布，这种类型的也较少，如"草食男—肉食女、食草男—食肉女、干物男—润物女、凤凰男—孔雀女"等。

　　在后一大类表示"人的集合"的表人模中，"～家庭""～团""～圈"这三个词语模值得关注。"～家庭"其模标义为："①以婚姻和血统关系为基础的社会单位。(《现汉》第 7 版，第 624 页)②泛指类似家庭性质的组织模式。①"这一词语模的产生和改革开放以来社会政治、经济、文化等各个方面的发展变化是息息相关的，或者说是社会各个领域发展变化的反映和缩影，所以其模式的造词几乎贯穿了统计结束为止的整个时期，创造了多种多样的"～家庭"词语，也使得"～家庭"这一表示"人的集合"的表人模模价较高。如"城乡家庭、单亲家庭、丁克家庭、半边家庭、二一家庭、双困家庭、白领家庭、低保家庭、补丁家庭、丁宠家庭、空巢家庭、无饭家庭、零就业家庭、破裂型家庭、薪金制家庭、天使家庭、失独家庭、悬垂家庭、E 家庭、云家庭、类家庭"等。而"～团"词语的大量出现应该是 2000 年以后的事情。"团"作为模标，其语义为"工作或活动的集体"(《现汉》第 7 版，第 1329 页)，因此"～团"成为一个比较典型的表示"人的集合"的词语模，而且在语用上较少其他条件的限制，造成了"～团"词语的批量产生。如"展团、芭团、银团、智囊团、炒房团、企划团、炒基团、豪华团、跟走团、抱抱团、扛包团、蜜友团、爆吧团、拼友团、占座团、私家团、白领炮灰团、奥运义工团、万人购房团、口碑维护团、战疫语言服务团"等。"～圈"的模标义是指"集体的范围或活动的范围"(《现汉》第 7 版，第 1081 页)，而且大多是"人的集体"的活动范围，这与"～团"的模标义有些类似，如"演艺圈、影视圈、娱乐圈、微信圈、坑友圈、拉票圈、好物圈、朋友圈、胖圈、饭圈"等，虽然该模式有些词语"表人"不是很明显，但是其"范围"也是人的群体活动形成的，涉及经济、生活、社会等，如"商圈、城市圈、提速圈、经济圈、社会共治圈、一小时交通圈、两岸一日生活圈"等。但是因为还存在一个与"～圈"模式义更类似的"～群"，分摊了"～圈"的部分造词能力，如"微信圈—微信群""城市圈—城市群"等，导致"～圈"在高价词语

---

① 自增。

模库中的排位要落后于"～团"。

4.2.2　表物模的类别考察

表物模的模标义(或模式义)主要表示某种"物"。高价词语模库中此种类型的最多,有 42 个,占了总数的五分之二。

从表物模的语义类别来看,这 42 个表物模可以分为两大类:一类是表示"具体物"的语义类别,也就是模标义(或模式义)所指称的对象一般是具有外在形式的客观实体。此类的表物模很少,包括"～卡、～品、～食品"等 3 个词语模;另一类是表示"抽象物"的语义类别,也就是模标义所指称的对象不是客观实体,没有可以感知的外在形式。这类的表物模很多,包括"～经济、～工程、～制、～体、～费、～症、～权、～病、～令、～热、～剧、～率、～网、～效应、～风、～股、～线、～文化、～价、～服务、～计划、～消费、～力、～性、～指数、～税、～展、～游、～型、～婚、～秀、～潮、～感、～意识、～腐败、～坛、～现象、～险、～农业"等 39 个词语模。

在前一大类的"具体物"表物模中,"～卡、～食品"比较值得关注。"～卡"属于外来的引进型表物模,也就是说其模标"卡"和模标义都源自外语。其模标音译自英语"card",模标义为:①卡片;磁卡(《现汉》第 7 版,第 720 页)。②某种电子设备或装置。① 其中模标义①是源自英语中"card"的语义,而模标义②是随着社会的发展变化演化出来的新义。"～卡"模式的造词几乎贯穿了统计结束为止的整个时期,这和改革开放以来人们消费方式的改变和电子信息技术的发展不无关系。改革开放以后,我国的银行、电信还有一些服务机构逐步向社会发行各种具有消费功用或身份认证功能的凭证,方便了人们的日常生活和社会生活;而随着电子信息技术的发展,出现了很多具有存储、记忆、传输等功能的电子设备或装置。以上的这些"凭证""电子设备""电子装置"都可以用"卡"来称之,因此造成了"～卡"词语的大量产生,也加快了"卡"的语法化进程。如"长城卡、牡丹卡、信用卡、银行卡、贷记卡、上网卡、银联卡、充值卡、Visa 卡、VIP 卡、手机卡、白金卡、社保卡、信息卡、负担卡、卖身卡、磁卡、网卡、迷卡、游戏卡、刷脸卡、扶我卡、热费卡、疫情防控行程卡"等等。另一表物模"～食品"的模价也比较高,造词能力也较强。究其原因,这和改革开放以来人们物质生活水平的提高有很大关系,而人们物质生活水平提高最明显的表现就是食物供给种类的丰富性和多样

---

① 自增。

化,也就是各种"食品"的增多,当然也在一定程度上反映了人们对健康和营养问题的关注。这里的"食品"是指"～食品"中模标义所指称的"可供人类食用的加工、半加工或未加工物质"①,而模槽成分"～"一般是表示"食品"的"性状或功能",以双音节居多,如"包装食品、茶叶食品、电视食品、工程食品、黑色食品、冷冻食品、强化食品、休闲食品、纸形食品、保健食品、彩色食品、鲜花食品、仿真食品、微波食品、情绪食品、临界食品、特医食品、超微细食品、转基因食品"等。

　　后一大类表示"抽象物"的表物模由于数量众多,因此可以根据具体语义特征的不同进行次级语义分类,分为"属性方法类""数量单位类""意识类""社会类""政治军事类""经济类""科教类""文体卫生类"等八小类。"属性方法类"表物模包括"～线、～性、～型"等3个,"数量程度类"表物模包括"～率、～力、～指数"3个,"意识类"表物模包括"～感、～意识"2个,"社会类"表物模包括"～工程、～热、～效应、～风、～服务、～计划、～潮、～现象、～农业"等9个,"政治军事类"表物模包括"～制、～权、～令、～腐败"等4个,"经济类"表物模包括"～经济、～费、～股、～价、～消费、～税、～险"等7个,"科教类"表物模包括"～体、～网、～文化"等3个,"文体卫生类"表物模包括"～症、～病、～剧、～展、～游、～婚、～秀、～坛"等8个。

　　第一小类"属性方法类"表物模总体来说在当代汉语高价词语模库中的排位比较靠后,其中有一组值得关注,即"～性、～型"。两者产生的时间都比较早,都是在当代以前就产生了,并且在当代依然保持着旺盛的造词能力,在高价词语模库中两者的综合价相差很小,而且模槽成分以及模式的性质类别都有很多相似的地方。具体说来,从模标"性、型"所搭配模槽成分的音节来看,本书搜集到"～性"产生的词语(不计重复)共54条,其中三音节词语为40条,"～型"产生的词语(不计重复)共46条,其中三音节词语32条。可见,两个模标都是以双音节模槽成分为搭配首选。而从模槽成分的词性来看,两个表物模中的"～"都是以名词性和动词性居多,如"骨性、魔性、国民性、戏剧性、喜剧性、时效性、爆炸性、创造性、建设性、可看性、候鸟型、智能型、科技型、瘦肉型、经营型、交叉型、开放型、剁手型、引领型"等。从模式的句法功能角度来看,"～性、～型"两个表物模所产生的词语绝大部分可以充当定语,这是两个模式最主要、最基本的句法功能。如"刚性_{服务}、可行性_{研究}、戏剧性_{气氛}、险性_{事故}、动物源性_{食品}、机制性_{问题}、猛爆性_{肝炎}、可达性_{分析}、

---

　　①　自增。

融资性_{业务}、输入性_{非典型病原体肺炎}、导向性_{意见}、感性_{代表作}、候鸟型_{劳务大军}、劳动密集型_{产品}、智能型_{学生}、双密型_{企业}、复合型_{人才}、豪华型_{旅馆}、刹手型_{区间}、内向型_{经济}、速度型_{增长方式}、非抢救型_{救护车}"[①]等等。而直接充当宾语或主语的"～性、～型"词语,都一定会有语义上隐含的中心语,而且会在其前或后出现。从模式表达的角度来看,"～性、～型"两个表物模所产生词语大致都可以分为描述类和比况类两大类:描述类重在相关性,是用来说明事物的状况或类别的,"～"都是说明性的。如前面所举词语例中的"刚性_{服务}、可行性_{研究}、险性_{事故}、动物源性_{食品}、智能型_{学生}、双密型_{企业}、复合型_{人才}"等;比况类重在相似性,主要是用来对相关行为的方式和状态进行描述和说明的,"～"都是类比性的。如前面所举词语例中的"戏剧性_{气氛}、候鸟型_{劳务大军}、刹手型_{区间}"等。从"～性、～型"所产生的词语中,我们可以或多或少地看出模标"性、型"是由"性质或性能""类型或式样"减省而来的痕迹,如"险性、可行性、智能型、双密型"等,说明这类词语还处于由偏正式向后附式过渡的阶段;而其中有些词语已经摆脱后附式发展到词化阶段,一般都固化为区别词,如"戏剧性、刚性、魔性"等,这是模标"性、型"的语法化进一步增强的标志。

第二小类"数量单位类"表物模总体来说数量很少,只有"～率、～力、～指数"3个。其中"～率、～力"是当代以前形成的词语模,在当代依然保持了旺盛的造词势头;"～指数"是在20世纪90年代以后形成的词语模,一经产生也表现出了不可小觑的造词能力。首先从三者的模标对模槽成分音节的选择来看,在所整理的80条"～率"词语(不计重复)中三音节词语有62条,可见模标"率"主要选择双音节模槽成分与之相配;在所整理的58条"～力"词语(不计重复)中,有37条三音节词语,说明模标"力"也主要选择双音节模槽成分与之相配;而在所整理的55条"～指数"词语(不计重复)中,四音节词语有28条,五音节词语有5条,六音节词语有14条,七音节词语有1条,八音节词语有7条,可见模标"指数"对模槽成分音节的选择限制不大,但主要还是倾向于选择双音节模槽成分和之相配。可以看出"～率、～力"作为一个形成较久的表物模,在造词过程中基本上已经固定为"双音节模槽＋率""双音节模槽＋力"的形式,表明"率""力"作为模标其语法化程度已经较高,而"～指数"作为一个形成时间还不长的表物模,在造词过程中还没有固定为"双音节模槽＋指数"的形式,说明"指数"作为模标在语法化的道路上还走得不远。其次从三者模标义泛化的程度来看,"率"本是数学领域的

[①] 所有词语例都来自33本新词语词典和年编的相关词条例句。

词语,其成为模标后模标义依然是其源语义,表示"两个相关的数在一定条件下的比值"(《现汉》第 7 版,第 854 页),但其在和不同的模槽成分搭配时,可以应用于各个领域,如"挂率、胜率、产率、开箱率、回采率、多胎率、赔付率、超标率、出屏率、成衣率、复垦率、上座率、收视率、升学率、绿视率、趋中率、预扣率、待就业率、建筑覆盖率、保值贴补率"等,而且词语中有些还具有生动、诙谐色彩,如"回头率(回头看的人的比率,多指吸引人的程度)、黑灯率(晚上不亮灯的房屋在整栋楼中所占的比率)、幸福折旧率(幸福感减损的比率)"等。"力"本是日源性借词,语义为"力量;能力"(《现汉》第 7 版,第 800 页),其早已作为"～力"中的模标形成了大量的表物模词语,如"冰力、运力、堕力、辐射力、内向力、整合力、公信力、感召力、传播力、钝感力、粉红力"等,而随着大数据时代的到来,人们越来越倾向于用数值来衡量事物发展的程度,因此很多无法估测和计算的抽象"力量"和"能力"开始与"数值"相融合,也就是"力"模标义的数值化,如"爆表的男友力""涨粉力驱动亿级用户增长""青和力排名前 50 的城市"①等,说明一些抽象"～力"开始具化。"指数"本为经济学术语,其成为模标后模标义经历了一个逐步泛化的过程,即:"①某一经济现象在某时期内的数值和同一现象在另一个作为比较标准的时期内的数值的比数。(《现汉》第 7 版,第 1686 页)②指各种事物或现象数值的比数;程度。②"可见模标义①是"指数"的源语义,"～指数"初期的造词大都体现了这种源语义,如"道·琼斯指数、恒生指数、日经指数、上房指数、中房指数、国房指数、道中指数、标准普尔指数、上证综合指数、深证综合指数、伦敦金融时报指数"等,随着使用频度的增加,"指数"的模标义范围也在不断扩大,不再局限于经济领域,而可以指各种事物或现象数值的比数或程度,如"空气污染指数、人气指数、信心指数、痛苦指数、景气指数、公共行为文明指数、全球和平指数、勤廉指数、景区拥挤指数、阅读指数、洗鼻指数、烟花燃放气象指数、民新指数"等,有些词语还具有修辞色彩,如"绿商指数(人在环保方面的知识和能力所达到的程度)、山寨指数(仿造品和被仿对象之间的相似度)、鞋跟指数(根据女性鞋跟高低变化的流行趋势反映或预测社会经济形势的说法)、韭菜指数(A 股新增开户不断涌向股市就像割韭菜一样)"等。综上,表物模"～率、～力、～指数"的模标义在泛化的过程中,尽管泛化的方式不同,结果都是使模标所指称的事物或现象越来越广,模式的造

---

① 所有词语例都来自 33 本新词语词典和年编的相关词条例句。

② 自增。

词能力越来越强。

第三小类"意识类"表物模只有"～感、～意识"2 个。"～感"是一个早已有之的模式,"感"作为模标其语义指"感觉"(《现汉》第 7 版,第 424 页)。改革开放以来,随着新鲜事物的不断涌现,人们对这些事物的认知以及随之产生的心理也一直处于变化当中,因此造成了"～感"的不间断造词,如"脚感、水感、韵律感、戏感、酷感、失落感、太空感、现场感、成就感、CP 感、归属感、仪式感、违和感、无龄感、爽感"等,但随着模式的频繁使用,有些"感觉"开始带有一定的抽象性和模糊性,如"方位感、存在感、代入感、综艺感"等,说明"感"作为模标语义已经在虚化。另外,还有一些"～感"词语的语义和结构更具有整体性,如"骨感、喜感、钝感"等,已经词化为形容词,也说明"感"在进一步语法化。"～意识"词语是 20 世纪 80、90 年代才高频出现的,反映了改革开放后人们思想认识领域的各种变化。"意识"在《现汉》(第 7 版)中的解释为:"人的头脑对于客观物质世界的反映,是感觉、思维等各种心理过程的总和。"(第 1556 页)但作为模标,其意义受到所产生词语整体意义的限制,是《现汉》释义的通俗化和缩小化,即"人对环境和自我的某一方面自觉的认识"①。而与"意识"搭配的模槽成分几乎都是双音节的,并对其在意义上加以限定。如"参与意识、保险意识、公关意识、广告意识、国际意识、角色意识、科技意识、盆地意识、人口意识、团队意识、海洋意识、超尘意识、奥申意识、TPO 意识"等。总体说来,"～意识"词语都保持了一种中性色彩。

第四小类"社会类"所包含的表物模数量是各小类中最多的,共 9 个,占表物模总数的五分之一强。在这一小类的表物模中,可以分四组来研究,即"～热、～风、～潮""～工程、～计划""～效应、～现象""～服务、～农业"。值得关注的是,除了最后一组外,其余三组都为近义表物模,我们应该在研究的基础上辨析其中的细微差别。

首先来看第一组"～热、～风、～潮"。三者都是当代出现的表物模,而且都表现出了很强的造词能力,其模标义都表示"潮流、趋势"。但它们在模槽成分、模标义的形成和词语色彩等方面又有各自的特点。从三个表物模的模槽成分来说,根据所整理的语料,"～热"词语有 87 条(不计重复),其中三音节词语 81 条,双音节词语 1 条,四音节和五音节以上词语共 5 条;"～风"词语有 81 条(不计重复),其中双音节词语 55 条,三音节词语 26 条;"～潮"词语有 37 条(不计重复),其中三音节词语 22 条,双音节词语 14 条,七音

---

① 自增。

节词语 1 条。可见,三个模标在对模槽成分音节的选择上各有不同,"热"主要选择双音节模槽成分与之相配;"风"选择单音节模槽成分或双音节模槽成分与之相配,主要还是倾向于选择单音节模槽成分;"潮"也选择单音节模槽成分或双音节模槽成分与之相配,但主要还是倾向于选择双音节模槽成分。而且,模标"热"和"潮"可以附于多音节的短语后面,具有很明显的短语词化功能。而对于模槽成分词性的选择,三个模标也有所不同,它们作为名词性模标,"热"主要选择名词性和动词性模槽成分搭配,"风""潮"则主要选择名词性、动词性和形容词性模槽成分搭配。可见,模标"热"不与形容词性模槽成分搭配,这和"热"作为源词语本属于形容词有一定的关系。从模标义形成的角度来看,"热"属于转喻方式形成的模标,"表示形成的某种热潮"(《现汉》第 7 版,第 1093 页),这是一种全新的用法,所以"～热"词语一经产生就势不可挡,各种"热"扑面而来,如"阵热、辞典热、电话热、汉语热、海南热、晚会热、托福热、生肖热、阿信热、国学热、元芳热、专硕热、办学热、出国热、经商热、钓鱼热、公关热、消费热、抽筋热、装潢热、读书热、发明热、攀比热、炒金热、食虫热、收藏热、考博热、填海建房热、日食经济热"等等,这些词语大多具有中性色彩,少部分具有贬义或戏谑色彩,如前面所举的"攀比热、消费热、装潢热、抽筋热、元芳热、填海建房热"等;表物模"～风"的模标义为"①风气。(《现汉》第 7 版,第 388 页)②作风。①"其中模标义①也有"风潮"之意,如"倒风、假风、陪风、脱风、左风、涨风、绿风、舞风、跌风、热风、韩风、汉风、吃喝风、辞职风、返城风、抢购风、摊派风、厌学风、搭卖风、黑暗风、不育风、深折风、低碳风、拼妈风、Ins 风"等,这些词语大多带有感情色彩,尤其以带有贬义色彩的居多,像前面所举的大多是带有贬义色彩的词语;表物模"～潮"的模标义为"喻指有涨有落、有起有伏的事物"(《现汉》第 7 版,第 154 页),可见是以隐喻的方式形成的,具有修辞色彩。如"商潮、主潮、黄潮、会潮、假潮、韩潮、裸潮、国潮、出国潮、民工潮、婴儿潮、进口潮、山寨潮、人才潮、断供潮、孕妇潮、送学潮、跑路潮、抢盐潮、赏樱潮、关店潮、1314 结婚潮"等,这些词语中部分具有中性色彩,部分具有贬义色彩。综上可见,"热""风""潮"都可以指称在一定时期里很多人同时热衷于某一事物的社会现象,这种社会现象一般在一定范围内有比较广泛的群众性,但持续的时间通常不会很久,有点一哄而上的味道,所以所产生的词语多少带有感情色彩,并以贬义色彩居多。

---

① 自增。

其次来看一下第二组"～工程、～计划"。二者都是当代才出现的表物模，也就是说两种模式词语的大量产生几乎都发生在当代。二者的模标义都具有"工作、活动"之意，但模式的造词能力却有不同，"～工程"要远远高于"～计划"。具体说来，表物模"～工程"排在高价词语模库的第 9 位，这与改革开放以来各项工作的陆续并全面开展是分不开的，而这些工作人们习惯冠之以"工程"。"工程"本指"土木建筑或其他生产、制造部门用比较大而复杂的设备来进行的工作"(《现汉》第 7 版，第 448 页)，在当代主要用来"泛指某项需要投入巨大人力和物力的工作"(同上所注)，如"点头工程、骨头工程、鹅鸭工程、拐杖工程、面子工程、安居工程、民心工程、三绿工程、胡子工程、拉链工程、晚霞工程、黎明工程、寒窗工程、明眸工程、健康工程、阳光工程、探月工程、211 工程、半拉子工程、豆腐渣工程、水杯子工程、送温暖工程、家电下乡工程、乡村记忆工程、零百千万工程、光明扶贫工程、夏商周断代工程、一二三家庭读书工程"等等。在这些词语中，模标"工程"主要和双音节的模槽成分相配，也可以和三音节至七音节的模槽成分相配，模槽成分的词性可以为名词、动词、形容词和数词。可见"工程"对模槽成分音节和词性的选择上限制很小，这是导致"～工程"造词能力很强的一个重要原因。而且，"～工程"创造的词语非常鲜活、生动，具有很强的修辞色彩，如上述所列举的大部分词语都是具有某种色彩的词语。而"～计划"的模标义是指"工作或行动以前预先拟定的具体内容和步骤"(《现汉》第 7 版，第 614 页)，可见"计划"也可以代指"工作"，而在当代的各项建设中，这样的"计划"屡见不鲜，如"云计划、丰收计划、火炬计划、燎原计划、攀登计划、橙色计划、星火计划、养狼计划、安老计划、春蕾计划、蓝天计划、黑屏计划、童伴计划、863 计划、尤里卡计划、南泥湾计划、星球大战计划、全民健身计划、人类基因组计划、百万爱心行动计划、青年科技启明星计划"等。可见"计划"也主要是选择双音节的模槽成分与之相配，也可以和单音节以及三音节至七音节的模槽成分相配，模槽成分的词性也为名词、动词、形容词和数词。因此"计划"和"工程"一样，对模槽成分的音节和词性限制很小，"～计划"所造词语不少也具有很强的形象色彩。但因为"～工程"的模标义更具修辞性，所以人们更倾向于用"工程"来指代"工作"，表现在模价上，"～计划"就要比"～工程"逊色不少。

再次来看一下第三组"～效应、～现象"。二者也都是当代才出现的表物模，其模标义都有"事情或状况"之意。但细究起来，二者在模槽成分、模标义的具体语义特征以及词语色彩方面还是有很多的不同。从两个表物模的模槽成分来说,根据所整理语料,"～效应"词语有 66 条(不计重复),其中四音节词语 55 条,三音节词语 5 条,五音节词语 3 条,六音节词语 2 条,七音节词语 1 条;"～现象"词语有 38 条(不计重复),其中四音节词语 22 条,五音节词语 13 条,三音节词语 1 条,六音节词语 2 条。可见,"效应""现象"两个模标在对模槽成分音节的选择上有所不同,"效应"主要选择双音节模槽成分与之相配,而"现象"可以选择双音节或三音节模槽成分与之相配,但主要还是选择双音节模槽成分搭配。从模标义的具体语义特征来看,"效应"本为物理学或化学术语,指"物理的或化学的作用所产生的效果"(《现汉》第 7 版,第 1447 页),如"热岛效应、温室效应、阳伞效应、冯氏效应、T 效应"等,后"泛指某个人物的言行或某种事物的发生、发展在社会上所引起的反应和效果"(同上所注),如"负效应、光环效应、角色效应、明星效应、激励效应、首因效应、马太效应、滞后效应、鲶鱼效应、桑巴效应、眼球效应、羊群效应、箩筐效应、低洼效应、口红效应、土豆效应、龙年效应、咕咚效应、二孩效应、胖手指效应、左邻右舍效应、多米诺骨牌效应"等,大多"～效应"词语非常的鲜活、生动,某些也带有一定的感情色彩;而"现象"本为哲学术语,指"事物在发展、变化中所表现的外部的形态和联系"(《现汉》第 7 版,第 1424 页),但其成为模标后,主要是"泛指某种社会、自然的情况或问题"[1],哲学意味减少而增加了通俗性和现实性,主要强调事情本身的一种客观状态,如"烟现象、抵消现象、条子现象、浴室现象、候鸟现象、空巢现象、苏三现象、59 岁现象、F4现象、于丹现象、纽扣现象、等等现象、星期一现象、大拇指现象、厄尔尼诺现象、'丽珠得乐'现象"等,很多"～现象"词语都很形象、生动,带有一定的感情色彩,尤以贬义色彩的居多。综上可见,"效应"作为模标其语义所指明显扩大,不仅可以指物理学或化学领域某种变化产生的结果,还可以指社会各种事物的发展变化所带来的结果。因此它更强调事物变化所呈现的结果,当然这种结果也是一种客观状态,从这一点来讲,"效应"和"现象"是相通的,也是可以互换的,如"热岛现象—热岛效应""舌尖现象—舌尖效应"等。

最后来看一下第四组"～服务、～农业"。两者在模标义上并不构成近义关系,这里把它们并举,是因为这两种模式词语的大量产生是改革开放以后某些新技术、新观念、新思想应用于这些行业、领域的表现。因此它们的模标义都是对《现汉》中相应词语释义的扩大化和通俗化:"服务"指"为集体(或别人)的利益或为某种事业而进行的工作";"农业"指"包括农林牧副渔

---

① 自增。

在内的生产事业,是国民经济的重要组成部分";①可见,是当代行业本身的发展变化和行业发展观念的变化导致了这些模式词语的批量生产,而这些模式词语也主要是对这些"变化"的客观描述。如"超前服务、电话服务、跟房服务、挂牌服务、站立服务、哑巴服务、婚礼服务、售后服务、家政服务、微笑服务、喘息服务、一条龙服务、门对门服务、一米线服务、无接触服务、云服务、微服务""创汇农业、观光农业、节水农业、精久农业、浅海农业、三色农业、设施农业、订单农业、吃饭农业、有机农业、口号农业、数字农业、都市型农业"等。

第五小类"社会类"所包含的表物模数量比较少,只有 4 个,包括"~制、~权、~令、~腐败"。其中比较值得注意的是"~制"和"~令",因为它们不仅模价较高,而且模标义发生了演化。首先来看"~制"。从其模槽成分的音节数量来看,模标"制"对模槽成分音节数量的限制很小,在所整理出的128 条"~制"词语(不计重复)中,除了三音节词语有 77 条,还有双音节词语、四音节、五音节、七音节、九音节词语等共 51 条,可见"制"主要倾向于和双音节模槽成分相配,但也可以和其他音节数量的模槽成分相配。从模标义的演化来看,"~制"词语古已有之,如"刑制(惩罚罪犯的法规)""地制(土地制度)""弊制(有害的制度)""丧制(治丧的礼制)""帝制(朝廷的法制)"等等,可见这些词语中的"制"有"制度"意,多指"在一定的历史条件下形成的政治、经济、文化等方面的制度"(《现汉》第 7 版,第 1689 页),而当代以来也产生了大批量的"~制"词语,这些词语中的"制"不仅可以指政治、经济、文化等方面的制度,如"税制、汇制、承包制、股田制、双轨制、军衔制、试婚制、院警制、中选区制、劳动合同制、联系汇率制、联产承包责任制、职工代表大会制"等,还可以指"要求大家共同遵守的办事规程或行动准则"(同上所注),如"赛制、任期制、双元制、主厂制、院线制、一费制、共识制、终身制、学分制、点警制、大部制、实货制、大村庄制、循环教学制、离岗待工制、厂长负责制、明星经理制、网店实名制、中学校长实名推荐制"等。另外,也可以指某种"方式",如"AA 制、AB 制、五餐制、家长制、两票制、现售制、年薪制、走班制"等,可见在这一点上,"制"大体上可以等同于"式₁",同时表明"~制"的模标义已经有泛化的趋势,可以为"制度",也可以为"方式",能更广泛地应用于各个领域,所造词语具有中性色彩。其次来看"~令"。从模槽成分的音节数量来看,所整理的 86 条"~令"词语(不计重复)中有 73 条都是三音

---

① 两者的模标义都是根据《现汉》(第 7 版)的释义修改而成。

节词语,可见模标"令"主要是选择双音节的模槽成分相配;从模标义的演化来看,"～令"词语也是自古就有,但大多和政治、法律、军事有关,如"倦令(疲软不力的政令)""国令(国家的政令)""师令(军令)""德令(施恩德的政令)""任子令(汉代制定的子弟因父兄保任为郎的法令)""将军令(将军的命令)"等;当代以来的"～令"词语除了一小部分表示"命令",即"上级给下级的指示"(《现汉》第 7 版,第 917 页)外,如"调令、专令、封航令、扑克牌通缉令"等,大部分是表示"某部门或机构发布的规定、要求"①,如"禁白令、禁择令、禁高令、禁胶令、禁塑令、禁液令、禁娱令、禁报令、禁香令、禁怨令、禁盐令、禁读令、限批令、限塑令、限生令、限液令、限宴令、限酒令、限广令、限送令、限娱令、限医令、限剧令、限奢令、限奶令、限降令、免裁令、一件令、撤办令、退出令、维稳令、节俭令、降噪令、居家令、2 时歇业令"等。综上可见,"～令"的模标义已经泛化,指称范围不再局限于严肃的"命令",一切的"规定"和"要求"都可以"令"的方式呈现,这是"令"的通俗化和诙谐化,也在某种程度上表现了国家在某些法律和法规上的不足或缺失,而且这些"规定"和"要求"的出台时间大都在 2000 年以后,尤其是近十几年,因此"～令"表物模真正形成的时间应该是在 21 世纪。另外,"～令"模式有分化成"禁～令"和"限～令"的趋势,因为大部分的"～令"词语都是以这两种模式出现的,并且分化出来的这两个模式属于近义模,语义上非常相近,表现在所形成的词语上,就是产生了一些几乎等义的词语,如"禁塑令—限塑令""禁娱令—限娱令""禁液令—限液令"等。

第六小类"经济类"所包含的表物模数量不少,有 7 个,即"～经济、～费、～股、～价、～消费、～税、～险"。前五者的模价都比较高,排在高价词语模库的前半部分,而且五者的模标"经济、费、消费、股、价"都是典型的经济学领域术语,五个模式都是当代产生的。首先来看"～经济"。"经济"在"经济学上指社会物质生产和再生产的活动,也指国民经济的各部门"(《现汉》第 7 版,第 685 页),这也是"～经济"的模标义①所指,如"民营经济、商品经济、计划经济、内向型经济、非公有制经济、个体私营经济、混合所有制经济"等,而随着改革开放后经济领域的日新月异,"～经济"的模标义走向具体化和普遍化,可以"泛指方方面面的经济活动和现象②(模标义②)",这是促成"～经济"表物模产生的重要因素,可以说绝大部分的"～经济"词语是

---

①　自增。

②　自增。

此种意义,如"白鹅经济、参观经济、短缺经济、输血经济、条带经济、校园经济、诸侯经济、假日经济、县城经济、泡沫经济、小众经济、餐桌经济、围墙经济、窗口经济、毕业经济、大肚子经济、高考经济、开学经济、拇指经济、火烧经济、她经济、宅经济、闷经济、.com 经济、选美经济、鬼魅经济、雾霾经济、隔离经济、注意力经济、二次元经济"等等,所有可以产生经济效益的事物被冠以"经济",造成了"～经济"词语的大量滋生,其中不少还具有生动形象、诙谐幽默的色彩。而且从所举词语例中也可以看出,模标"经济"对模槽成分的音节数量和词性都限制较小,这也在一定程度上促进了"～经济"的能产。其次来看"～消费"。"消费"本为动词,指"为了生产或生活需要而消耗物质财富或接受有偿服务等"(《现汉》第 7 版,第 1436 页),其在模式"～消费"中作为名词性模标,模标义较之《现汉》(第 7 版)释义也有所不同,是指"为了生产或生活需要而消耗的物质财富或接受的有偿服务"。当代以来的各种物质或精神方面的花费现象都可以用"消费"来指称,因而产生了大量的"～消费"词语,如"高消费、超前消费、宠物消费、劳务消费、枷锁消费、红色消费、野蛮消费、婚补消费、银发消费、二次消费、即期消费、品牌消费、个性消费、主题消费、清凉消费、良知消费、炫耀性消费、温饱型消费、报复性消费、十万元级消费"等,其中的部分词语还带有形象、鲜活的色彩。但是,模标"消费"主要选择双音节模槽相配,在某种程度上限制了"～消费"的能产性。再次来看一下"～股",这是改革开放以后产生的一个全新的造词模式。其模标"股"为"股票"(第 467 页)之意,是《现汉》(第 7 版)"股"的一个新增义项。其模式的产生是改革开放以来股市经济发展的结果,因而出现了大量的"～股"词语,如"个股、红股、期股、港股、内股、牛股、A 股、仙股、肉股、企业股、权力股、外币股、蓝筹股、优先股、原始股、面板股、地雷股、绩优股、成长股、热门股、垃圾股、僵尸股、潜力股、渣渣股、校车概念股"等。可见,模标"股"主要选择单音节或双音节模槽成分搭配,模式所创造的词语不少具有幽默形象色彩,有些还带有方言色彩,如前所举的"仙股"来自粤方言,"渣渣股"来自四川方言等。还有一点值得注意的是,个别词语,如"绩优股、绩差股、潜力股"等还可以整体隐喻有(或无)投资价值或发展前途的人、事物,而且《现汉》(第 7 版)中还收录了前两个词语,说明它们已经完全词化了。最后来看一下"～费"和"～价",二者也是改革开放以后随着商品经济的发展而形成的表物模。"～费"中"费"意为"费用"(《现汉》第 7 版,第 380 页),随着改革开放之后商品经济的发展以及伴随而来的五花八门的现象或服务,出现了各式各样的"费用",如"保费、规费、特费、月费、话费、网费、安定费、疲劳费、赞助费、开瓶费、遮羞费、封口费、景点费、点刀费、制氧费、口舌费、删帖费、陪人椅费、末日遣散费、再婚贬值费"等等,所整理"～费"词语达到了 90 条(不计重复),其中 63 条为三音节词语,可见模标"费"主要选择双音节模槽成分搭配,并且模槽成分"～"很少是"付费的对象或方式",多表现为费用的原因或结果,所以不少"～费"词语委婉中带着诙谐;而"～价"中模标"价"为"价格"之意,"价格"在《现汉》(第 7 版)中的释义为"商品价值的货币表现"(第 628 页),而"价"作为模标,其意义在《现汉》(第 7 版)释义的基础上有所扩大,即"商品价值的某种表现",如"均价、销价、天价、议价、批价、控价、明价、底价、黑价、裸价、拍价、鬼价、穴价、站价、参考价、钓鱼价、落地价、离岸价、跳楼价、震撼价、人情价、献购价、地板价、保护价、秒杀价、警示价、钱包价、大集价"等,所整理"～价"词语达到了 75 条(不计重复),其中双音节词语 38 条,三音节词语 37 条。可见,模标"价"选择单音节或双音节模槽成分与之搭配,而且模槽成分"～"很少是价格的主体,多表现为价格的性质或状态,很多"～价"词语具有生动、形象甚至夸张的色彩。

第七小类"科教类"的表物模包括"～体、～网、～文化"3 个,其中"～体"的综合价最高,所以来考察一下这个新兴的表物模。此模式很特殊,从其产生到目前,几乎每年都在产生词语,而且其所创造的词语已达 121 条,稳稳占据高价词语模库的第 14 位。究其原因,和模标"体"不无关系。"体"在《现汉》(第 7 版)中的义项有 7 个,和模标"体"的意义比较接近的为"文字的书写形式;作品的体裁"(第 1287 页)。但是作为模标的"体",它流行于网络,是一个抽象概括、复杂多变的范畴:其一,"体"为一种句式,它可以是一个句式,也可以是一组句子形成的格式。如"子弹体",其格式为"让××飞(一会儿)","凡客体",其格式为"爱××,爱××,我不是××,我是××"。类似的还有"校内体(遇到××的人就嫁了吧)""亮叔体(×本来是一个××的,在这个××的时代,×不想××,只希望不被人××)""撑腰体(你是××人,看到老人摔倒了你就去扶。他要是讹你,××;要是败诉了,××)""见与不见体(你×,或者不×我,×就在那里)""如果体(如果不学××,我想××)""元芳体(××,你怎么看?)"等。其二,"体"为带有标志性词或短语的语句,如"QQ 体",其标志性短语为"做了一个非常艰难的决定","一句话体",其标志性短语为"一句话证明",类似的还有"十年体(十年生死两茫茫)""鼓励体(我想鼓励)""海燕体(海燕呐,你可长点心吧)""流氓体(耍流氓)""马上体(马上有)""千万别报体(千万别报)""任性体(就是任性)""蓝翔体(那么问题来了,挖掘机技术哪家强?)""翻船体(友谊的小船说翻就翻)""官宣体(官宣)"等。其三,"体"为一种篇章结构,如"咆哮体",一般是以"伤不起啊"结尾的感叹句作为标题或首句,然后把带有多个感叹号的句子和以"有木有"收尾的句子交互编排构成正文,最后再以"伤不起啊"和大量的感叹号收尾。类似的还有"回音体""蹉跎体""小贱体""中英穿越体""表白体""高考体""青春体"等。其四,"体"代表一种风格,既包括内容上的风格,又包括形式上的风格。如"梨花体",其诗歌的写作方法为随意摘取一句话,将其拆分成节,语例为"我要在腾讯写诗/一首/关于嫦娥的诗/我的诗/是/天下/最好的诗",又如"鲸鱼体",指一些表情符号、标点符号,并配合苹果手机发短信时特有的气泡对话框形成的各种鲸鱼图案。类似的还有"蜜糖体""纺纱体""微博体""赳赳体""亲密体""包裹体""意林体""断电体""脑残体""返乡体"等。周红照、刘艳春(2013)依据是否具有固定的形式特点把"体"做了大类划分,前两种为"话语模网络体",后两种为"非话语模网络体"。① "话语模"是相对于"词语模"提出来的,有些类似于周荐提出的"语模",指具有批量生产新话语能力的话语框架,由不变的模标成分和可变的模槽成分组成。但和词语模不同的是,话语模的模标一般是由短语、句子、句式框架充当,模槽则由词、短语、句子、句群充当;而且话语模更加能产,因为其模标对模槽成分的音节、语义没有多大的限制;另外话语模的生命周期较短,缘于它大多是语用主体的应时应景之作,随着语用主体的"喜新厌旧"和它所依托的客观事物社会关注度的降低,很快就会沉寂。因此,前两种"体"属于典型的"话语模网络体",后两种"体"由于没有固定的框架结构,也分解不出模标、模槽,有些还是话语、图形、标点符号的混搭形式,只能算作"非话语模网络体"。以上我们对"体"的所指进行了详细分类,所以模标"体"只能是对这种分类的综合概括,即"流行于网络的具有某种特征的语言表达形式"②,而五花八门的"~体"词语则是这种概括的具体表现。正是因为"体"的复杂性,所以只要能代表这种"体"特点的词语都可以填充进"~体"的模槽,这也就造成了其模槽成分的词性是所整理词语模模槽成分词性最为多样的,包括名词、动词、形容词、副词、数词、连词等,但是又因为词语模的模标对其模槽成分的音节还是有一定的限制,因此在所整理的 121 条"~体"词语中,以三音节词语为最多,有 102 条,其次还有四音节、五音节、

---

① 周红照、刘艳春:《话语模网络体的篇章特征考察——兼论网络体的家族相似性》,《语言教学与研究》2013 年第 6 期。

② 自增。

六音节词语,可见模标"体"还是主要选择双音节模槽成分与之搭配。

第八小类"文体卫生类"表物模也不少,包括"～症、～病、～剧、～展、～游、～婚、～秀、～坛"8个。其中值得关注的是"～病""～症"和"～坛","～病"和"～症"因为二者的模标义非常相近,模价又都很高,我们应该辨析其中的细微差别。首先来看"～病"。根据语料整理,其模式造词共96条(不计重复),其中三音节词语最多,有77条,其余双音节、四音节、五音节词语共19条,可见模标"病"主要选择双音节模槽成分搭配。从模标义来看,模标"病"属于典型的医学术语,指"生理上或心理上发生的不正常的状态"(模标义①《现汉》第7版,第95页),改革开放以来随着各种问题的产生和自然环境、社会环境急剧改变,人们的身体健康和心理健康问题层出不穷,因而出现了大量的"～病"词语,如"拖病、城市病、大楼病、猫抓病、厨房病、啤酒病、节日病、文明病、痛痛病、筑波病、公害病、娱乐病、爱美病、恐富病、时装病、家装病、哈夫病、阴滋病、亲吻病、空心病、无兴趣病、高跟鞋病、手足口病、生活方式病、卡拉OK病"等,随着"～病"造词模式使用的频繁,其模标义所指出现了泛化的倾向,各种"社会弊端"也用"病"来喻指(模标义②),如"国病、会病、社会病、托福病、现金病、行业病、爱资病、悍马病、麻将病、斜眼病、农村病、副科病、跳槽病、城市文化病"等,可见其中部分词语具有修辞色彩,或者因谐音而得来,生动形象。再来看"～症"。根据语料整理,其模式造词共93条(不计重复),其中五音节词语42条,三音节词语40条,其余双音节、四音节、六音节、七音节词语共11条,可见模标"症"主要选择四音节或双音节模槽成分与之相配。从模标义来看,"症"也属于典型的医学用语,在《现汉》(第7版)中的解释为"疾病"(第1675页),而对"疾病"的释义也为"病",可见已经陷入了一种循环释义,那么"症"和"病"作为模标,其模标义几乎是等义的。因此"～症"的模标义也有两个,即模标义①为"由某种原因导致的生理上或心理上的不正常状态"①,如"信息症、肥胖症、机舱症、解离症、三尿症、恐购症、初老症、路怒症、恐剩症、恐辅症、脑退化症、电话脖子症、肌肉饥饿症、幼儿震荡症、投资饥渴症、金属过敏症、归宅恐惧症、信息污染症、网络幽闭症、保密焦虑症、城市依赖症、手机幻听症、赛后寂寞症、下班沉默症、表白障碍症、Wi-Fi焦虑症、互联网狂躁症、星期一恐惧症、新生儿小头症"等,随着"～症"模式使用频率的增加,其模标义所指也出现了一定程度的泛化,即用"症"来喻指某种"社会弊端"(模标义②),如"霾症、攀比症、

①　自增。

恐龙症、失语症、脑残症、乡痛症、文化贫弱症、道德恐高症、中产焦虑症、职场自闭症、限令依赖症、现代交流症"等,可见其中部分词语也具有一定的修辞色彩,显得生动形象。由以上可以看出,表物模"～病"和"～症"在模槽成分、模标义倾向、模式的使用时间上还是有很多不同。"～病"的模槽成分主要是双音节,而"～症"的模槽成分主要是双音节和四音节,甚至在所统计的语料中,四音节模槽的"～症"词语要稍稍多于双音节模槽的"～症"词语,可见"～症"的模槽成分在音节上要比"～病"的模槽成分复杂;从模标义的倾向来看,虽然二者的模标义非常相近,但是"病"更具有口语色彩,而"症"则具有书面语色彩,在模式所形成的词语中,具有模标义①的"～症"词语更多表现心理方面,而具有模标义①的"～病"词语心理方面和生理方面是比较均等的表现。而且具有模标义②的"～症"词语多是从心理问题演化而来的,但是具有模标义②的"～病"词语多是从社会问题深化而来的;从模式的使用时间来看,"～病"模式的集中造词时间主要是在1978—2000年,而"～症"模式的造词时间主要是集中在2000年以后,如在于根元的《现代汉语新词词典》(1978—1990)中,收录"～病"词语19条,而收录"～症"词语只有4条,在亢世勇、刘海润主编的《新词语大词典》(1978—2002)中,收录"～病"词语38条,收录"～症"词语则为19条。而根据2000年以后的"编年型"词典统计,"～症"词语为45条,而"～病"词语只有13条。因此,正是"～病"和"～症"在模槽音节、模标义倾向、模式造词时间上的互补分布,才使得二者在造词上各有自己的方向和侧重点,在当代汉语的造词实践中,都表现出了较高的模式价值。

其次来看表物模"～坛"。为了更说明问题,这里把"～界"也放进来和"～坛"进行比较考察。两者的模标义都有"某个领域或范围"之意,两个模式的造词时间主要集中在20世纪90年代以前,但是"～坛"进入了当代汉语高价词语模库,而"～界"却没有进入,可见二者的造词能力确有不同,"～坛"的模价远远高于"～界"。从模标"坛"和"界"所搭配模槽成分的音节来看,在所整理的60条"～坛"词语(不计重复)中,模标"坛"都是和单音节模槽成分搭配,而在所整理的11条"～界"词语(不计重复)中,模标"界"和单音节模槽成分搭配的有4条,和双音节模槽成分搭配的有7条,可见两个模标对所搭配的模槽成分的音节有不同的选择,前者倾向于选择单音节的模槽成分与之相配,后者既可以和单音节模槽成分搭配,也可以和双音节模槽成分搭配。究其原因,是与"坛"搭配的模槽成分一般是具有指代意义的简称词,如"剑坛、跤坛、泳坛、排坛、网坛、田坛、影坛、音坛、歌坛、剧坛、偶坛、摄坛、教坛、科坛、学坛、邮坛、政坛、股坛、烟坛、麻坛"等,而与"界"搭配的模槽成分可以是具有指代意义的简称词,也可以是具有完全意义的全称词,如"影界、扒界、业界、泳界、演艺界、艺能界、传播界、IT 界、读书界、微胖界"等。因此从这个意义上讲,某些时候的"坛"和"界"可以互换使用。从"～坛"和"～界"的模标义来看,根据所搜集的新词语词典和年编中对"～坛"词语的释义,基本都解释为"……界",可见编纂者们是把"坛"和"界"等同起来了,而且有些学者也持同样的观点,如施春宏(2002)在其文章《说"界"和"坛"》中认为:"如果条件允许,只要能用'界'的地方,就能相应地出现'坛'。"①那是否二者的模标义没有差别,可以无条件换用? 还要从"～坛"和"～界"词语的出现说起。根据施春宏(2002)的研究,"坛"出现得比较早,在唐宋时期就有了"～坛"词语,而"界"产生得较晚,"～界"词语的普遍出现是在 20 世纪前半叶。《现汉》(第 7 版)中对模标"坛"的释义为"某些职业、专业活动领域(多用于文艺、体育方面)"(第 1267 页);对模标"界"的释义为"职业、工作或性别等相同的一些社会成员的总体"(第 671 页)。可见二者作为模标其语义还是有区别的,"坛"由"祭台"的本义出发,演化出了"具有展示性的平台和组织"的模标义,而"界"由"界限"的本义出发,演化出了"类别、系统"的模标义。正因如此,"坛"作为一个展示性的平台,它必然涉及具体的人物、事物或现象,因而可以成为个体或部分的泛指,那么它的泛化趋势就越来越强,"～坛"的造词变化就最大,由以前的"文艺、体育"方面扩大到各种"职业、专业"领域,甚至有些"～坛"词语还潜藏了一定的感情色彩,如前述所举的"麻坛、烟坛"就有戏谑之意,但其主要还是中性色彩的造词,具有很强的"领域"特征。而"界"基本上是大类的泛指,一般不涉及具体的人物、事物或现象,因此可以一直保持中性色彩的造词,并常常可以作为业界全体人士的代称,主要强调"身份"特征。

4.2.3 行为模的类别考察

行为模的模标义(或模式义)主要表示某种"行为动作"。高价词语模库中此种类型的词语模不多,只有 5 个,即"～化、超～、被～、吃～、反～"。

从 5 个行为模的模式造词时间来看,"～化、超～、反～"虽然属于全程造词,但是其主要造词时间集中在 2000 年以前;"吃～、被～"属于阶段爆发造词,前者"吃～"的造词时间也是集中在 2000 年以前,后者"被～"的造词

---

① 施春宏:《说"界"和"坛"》,《汉语学习》2002 年第 1 期。

时间则集中在 2009 年以后。因此,这里根据模式造词时间的不同,把行为模分为三组来考察。

第一组为主要造词时间集中在 2000 年以前的全程造词模式"～化、超～、反～"。首先来看"～化"。这是一个古已有之的造词模式,只不过在当代依然保持了旺盛的造词能力。很多学者从各个角度,包括其模槽成分"～"的音节数量、词性、"～化"的类别、语义特征、语法功能、"化"的来源等方面,对"～化"词语进行过研究,认为"化"已经词缀化,也就是说"～化"已经是非常成熟的造词模式。因此这里我们在已有研究的基础上,根据当代以来"～化"词语的特点,对行为模"～化"进行梳理。从模槽成分的音节数量来看,根据所整理语料,模式造词共 163 条(不计重复),其中双音节词语45 条,三音节词语 90 条,其他四音节及以上词语共 24 条。可见模槽成分还是以双音节居多,其次是单音节,三音节及以上模槽成分较少;而模槽成分的词性主要是名词和极小部分形容词;从模标义来看,《现汉》(第 7 版)中对"化"的释义为"加在名词或形容词之后构成动词,表示转变成某种性质或状态"(第 561 页),可见"化"的词缀化已经成为不争的事实;而从"～化"词语的类别来看,根据语义特征和语法功能的不同,可以划分为三大类:第一类,表示人或事物转变成某种性质或状态,含有"变成"的语义特征,强调的是变化的结果。如"内化、亮化、膨化、活化、黄化、神化、雌化、铁化、商化、e 化、老化、娘化、信息化、电算化、低龄化、数字化、人类化、白领化、轨道化、城市化、专业化、偶像化、情绪化、无纸化、短工化、中性化、华侨化、污名化、超电器化、多功能化、富营养化、健康老龄化、垃圾袋装化、产业空心化、马铃薯主粮化"等。第二类,表示使人或事物具有某种性质状态或样式,含有"致使"的语义特征,强调的是变化的过程。如"矮化、香化、序化、黑化、淡化、软化、优化、弱化、净化、细化、非核化、市场化、立体化、廉价化、粗鄙化、权金化"等。第三类,兼有以上两种含义,既有"变成"的语义特征,也有"致使"的语义特征,也就是可以视作变化的结果,也可以看作变化的过程。如"熟化、热化、港化、一体化、标准化、边缘化"等。一般具有第一种语法特征的"～化"词语不能带宾语,但可以进入"使 N(或 NP)——"的框架,具有第二种语义特征的"～化"词语可以带宾语,可以进入"把 N(或 NP)——"的框架,兼有两种语法特征的"～化"词语既可以进入"使 N(或 NP)——"的框架,也可以进入"把 N(或 NP)——"的框架,其中的双音节"～化"词语可以带宾语。从模标"化"的来源来看,朱庆祥、方梅(2011)认为,"化"本来自"匕",中古时期"～化"结构形成,到了清代中期,"～"由特定的类名词泛化到形容词,其派生结构已具雏形,这些是汉语自身演变的结果。但是"～化"结构的流行确实是受到了大量外文翻译的影响,正是对译外语中的"—ze、—en、—fy、—ization"时大量"化"的使用,"～化"才得以流行和推广。因此,是因为有了比较坚固的汉语语义基础,才使得外来对译模式"～化"在当代依然焕发出了勃勃生机和活力。

其次来看"超～"。这也是一个在当代以前就形成的行为模。吕叔湘(1979)在《汉语语法分析问题》中视"超"为类前缀。① "超"作为模标其语义比较复杂,在《现汉》(第 7 版)中"超"有五个义项,其中有三个可以视为"超～"的模标义,即"①超过。②超出(一定的程度或范围)。③在某个范围以外;不受限制"(第 152 页)。相应地形成了三个"超～"词语群,具有模标义①的词语如"超常、超存、超购、超耗、超交、超卖、超收、超销、超用、超生、超线、超编、超标、超采、超亏、超难、超录、超毒、超怀、超贷",具有模标义②的词语如"超前、超平、超豪华、超一流、超高速、超链接、超视距、超负荷、超水平、超学时、超快递、超贤妻良母",具有模标义③的词语如"超值、超智、超国界、超极本"。从以上词语例可以看出,模标"超"主要是和单音节模槽成分相配,所整理语料也证实了这一点,在 68 条"超～"词语(不计重复)中,双音节词语 50 条,三音节、四音节、五音节词语共 18 条。而且从模式的结构来看,"超～"也是所整理词语模模式结构中最为复杂的,包括三种结构:述宾结构、偏正结构、形容词(或区别词)。述宾结构如前面所举的"超线、超编、超标、超难、超量、超负荷"等,偏正结构如"超存、超购、超交、超卖、超收、超用、超生、超极本、超贤妻良母"等,形容词或区别词如"超前、超值、超智、超一流"等。可见,"超～"作为一个在当代依然具有很大价值的造词模式,其所造词语的结构类型更加多样化,甚至部分词语已经词化。

最后来看"反～",也是在 2000 年前比较能产的行为模。首先从模标"反"对模槽成分音节数量的限制来看,主要是单音节或双音节模槽成分与之相配,而且 2000 年前"反～"的模槽成分主要为单音节,2000 年后该模式的模槽成分主要为双音节;从模标义的特点来看,"反"作为模标有"反抗;反对"之意(《现汉》第 7 版,第 360 页),又加之"反～"的模槽大部分为简缩成分,因此所形成的词语意义也都比较简洁;而从模式的结构来看,虽然"反～"模槽成分的词性可以为名词、动词和形容词,但是所形成的"反～"词语都为动宾结构,如"反导、反腐、反寡、反黑、反假、反恐、反麻、反暴、反智、反

---

① 吕叔湘:《汉语语法分析问题》,商务印书馆 1979 年版,第 48 页。

倾销、反骨感、反美颜、反刷单、反鸡汤、反水货客、反垃圾邮件"等。

第二组为造词时间集中在 2000 年以前的阶段爆发造词模式"吃～"。这是一个在 20 世纪 80、90 年代非常能产的行为模,原因有二:一是中国人自古以来"民以食为天"思想的影响;二是改革开放伊始阶段,人们物质生活水平较以前有了很大提高,"吃"首当其冲。由此造成了"吃～"词语的遍地开花。从其模标义的形成来看,运用了隐喻的方式。因为"吃"本指"把食物等放到嘴里经过咀嚼咽下去"(《现汉》第 7 版,第 171 页),而在"吃～"中"吃"作为模标有两种意义,即:"①依靠某种事物生活(同上所注)。②从某方面捞取好处。①"相应地形成了两个"吃～"词语群,具有模标义①的词语如"吃名、吃旧、吃白饭、吃劳保、吃国饭、吃老公、吃软饭、吃官粮、吃青春饭、吃土、吃军粮"等,具有模标义②的词语如"吃富、吃会、吃贿、吃私、吃贫、吃票、吃农、吃床腿、吃大项、吃包装、吃材料、吃公款、吃空额、吃车轮、吃企业、吃市政、吃拆迁"等。由以上词语例可以看出,模标"吃"首选和双音节模槽成分相配,次选和单音节模槽成分相配。所整理语料的 46 条"吃～"词语(不计重复)也证明了这一点,其中三音节词语 29 条,双音节词语 14 条,剩下的四音节词语为 3 条。从模式所造词语的语义色彩来看,因为模标"吃"本就是一种隐喻,因此所造词语大多具有幽默、诙谐色彩,甚至有不少词语具有贬义或否定色彩,或者说模式"吃～"在语义上本就具有较强的贬义色彩。另外,还有部分词语具有整体上的隐喻性,如"吃偏饭(喻指格外给予关注或帮助)""吃拼盘(喻指各方共同合作)""吃子孙饭(喻指盲目超前消费,给后人带来祸患)""吃定心丸(喻指让人放心)"等。

第三组为造词时间集中在 2009 年以后的阶段爆发造词模式"被～"。"被～"这个行为模很特殊,根据新词语词典和年编,从其产生到 2012 年,五年左右的时间就收录了 66 条"被～"词语(不计重复),造词能力不仅惊人而且造词时间非常集中,引起了众多研究者的关注。他们从"被"的语义、词性、"～"的语义、词性、"被～"的结构、语义、语法、语用以及模式产生的外部因素等诸多方面论述了"被～",涌现了很多相关研究成果。在"被～"模式产生之前,传统研究都是关于"被字句"的研究,在"被～"模式产生之后,有学者也把其划入句法研究范畴,但还有学者认为应划入词法研究范畴。我们认为,秉承现在学术界"大词库、小语法"的研究指导原则,把其划入词法研究范畴似乎更合乎学术潮流。但同时要注意的是,"被～"模式毕竟和传

---

① 自增。

统被字句有着千丝万缕的联系,因此研究要在句法研究的基础上进行,这样才更有利于我们把这种新兴"被～"模式研究得更加清楚、透彻。传统的被字句是有标记的表示被动含义的句子,其一般有两种基本格式:NP₁＋被＋NP₂＋VP,即所谓的介词被字句;NP₁＋被＋VP,即所谓的助词被字句。其中的NP₁作为话题主语必然要出现,NP₂作为真正主语可以出现可以不出现,VP作为句核,应为及物动词。而新兴的"被～"模式,其与传统被字句相比较,变异有三:其一是NP₁作为话题主语,在"被～"所在句中有时出现,有时不出现。如:"恋爱不慎,我就这样'被小三'。"①"沦为'被现房',是当前市场形势所致,但也反映出当前开发商的痛楚。"其二是NP₂作为真正主语,在"被～"所在句中均没有出现。如:"公开声明自己是'被弟子'的并非马云一例。""这是金庸今年遭遇的第二次'被逝世',他本人却显得很淡定。"其三是VP作为句核,其中的谓语动词(包括主要动词和次要动词),有时次要动词出现,主要动词不出现,有时主次动词都不出现。前者如"……讲述了自己手机'被上网',莫名被扣费的经历"。其中"被上网"省略了主要动词"强迫",只出现了次要动词"上网",又如"一些上榜城市的市民说自己'被幸福'了,……"其中"被幸福"省略了主要动词"认为";后者如"……看来我是被网瘾了!""……大部分中国老人都将'被支架'。"其中的"被网瘾"省略了主要动词"强迫"和次要动词"有","被支架"省略了主要动词"强迫"和次要动词"装上"。正是这些变异,导致了"被～"语义上的隐含:一是受事隐含。如前述所举"被现房"一例中,受事就没有出现。二是施事隐含。前述所举的句例中施事都没有出现。三是谓语动词隐含。前述所举句例中都不同程度出现了谓语动词隐含的情况。因此,"被～"模式具有和社会现实的同构性。这种同构性主要表现在四个方面:一是事件性。即"被"所搭配的模槽成分表示的是"事件",因此弱及物动词、不及物动词、名词、形容词才得以进入该模式。或者说,整个"被～"模式具有象征性,是"事件"的象征。如"被代表、被就业、被离婚、被当爸、被增长、被自杀、被幸福、被高尚、被富裕、被山寨、被小康、被坚强、被慈善、被民意、被广告、被支架、被城市、被精神病"等。二是遭受性。新兴"被～"模式表达的是受事者一般为某方面较弱势的群体或个体的意识诉求,意味着"受事"对支配其"动作行为"的不可控或不情愿,具有很强的遭受性。从语言相似性的角度来说,在被字句中,施事的意义越简单,词语形式越短,受事和动作行为之间的距离就越小,遭受义就越强。如:

---

① 例句来自新词语词典和年编的相关词条例句。下同。

"a.他被车撞了。b.他被一辆车撞了。c.他被一辆开得很快的车撞了。"在这三个被字句中,a句的遭受义最强,c句的遭受义最弱。因此在"被~"模式中,施事省略,能够表达最强的遭受义。三是结果性。范晓(2006)认为,被字句谓语的特点具有"动作性+结果性"。① 在"被~"模式中,主要动词无一例外都被省略了,次要动词有时也被省略,因此谓语的"动作性"都被省略了,直接是"被+结果"的形式,并且用简单的双音节来呈现这种结果。因此,是用最直接、简洁的方式满足了受众对事件结果的好奇心。四是主观性。可以说在"被+不及物动词""被+名词""被+形容词"三种模式结构中都有"被+认为"的语义成分,如"被离婚(被认为离婚)""被幸福(被认为幸福)""被民意(被认为是民意)"等,分别暗含了施事者、受事者、语言使用者的主观认定。但哪一种主观认定,对具体"被~"词语的理解者来讲,都可是可非,因为他们还有自己对整个事件以及具体"被~"词语表现出的主观性的态度。综上所述,正是因为"被~"模式的复杂性,因此可以用很多理论和视角去考察和阐释,掀起了一股"被~"的研究热潮,从而在更大程度上促进了该模式词语的产生。所以无论从模式价值还是研究价值来说,"被~"都值得我们去认真探究。

4.2.4　特征模的类别考察

特征模,即模标义(或模式义)主要表示人或事物"某种特点"的词语模。高价词语模库中此种类型的词语模也不少,有20个,占到了五分之一。包括"微~、大~、小~、新~、绿色~、云~、软~、老~、黑~、高~、洋~、零~、热~、裸~、数字~、硬~、生态~、冷~、智能~、非~"。

从特征模的语义特征来看,这20个词语模又可以分为四大类:一是表示知觉并隐喻(模标义表示某种知觉或知觉隐喻)的语义类别,包括"绿色~、黑~、冷~、热~、软~、硬~";二是表示形貌并隐喻(模标义表示形貌或形貌上的隐喻)的语义类别,包括"大~、小~、高~";三是表示性状并隐喻(模标义表示性状或性状上的隐喻)的语义类别,包括"微~、新~、老~、零~、洋~、裸~、非~";四是表示类别所属并隐喻(模标义表示类别所属或隐喻形成的类别所属)的语义类别,包括"云~、数字~、智能~、生态~"。

首先来看第一类,表示知觉并隐喻的词语模"绿色~、黑~、冷~、热~、软~、硬~"。其中"冷~、热~、软~、硬~"是表示感觉并隐喻的词语模,其

---

① 范晓:《被字句谓语动词的语义特征》,《长江学术》2006年第2期。

中模标"冷、热""软、硬"具有对义性,因此形成了对义模,"绿色~、黑~"是表示颜色并隐喻的词语模。这里主要来考察两组特征模,第一组为对义模"~冷、~热",第二组为表示颜色并隐喻的特征模"绿色~"和"黑~"。

先来看对义模"冷~—热~",我们将从语义、组配、语法和语用等方面分析其中的异同。首先从语义来看,"冷~"和"热~"在"人或事物的性质、状态"这一语义场中构成一对对义模。二者的模标义如下。冷~:①温度低的;感觉温度低的(跟"热"相对)。(《现汉》第 7 版,第 792 页)②不热情的或不受欢迎的;没人过问的。(同上所注)如"冷岛、冷柜、冷餐、冷配、冷线、冷区、冷和、冷码、冷销、冷辐射、冷信息、冷家暴、冷浪漫、冷处理"等;热~:①温度高的;感觉温度高的(跟"冷"相对)。(《现汉》第 7 版,第 1093 页)②热情的或受人欢迎的;受关注程度高的。① 如"热岛、热键、热项、热泉、热线、热区、热演、热码、热销、热聊、热污染、热信息、热启动、热处理、热服务"等。从"冷~"和"热~"的模标义可见,二者完全处于一种对立统一状态。二者的模标义①都是源词语的基本义,是《现汉》(第 7 版)中"冷"和"热"的源释义,如"冷岛、冷柜、冷配、冷辐射、热岛、热泉、热污染、热服务"等;模标义②都是在模标义①基础上的引申,如"冷线、冷码、冷销、冷信息、冷处理、热线、热区、热信息、热处理"等,结果都是导致了模标义的泛化,扩大了其所指范围。其次从组配和语法来看,"冷"和"热"都是前置的形容词性模标,对后面的模槽成分进行修饰、限制,形成偏正型的定中结构或状中结构,所形成的词语或是名词性或是动词性。如"冷岛、冷柜、冷餐、冷信息、热岛、热键、热项、热信息"等都是名词性词语,"冷配、冷销、冷处理、热演、热销、热处理"等都是动词性词语。而从进入两个词语模模槽的词语的词性而言,二者也基本统一,即大多是名词性或动词性词语。模槽成分的音节都是单音节成分居多,双音节成分次之。最后从语用来看,"冷~"和"热~"具有较鲜明、生动的形象色彩。"冷"和"热"的引申义就是一种隐喻,是一种形象的说法,因此在这种引申义基础上形成的词语自然生动,如"冷码、冷信息、冷处理、热项、热销、热启动"等,都很鲜明、生动;而从能产度来说,"冷~"和"热~"是一对比较能产的词语模,就我们所整理的语料来看,"冷~"共计产生词语 36 条(不计重复),"热~"共计产生词语 64 条(不计重复),而且二者所产生的词语具有很强的对应性,如上面所举的"冷线、热线""冷区、热区""冷岛、热岛""冷

---

① "热"的模标义②是由《现汉》(第 7 版)对"热"的释义"吸引很多人的"修改而来。后有类似情况都简称"《现汉》修改"。

码、热码""冷销、热销""冷信息、热信息""冷处理、热处理"等。可见"冷～"和"热～"所形成的词语呈现出一种比较整齐的对应,而且应该有一些"冷～"和"热～"对应的新词语还处于潜隐状态。

再来看第二组的特征模"绿色～"。这是当代才形成的,但是一经产生就显示出了超强的造词能力。在所整理的语料中,"绿色～"词语不计重复101条,分布在25本新词语词典和年编中,高居高价词语模库的第18位。它之所以有如此之高的模式价值,和模标"绿色"语义的逐渐泛化是分不开的,当然也受到了很多语言外部因素的影响。从模槽成分的音节来看,在所整理的101条"绿色～"词语中有86条是四音节词语,其他三音节、五音节、六音节、七音节词语共15条,可见模标"绿色"主要是选择和双音节模槽成分相配,符合了韵律构词学理论中四音节词是两个音步的组合规则。从模标义的形成和泛化来看,"绿色"本为名词,指"绿的颜色"(《现汉》第7版,第854页),在成为模标后,其词性发生了转变,成为区别词,模标义为:"①符合环保要求,无公害、无污染的(同上所注)。②积极向上的;健康的;便捷的。①"其中模标义①是《现汉》(第7版)中的新增义项,是由本义"绿的颜色"引申而来的,可见这个泛化义在当代的语言实践中因为经常使用已经固化下来。在所整理的"绿色～"词语中具有此种意义的词语很多,如"绿色浴、绿色长城、绿色产业、绿色档案、绿色能源、绿色工厂、绿色文凭、绿色银行、绿色证书、绿色事业、绿色奥运、绿色包装、绿色 GNP、绿色食品、绿色安葬、绿色动力、绿色饭盒、绿色顾客、绿色设计、绿色出行、绿色保险、绿色运动、绿色买路钱、绿色气候基金"等。可以看出其中有些词语对模标义①有所偏离,如前十个"绿色～"词语,所指代的事物确实和颜色"绿色"有关,但同时也隐含了"环保"之意,另外还有一小部分词语如"绿色 GNP、绿色顾客、绿色保险、绿色买路钱"等,指称的是"和环保有关的事物"。因为这些偏离都不大,因此都可以视作模标义①"绿色～"词语。而模标义②可以说是在模标义①基础上的又一次泛化,也证明了"绿色"的指称范围越来越广,和"绿色"的源语义联系越来越小。此种意义的"绿色～"词语如"绿色标签、绿色镇痛、绿色网站、绿色奖励、绿色通道、绿色广场舞"等,可见其指称的范围边界越来越模糊。而且因为"绿色"本为名词,成为模标后变为区别词,属于隐喻方式形成的模标,因而所形成词语也极具隐喻色彩,很多词语具有形象、生动、鲜活的特点。从其模标义的泛化也可以看出,"绿色"的联想义在思维形

---

① 自增。

式上是多元的、多向的,具有很强的扩散性,它可以随着很多条件因素的变化而变化,既可以指称客观、实在的物体,也可以指称抽象的精神观念,而物体和精神具有不定、无限的特点,因此"绿色～"具有很强的造词潜能。但同时我们也应该意识到,特征模"绿色～"在当代的造词实践中之所以能够大放异彩,还和一些外部因素有关。由于整个生态环境的恶化,使得国际社会对"环保、健康"问题越来越重视,不仅切实地采取了很多行动,也大力进行理念宣传,人们普遍有了这样的观念后,"绿色"最符合人们"环保、健康"的心理联想,大量的"绿色～"词语自然会应运而生。

最后来看第二组的特征模"黑～"。其实"黑～"词语早已有之,只不过其模式词语的大量出现是在当代,因此我们把它算作当代产生的词语模。"黑"在《现汉》(第 7 版)中的义项有 8 个,有形容词性的,也有动词性的,但在词语模"黑～"中"黑"的词性是形容词。在模标义的形成这一点上和"绿色～"是相同的,二者的模标义都是以隐喻方式形成的。就模标义内容来说,"黑"形容词性的义项和模标义最接近的是"隐秘的;非法的"(第 531 页),这是《现汉》(第 7 版)的一个新增改义项。但通过对"黑～"词语的整理,发现在所搜集的 66 条不重复词语中,其模标义有泛化的倾向,这一点和"绿色～"的模标义变化非常类似,也就是说"黑"作为模标其语义边界越来越不清晰,有扩散的趋势。因此我们在《现汉》释义的基础上对"黑～"的模标义进行了修改,释义为:"①隐秘的;不光彩的。②不正当的;非法的。"具有模标义①的词语如"黑洞、黑榜、黑路、黑面、黑马、黑幕、黑招、黑客、黑箱、黑孩子、黑帽子"等,具有模标义②的词语如"黑车、黑片、黑哨、黑金、黑台、黑嘴、黑导、黑社、黑飞、黑财、黑摩托、黑老板、黑食品、黑广播、黑餐具、黑洋工"等。综上可见,和模标"黑"搭配的模槽成分主要为单音节和双音节的,其中主要是单音节模槽成分。在词语色彩上,因为"黑"就具有隐喻色彩,因此可以说所形成的词语或多或少都具有形象性,甚至少部分词语还具有诙谐、调侃的色彩,如上述所举的"黑嘴(依靠发布虚假消息、欺骗投资者而获利的证券咨询机构)、黑马(原来默默无闻,后来一举成名的人或球队)、黑哨(指体育比赛中,裁判偏袒一方的不公正的裁决)、黑帽子(落后的、反动的或不光彩的称号)"等,不仅非常幽默,还具有整体上的指代性。

其次来看第二类,表示形貌并隐喻的词语模"大～、小～、高～"。这里主要来考察"大～"和"小～"。因为二者的模价较高,价序上又非常接近,分别位于高价词语库的第 5 位和第 8 位。同时,二者的模标义(或模式义)具有对义性,因此可以作对比考察。

　　"大～"和"小～"是两个比较能产的词语模式。从古到今,它们在不同的历史时期都创造了很多词语,而在当代它们也表现得非常活跃。从二者模槽成分的音节特点来看,根据所整理语料,模式"大～"创造词语共 172 条(不计重复),其中三音节词语最多,有 115 条,双音节词语次之,有 53 条;模式"小～"创造词语共 152 条(不计重复),其中三音节词语最多,有 96 条,双音节词语次之,有 51 条。可见模标"大"和"小"都是首选和双音节模槽成分搭配,次选和单音节模槽成分搭配,而且单音节模槽多为概括性成分或简缩性成分,如"大腕(有实力,名气大的人)""大盘(股票或期货交易的整体行情)""大赏(大型的文艺欣赏晚会)""小件(家庭日用小商品)""小面(微型面包出租车)""小众(数量相对较小的人群或受众)"等,而双音节模槽多为非简缩性成分,如"大处方、大纺织、大科学、大舞台、大换血、大教育""小广告、小福利、小气候、小钱柜、小长假"等。从二者的模标义来看,其词汇义和色彩义都发生了一定程度的变化。"大"的模标义为"①在体积、面积、数量、力量、强度等方面超过一般或超过所比较的对象(跟'小'相对)"(《现汉》第 7 版,第 238 页)。②词语头,强调比较突出的人或事物,多含称赞或戏谑意。①其中模标义①为是"大"的源语义,具有此种意义的"大～"词语不多,如"大女、大男、大件、大巴、大球、大居、大幅、大宝、大疫、大青年、大环境、大公共、大公汽"等,其中"大"的语义比较实在;而模标义②是在模标义①的基础上泛化而来的,具有此种意义的"大～"词语很多。又可以分为两小类,一类是"宏观的、综合的、广义的""大～"词语,如"大潮、大话、大红头、大放送、大包干、大处方、大工业、大道理、大科学、大课题、大奖赛、大气候、大粮食、大美术、大旅游、大经济、大趋势、大概念、大酬宾、大文化、大综合、大防务、大数据、大税改"等,另一类是模标义①基础上的增殖,也就是无法界定是否在"体积、面积、数量、力量、强度等方面超过一般",也不好确定比较对象,如"大赛、大盘、大款、大腕、大鳄、大佬、大片、大碟、大导、大户、大餐、大赏、大奔、大谣、大 V、大相扑、大出血、大爆发、大动作、大舞台、大撒把、大甩卖、大红头、大卖场、大满贯、大部头、大倒爷、大女主"等。可见,具有模标义②的"大～"词语中"大"的意义比较抽象,也很虚化,一般用于强调或突出某种人或事物,而且有些还具有夸张色彩,如上所举的"大出血、大撒把、大甩卖"等。而"小"的模标义为"①在体积、面积、数量、力量、强度等方面不及一般的或不及比较的对象(跟'大'相对)"(《现汉》第 7 版,第 1439 页)。②前加成

----

　　① 自增。

分,用于某些人或事物前,含喜爱或戏谑意。①"其中模标义①也为"小"的源语义,具有此种意义的"小~"词语不少,如"小件、小龄、小幅、小巴、小报、小众、小轿、小面、小广告、小环境、小四轮、小剧场、小青年、小公共、小公汽、小倒爷、小长假、小学期、小家电、小户型"等,其中"小"的语义比较实在;而模标义②是在模标义①基础上的泛化,具有此种意义的"小~"词语很多,也分为两小类,一类是"微观的、狭义的、微弱的""小~"词语,如"小胜、小负、小非、小气候、小卫生、小商品、小福利、小综合、小文化、小平行、小道理、小高考、小司考、小农合、小青春期"等。另一类是强调对于某些人或事物的喜爱或调侃,如"小资、小蜜、小抠、小灶、小三、小套、小私、小康、小费、小太阳、小钱柜、小皇帝、小饭桌、小款爷、小女人、小帅哥、小款爷、小白菜、小白文、小青柠、小鲜肉、小确幸、小目标、小粉红"等。可见,具有模标义②的"小~"词语中"小"的意义很虚灵,主要是表达一种感情色彩。综上可以看出,特征模"大~"和"小~"在模式义上具有很强的对应性,导致所创造的不少词语也具有对应特点;同时,二者的模标义泛化方式也很相似,虚化程度都比较高;最后从模式的结构来看,"大~"和"小~"的模式结构都有两种:一种是偏正结构,包括"大+名"的定中结构,如前所举的名词性词语都属于此种结构;还有"大+动"的状中结构,如前所举的动词性词语都属于此种结构。另外一种是形容词(或区别词),如"大牌、小资"等,虽然是极个别词语,但也说明模标"大"和"小"依然在语法化的进程中。

再次来看第三类,表示性状并隐喻的词语模"微~、新~、老~、零~、洋~、裸~、非~"。其中"微~"的模价最高,处于高价词语模库的第 3 位,而"零~"和"裸~"则是近年来很受关注的词语模,因此主要来考察这三个特征模。

先来看"微~"。这个词语模很特殊,因为"微~"词语古已有之,数量也很多,如"微力、微才、微芒、微志、微芳、微吟、微事、微物、微命、微罪"等等,因此"微~"可算是一个继承性的词语模,但因为其模标义在当代发生了演化,因此又可视作一个新式的词语模,有继承也有创新,这是"微~"的特殊性所在。从模槽成分的音节数量来看,根据所整理语料,"微~"产生词语共194 条(不计重复),其中三音节词语 137 条,双音节词语 54 条,四音节和五音节词语共 3 条,可见"微"主要是和双音节模槽成分搭配,其次也和单音节模槽成分搭配。而且模槽成分的词性也比较简单,主要是名词和动词。而

---

① 自增。

从模标义的形成和发展来看,有研究者认为"微"的模标义来源于英语词缀"micro—"①,有"小"之意,如"micro-computer(微机)、micro-organism(微生物)"等,本书认为既然"微～"词语古已有之,而且数量还不少,说明"微"还是一个本土化的模标。其模标义有两个,即:"①细小的;轻微的;少量的。②特指有关微博、微信或互联网的。②"其中模标义①是对《现汉》(第7版)中"微"的基本义进行修改的基础上形成的,词典中"微"的基本义为"细小;轻微"(第1358页),是一种典型的性状特点,可以说当代以前的不少"微～"词语都是以此为意义基础的。而当代,随着"微～"造词模式使用愈加频繁,"微"的基本义出现了增殖,还能够表达"少量的"性状特点,另外,意义更显抽象化,这类词语如"微幅、微调、微创、微轿、微面、微利、微雕、微缩、微访、微针、微捐、微爱、微电脑、微阅读、微情书、微投诉、微喜剧、微表情、微能耗、微整容、微公益、微反应、微运动、微公交、微留学、微婚礼、微刺激、微度假、微梦想、微基建、微养老院、微恐怖主义"等。随着当代互联网、微博、微信等新生事物的出现和普及,"微"的模标义发生了明显的变化,即用"微"来指代"有关互联网、微信、微博的",这类词语在近些年大量出现,如"微付、微币、微信、微盘、微搜、微世界、微谣言、微域名、微爱情、微调查、微访谈、微基金、微计划、微议案、微直播、微祝福、微代表、微表白、微慈善、微传播、微电商、微发言、微维权、微课堂、微拜年、微打车、微理财、微警务、微弹幕、微领域、微门店、微求助、微领队"等。可见,"微"作为模标其意义的发展变化与改革开放以来新事物、新观念的出现有着相当大的关系,当然指称这些新生事物和观念的词语如"微博、微信"中的"微"义也是源自"微"的基本义。从模式的结构来看,"微～"所形成的词语其结构主要是偏正结构,偏正结构又包括名词性的定中"微～"结构和动词性的状中"微～"结构,词语例如前所举。

再来看"零～"。这是当代产生的造词模式,而且表现了较强的造词能力。从模槽成分的音节来看,在所整理的60条不重复"零～"词语中,三音节词语就占了55条,其余5条为双音节词语,可见"零"基本上和双音节模槽成分搭配。而且模槽成分的词性也比较简单,主要为名词和动词。从模标的来源和模式的形成来看,受到英语词缀"zero—"的影响比较多,表示"没有"之意,在陆谷孙(2007)主编的《英汉大词典》中就收录了不少该模式词

---

① 参见张佳:《从"微×"浅析"微"的类词缀化现象》,《文学界》(理论版)2011年第11期;吴继峰:《当代新词"微×"词族的多维考察》,《海外华文教育》2013年第3期。

② 自增。

语,如"zero-base(零基)、zero-defect(零缺点)、zero-emission(零排放)、zero-power(零功率)、zero-rated(零税率)、zero vector(零向量)、zero tolerance(零容忍)"①等。当然这些英语词大多属于专业术语,但也正是在英语词缀"zero-"的影响下,汉语出现了大量的"零～"词语。其中"零"的模标义有两个,即:"①表示没有数量。(《现汉》第 7 版,第 830 页)②免除或取消。②"其中的模标义①为"零"的一个义项,是数词,最接近英语词缀"zero-"的意义。这类词语在所整理"零～"词语中比较多,如"零基、零薪、零帕、零等待、零缺陷、零增长、零利息、零库存、零距离、零投入、零故障、零利润、零双非、零梯度、零裸官、零解聘、零差评、零点招、零彩礼"等。而在频繁的造词活动中,"零"作为模标其意义逐渐泛化,从数学领域向其他领域扩展,也更加抽象化,有了"免除或取消"之意,如"零换乘、零走收、零核电、零翻译、零窗口、零威亚、零跑腿"等。可见,"零～"词语之所以层出不穷,一方面是当代人们追新求异的表达需要,另一方面和人们固有的趋利避害的心理倾向有关,因为"零"后面的模槽成分多是语用主体不希望出现的消极事物或现象,用"零"加以限制,就变成了语用主体期待中的积极事物或现象。因此可以这样说,整个"零～"是具有积极义的词语模式。而从模式结构来看,"零～"所形成的词语都为偏正结构,一类是定中式的名词性偏正结构,上述所举的大多数词语如"零帕、零基、零缺陷、零利息、零双非、零核电"等都为名词性词语,另一类为状中式的动词性偏正结构,上述部分词语如"零走收、零换乘、零翻译、零解聘、零跑腿"等都为动词性词语。

最后来看"裸～"。"裸～"词语虽然早已有之,但这个词语模的形成应该是在当代,大体是在 20 世纪 90 年代,那么在形成后一直到统计时间截止,它一直表现了较强的造词能力。从模槽成分的音节来看,在所整理的 56 条不重复"裸～"词语中,双音节词语就占了 51 条,其余 5 条为三音节词语,可见"裸"基本上和单音节模槽成分搭配。这一点和"零～"正好相反,和后者相同的是,其模槽成分的词性也比较简单,主要也为名词和动词。从模标义来看,《现汉》(第 7 版)中"裸"的义项有两个,即"①露出,没有遮盖的。②指除了自身外,什么都不附带的"(第 862 页)。这两个义项都可以作为"裸～"的模标义。其中模标义①是"裸"的基本义,而且不少具有此义的词语似乎都和"裸体"有关,如"裸奔、裸跑、裸碟、裸镜、裸聊、裸睡、裸泳、裸戏、裸

---

①　陆谷孙:《英汉大词典》(第 2 版),上海译文出版社 2007 年版,第 2379 页。

②　自增。

潮、裸持、裸地、裸烟、裸酒"等,其中的"裸"义比较具体、实在。模标义②是《现汉》(第 7 版)的新增义项,它是在模标义①的基础上形成的,也是对前者的抽象化。具有此义的词语也很多,而且词语义更加复杂,如"裸机、裸装、裸婚、裸捐、裸考、裸卖、裸退、裸博、裸拆、裸演、裸归、裸分、裸晒、裸购、裸辞、裸账、裸报、裸漂、裸拼、裸映、裸价、裸驾、裸年、裸诉、裸融、裸实习、裸卖空"等,其中"裸"义比较抽象、复杂。可见,和"零～"不同的是,因为"裸"本身具有一定的贬义色彩,因此以"裸～"形成的词语大多具有消极义。而从模式结构来看,"裸～"和"零～"非常相似,其模式所形成的词语也都为偏正结构,但一类是定中式的名词性偏正结构,上述所举的词语如"裸镜、裸戏、裸机、裸分、裸账、裸价、裸年、裸地、裸烟、裸酒"等都为名词性词语,另一类为状中式的动词性偏正结构,上述不少词语如"裸跑、裸奔、裸睡、裸装、裸晒、裸购、裸融、裸捐、裸考、裸辞、裸拼、裸映、裸驾、裸实习"等都为动词性词语。

特征模的最后一类,是表示类别所属并隐喻的词语模"云～、数字～、智能～、生态～"。这四个模式都是名词性成分担任前置模标,对后面的模槽起到类别属性的限制。因为"云～、数字～、智能～"都是和互联网有关的,所以这里主要来考察一下模价较高的"云～"以及"生态～"。

"云～"模式的产生只有十几年的时间,是非常符合当代科技发展的一个特征模。"云～"词语的大规模生成,是当代互联网相关行业迅速崛起的一个明证。从"云"所搭配的模槽成分来看,在整理的 102 条不重复"云～"词语中,三音节词语82条,双音节词语17条,四音节词语3条,可见"云"主要还是和双音节模槽成分相配,模槽成分的词性主要为名词和动词。从模标义来看,在《现汉》(第 7 版)中还没有收录"喻指有关互联网的"①相关义项,但以"云"为前置模标形成的词语群几乎都和互联网有关,如"云店、云宠、云仓、云安全、云查杀、云竞赛、云出版、云会议、云空调、云翻译、云按揭、云停车、云拜年、云养猫、云配偶、云输入法"等。尤其是 2019 年突发新冠疫情后,更是凸显了互联网的应用价值,也助增了大量的"云～"词语,如"云课、云签、云打卡、云离婚、云复工、云聚会、云祭祀、云办公、云毕业照"等。

特征模"生态～"是一个在当代产生的全新造词模式。它的形成和改革开放以来环保问题的日益突出是分不开的。因此"生态～"词语的大量产生,一方面是生态环境问题愈加严峻的结果,另一方面也是人们的环境保护

---

① 自增。

意识逐渐增强的体现。从"生态"所搭配的模槽成分来看,在整理的 44 条不重复"生态～"词语中,四音节词语占了 33 条,三音节和七音节词语共 11 条,可见"生态"主要还是和双音节模槽成分相配。而且模槽成分的词性比较单一,主要为名词和动词。从模标义来看,在《现汉》(第 1 版)中还没有收录"生态"一词,其在《现汉》(第 7 版)中的释义为"生物在一定的自然环境下生存和发展的状态"(第 1169 页),因此以"生态"为模标形成的词语群大多和环保问题有关,如"生态村、生态游、生态墙、生态饭、生态圈、生态赤字、生态科学、生态住宅、生态银行、生态渔业、生态服装、生态食品、生态厕所、生态种植、生态难民、生态效益、生态意识、生态扶贫、生态纤维、生态手机、生态长凳"等。其中有些词语整体上具有一定的修辞色彩,如"生态饭",既可以指"没有受到污染的食物",也可以"喻指发展生态农业并以此为生活的依靠";"生态扶贫"指"使贫困地区实现可持续发展的一种新的扶贫方式";"生态银行"指"一种研究生态学兼为未来提供生态样品资助环境保护工程的专门机构"。

4.2.5 地点模的类别考察

地点模的模标义(或模式义)主要表示"地点"。高价词语模库中此种类型的词语模只有 6 个,即"～点、～区、～市场、～吧、～市、～银行"。它们的模价比较高,几乎都位于高价词语模库的前半部分。从语义类别来看,这 6 个地点模可以分为两类:一类表示抽象地点,包括"～点、～区";另一类表示具体地点,包括"～市、～市场、～吧、～银行"。这里主要来考察一下其中模价最高的"～点"和比较受关注的"～吧""～银行"。

首先来看"～点"。这个词语模在当代显示了很强的造词能力,位于高价词语模库的第 16 位。从模槽成分的音节数量来看,根据所整理语料,"～点"产生词语共 109 条(不计重复),其中双音节词语 68 条,三音节词语 39 条,五音节词语 2 条。可见"点"作为单音节模标,首选和单音节模槽成分相配,次选和双音节模槽成分相配。而且模槽成分的词性主要为名词、动词、形容词。从模标义来看,"点"可以是"一定的地点或程度的标志"(《现汉》第 7 版,第 291 页),在所整理的"～点"词语中这类词语不少,如"餐点、景点、彩点、考点、驻点、爆点、堵点、火点、集点、商点、窝点、展点、灾点、赌点、矿点、堵点、扶贫点、知青点、无假点、观奥点、村淘点"等都是表示"一定地点标志"的词语,而"冰点、拐点、赛点、薪点、爱点、雷点"等则是表示"一定程度标志"的词语,可见这些词语的语义都比较具体、实在;另外,"点"还可以表示"事物的方面或部分"(同上所注),所整理的"～点"词语中这类词语也不少,如"冷点、亮点、买点、看点、疑点、误点、槽点、戏点、萌点、启动点、起飞点、闪光点、曝光点、突破点、兴奋点、平衡点、缺位点、越位点"等,可见这些词语中"点"的语义都比较抽象。近几年,"点"的模标义又出现了进一步泛化的趋势,如"吓点(影视剧中能使人受到惊吓的情节)""虐点(戏剧中悲苦、让人看了心痛的情节或片段)""尿点(电影中情节松散、表演乏味的一段时间)""婚点(应该结婚或适合结婚的时机)"等,其中"点"的语义进一步抽象化。在上述所举"～点"词语中部分还具有幽默、诙谐色彩,如"爱点、雷点、槽点、萌点、尿点"等,给人的感觉形象、生动,趣味性很强。

其次来看"～吧"。这是一个典型的在当代出现的词语模,其形成时间应该是在20世纪90年代以后,其模式的形成是受到英语词"bar"的影响。"bar"在英语中表示"酒吧"的意思,汉语对"bar"采取了"音译＋意译"的译介方式,用"吧"来对译"bar"的音,"吧"前面加上"酒"来表示"bar"所关涉的对象,译介过来就是"酒吧",因此"bar"的意思就变成了"酒吧吧"。虽然增加了羡余成分,但也增强了词义的透明度,易于理解和接受。但也正是因为使用了这种译介方式,语用主体认为"酒吧"是一个偏正式的结构,所以把具有修饰作用且意义独立的语素"吧"提取出来作为后置模标,在前置模槽中置换不同意义的名词性成分,形成了各式各样的"～吧"词语,词语模"～吧"也相应形成。从模槽的音节数量和词性来看,根据所整理语料,"～吧"造词共73条(不计重复),其中双音节词语50条,三音节词语22条,五音节词语1条,可见"吧"作为单音节后置模标,首选和单音节模槽成分相配,次选和双音节模槽成分相配。而且模槽成分词性主要为名词、动词、形容词,所形成的模式主要为定中式的名词性结构。从模标义来看,其名词性义项在《现汉》(第7版)中有两个:"①酒吧。②供人从事某些休闲活动的场所,有的兼售酒水、食品。"(第18页)可见义项②是在义项①基础上的扩大,所整理语料中此种意义的"～吧"词语非常多,如"水吧、氧吧、迪吧、网吧、歌吧、哭吧、茶吧、瓷吧、旅吧、琴吧、渔吧、照吧、串吧、餐吧、书吧、陶吧、爽吧、球吧、话吧、嚼吧、眼吧、乐吧、雪吧、床吧、玻璃吧、织布吧、指甲吧、玩具吧、文化吧、泡泡吧、痛苦吧、K客吧、痛快吧、手工吧、自驾吧、奥运吧、猎婚吧、桌游吧"等等。而随着"～吧"使用频率的增多,其模标"吧"又出现了进一步泛化的趋势,可以用来指称"网络中的虚拟社区"①,在所整理语料中此种意义的"～

---

① 自增。

吧"词语还不多,如"囧吧、微吧、股吧、单号吧"等。综上可见,"～吧"模式中"吧"所关涉的成分"～"越来越复杂多样,其中多是表现"吧"的功能或作用的,并用一种简缩或概括成分来指代这种功能或作用,所形成的词语具有简洁、明快的特点。

最后来看"～银行"。这也是一个在当代才出现的词语模,其模式的形成一方面是改革开放以来经济发展的结果,另一方面是语言对译的后果。从模槽成分的音节数量和词性来看,根据所整理语料,"～银行"共创造词语57条(不计重复),其中四音节词语50条,三音节、五音节、六音节词语共7条。可见"银行"作为双音节后置模标,主要选择和双音节模槽成分相配,而且模槽成分的词性主要为名词、动词,与模标"银行"形成定中式的名词性结构。从模标义来看,《现汉》(第7版)中对"银行"的释义为"经营存款、贷款、汇兑、储蓄等业务,充当信用中介和支付中介的金融机构"(第1563页),这也成为"银行"的模标义①,在所整理的语料中具有此种意义的"～银行"词语很多,如"背包银行、厂内银行、儿童银行、环保银行、电话银行、网络银行、民间银行、电子银行、浦发银行、汽车银行、手机银行、自助银行、外资银行、家居银行、帐篷银行、金砖银行、微信银行、微银行、集装箱银行、非接触银行"等,可见这些词语中"银行"的意义都是其源语义,而且模槽词语多表示"银行"的性质、目的或实现方式。而"银行"的模标义②来自对英语词"bank"的意译。在现代英语中,"bank"有"银行"和"库"这两个义项①,而译者一开始误取了"银行"这个义项,因而造成了一定程度的名实不符,而实际上这个"银行"应该指"可以存储某种物质的设备、系统或从事某项经营的机构"②(模标义②),也就是说具有"库"的含义。在所整理的语料中具有此种意义的"～银行"词语也不少,如"核银行、生命银行、生物银行、生态银行、道德银行、精子银行、人才银行、基金银行、知识银行、梦境银行、流量银行、粮食银行、教育银行、物资银行、白色银行、房屋银行、时间银行、坏账银行、养老房屋银行"等,这些词语中的"银行"都具有隐喻色彩,整体词语形象、鲜活,不少具有"库"的意义,可以和"～库"词语对应,如"精子银行—精子库""人才银行—人才库""基因银行—基因库"等。

4.2.6 时间模的类别考察

时间模的模标义(或模式义)主要表示"时间"。高价词语模库中此种类

---

① 陆谷孙:《英汉大词典》(第2版),上海译文出版社2007年版,第137页。
② 自增。

型的词语模很少,只有 4 个,即"～时代、～日、～节、～龄",前三者是对某段时间的指称,后一者是对某段时间的计量。

首先来看"～时代"和"～日"。"时代"在《现汉》(第 7 版)中的义项有两个,和所整理"～时代"词语群中"时代"的语义较为接近的是"指历史上以经济、政治、文化等状况为依据而划分的某个时期"(第 1183 页),因此"时代"的模标义是在修改上述释义的基础上形成的,为"以某种状况为依据而划分的一段时间"。可见"时代"和"日"相比,虽然都有"某段时间"的含义,但"时代"比"日"在时间长度上要长很多。"～时代"模式形成是 20 世纪 90 年代以后的事情,近十几年,其模式创造了大量的"～时代"词语,造词具有阶段爆发的特点,如"e 时代、代时代、风时代、被时代、剩时代、我时代、7 时代、亿时代、涨时代、信息时代、亚洲时代、网络时代、读图时代、IT 时代、微利时代、男色时代、硬汉时代、拇指时代、加急时代、非银时代、短工时代、多忙时代、税感时代、养男时代、拼爹时代、父婴时代、看脸时代、众症时代、5G 时代、注意力时代、贵能源时代、后农业税时代"等。这些词语的模槽成分都为"划分某个时期的标准或内容",而且不少词语具有很强的修辞色彩,显得形象生动、幽默诙谐。从模式结构来说,"～时代"词语都是定中式的名词性词语。而"～日"其模式造词贯穿了当代,2000 年以后其造词能量最大,尤其是近十几年,其模式创造了大量的"～日"词语,这一点和"～时代"的阶段爆发造词不同,但二者在模槽成分的音节数量、模标义、模式结构等方面都有很多共同点。从模槽的音节数量和词性来看,在所整理的语料中,"～日"词语不计重复共 73 条,其中三音节词语 36 条,剩余双音节词语到九音节及以上词语共 37 条;"～时代"词语不计重复共 88 条,其中四音节词语 43 条,剩余三音节词语到七音节词语共 45 条。可见,模标"日"和"时代"对模槽成分音节数量的限制都比较小,但二者主要还是选择和双音节模槽成分相配。而且模槽成分的词性都比较丰富,"～日"的模槽成分可以为名词、动词和形容词,"～时代"的模槽成分可以为名词、动词、形容词、数词、代词。从模标义来看,"日"在《现汉》(第 7 版)中的释义有 9 个,其中和所整理"～日"词语群中"日"的语义较相近的有两个,即"特指某一天"和"泛指一段时间"(第 1103页),因此"日"的模标义是在综合两个义项的基础上形成的,为"特指某一天或某段时间",如"党日、暑日、跳日、首日、首发日、高潮日、地球日、双休日、无车日、自然日、行权日、爱眼日、双休日、大休日、接待日、无会日、地球日、助残日、减塑日、礼让日、零利日、让座日、卖萌日、农民工日、马拉拉日、国际减灾日、世界电信日、排队推动日、错案警示日、世界慢生活日、世界完全对称日、国际消费者权益日、南京大屠杀死难者国家公祭日"等。这些词语的模槽成分多为"某一天或某段时间的活动内容或活动目的",整体词语具有一定的警示意义或纪念意义。从模式结构来说,"～日"词语也都为定中式的名词性词语。

然后来看"～龄"。这一模式的形成时间应是改革开放以后,主要造词时间是 20 世纪 80 年代到 90 年代初,属于典型的阶段爆发造词。从模槽成分的音节数量来看,根据整理语料,"～龄"创造词语共 57 条(不计重复),其中双音节词语 56 条,三音节词语 1 条,可见模标"龄"对模槽成分音节的限制很严格,基本上只和单音节模槽成分搭配。模槽成分的词性也比较简单,主要为名词和动词。从模标义来看,"龄"作为模标除了"岁数"义,其"泛指年数"(《现汉》第 7 版,第 831 页)义在《现汉》(第 1 版)中的表达为"年限"(第712 页),虽然也有"年数"的含义,但并不明确,说明"年数"这一意义是在当代才逐渐成熟的,表示对时间的一种计量。如"兵龄、岗龄、婚龄、教龄、农龄、烟龄、艺龄、播龄、癌龄、藏龄、刊龄、酒龄、驾龄、恋龄、棋龄、网龄、学龄、医龄、邮龄、钓龄、房龄、干龄、航龄、护龄、警龄、榜龄、卡龄、国龄、颜龄、舞台龄"等。可见词语中的模槽基本都为简缩成分,词语整体意义都比较简单,指称较清晰。

4.2.7 事件模的类别考察

事件模的模标义(或模式义)主要表示"事情或事件"。高价词语模库中此种类型的词语模很少,只有"～门、～案"。这里没把"事件模"归入"表物模",视作其中的一个小类,是因为事件模具有意义上的整体性和特殊性,因此把它单列为一类。在上述两个事件模中,最具模式价值和研究价值的要数"～门",为了更好地说明"～门",必要时会把其和"～案"进行对比考察。

词语模"～门"从形成到语料统计截止已有十几年的时间,因此它是一个当代产生的具有典型代表性的词语模。一经形成,其模式就受到语用主体的极大追捧,根据统计语料,短短十几年间,"～门"词语达到了 202 条(不计重复),表现了非常强盛的造词势头,也引起了研究者的广泛关注,如张谊生(2007)、周日安和邵敬敏(2007)、刘娅琼(2008)、刘云(2008)、游玉祥(2011)等学者都撰文从不同角度对"～门"进行过专门研究。我们将在各位学者已有研究的基础上,对"～门"的来源、模槽成分、模标义、语法功能等作一个比较全面的梳理。"～门"的用法源于 20 世纪 70 年代美国发生的"水门事件(Watergate Affair)",因涉及共和党在华盛顿水门大厦民主党总部安装窃听器而成为政治丑闻,最终导致了尼克松的辞职。在随后关于"水门事件"的报道中,媒体经常直接使用"Watergate"来代替"Watergate Affair",而后,"-gate"作为后缀被提取和其他词语组合,从而形成了一系列的"-gate"词语,如"Altergate(篡改门)""Batgate(棒球门)""Breifingate(竞选门)""Billygate(贝利门)"等,都是表示具有轰动性丑闻事件的词语,且多与政治有关。与此相适应,"-gate"译成中文后,语素"门"被从"水门"这个词中提取出来,与其他词语组合,也形成了大量的"～门"词语,词语模"～门"也同时形成。从模槽成分来看,所整理的 202 条不计重复"～门"词语中,三音节词语就占了 193 条,四音节和五音节词语共 9 条,可见"门"主要是和双音节模槽成分搭配,模槽成分的词性很简单,主要为名词和动词。而从模标义的形成来看,"～门"的模标义无疑是在英语词缀"-gate"原有语义的基础上形成的,当然由于我国的国情原因,当代所形成的"～门"词语一般不表示政治丑闻,而是"借指引起公众关注的消极事件"(第 890 页),这也是《现汉》(第 7版)中"门"的一个新增义项,词语如"白字门、抄袭门、补妆门、二奶门、解说门、电话门、监控门、骷髅门、质量门、翻新门、虎照门、女友门、骨汤门、窃听门、歧视门、口罩门、洗牌门、淫媒门、资料门、安置门、薪酬门、诈捐门、打错门、龙虾门、加分门、补贴门、吸费门、被潜门、搀扶门、鸽子门、密码门、PS门、篡改门、威胁门、低价门、返航门、U 盘采购门、学历造假门、谷歌侵权门"等,可见"～门"词语都具有[＋丑闻]的语义特征。从这个意义上讲,"～案"的模标义比"～门"要重很多,其模标"案"有"案件"之意,指"有关诉讼和违法的事件"(《现汉》第 7 版,第 10 页),如"要案、遗案、火案、无头案、白条案、顶包案、串串案、力拓案、钓鱼案、e 租宝案、对号入座案、南海仲裁案、上海社保基金案"等。涉及法律且严肃性较强的"～门"词语可以等同于"～案"词语,如"力拓间谍门——力拓案""钓鱼门——钓鱼案"等。从语法功能的角度来看,"～门"属于定中式结构,所形成的词语是名词性的,主要充当主语或宾语,或者以定语、中心语的形式出现,同时再充当主语或宾语。其中最典型的就是充当"事件"的定语,此外也常作"丑闻、危机、风波、问题、麻烦"等的定语,如"电话门$_{事件}$""监控门$_{事件}$""安置门$_{事件}$""加分门$_{事件}$""补贴门$_{丑闻}$""窃听门$_{风波}$""骨汤门$_{危机}$""返航门$_{危机}$"[1]等。同时,也经常充当"陷/身陷/掉/卷入""遭/碰/遇"等含有[＋掉进]、[＋遭受]语义特征词语的宾语,如"深圳社保局身陷'钓鱼门'……"。同时,"～门"在搭配方式上也出现了一定程度

---

① 所有词语例来自新词语词典和年编相关词语例句。

的汉化,即从汉语"门"的源语义展开联想,有意识地巧妙运用"关上、打开、经过、穿过、穿越"等与某些"～门"词语搭配,从而取得一语双关的效果,如"……这扇'安置门'还没有关上,另一扇'差价门'却已经打开"。

本章小结

本章以所整理的价序处于前 100 位的词语模构建了当代汉语高价词语模库,并把这 101 个词语模进行了语义分类,分为"表人模""表物模""行为模""特征模""地点模""时间模""事件模"七类,对每类中模价较高或关注度较高的具体词语模进行了详细考察。从静态角度来看,这些词语模相对于其他没有进入高价词语模库的词语模来说,或者造词能力比较稳定,或者造词爆发能力强;从动态角度来说,当代各个阶段的词语模造词会发生一定的变化;从当代汉语高价词语模库的整体来看,其中大多数的模标义已经很成熟,多被《现汉》(第 7 版)收录,模式结构比较固定,一般具有较高的使用率和造词能力,模标的语法化程度高;从当代汉语高价词语模的个体来看,每个具体词语模在高价词语模库中价序位次不同,表现了它们的价值差异。

5 当代汉语词语模的造词规范问题和本体研究价值

美国学者布赖特 1964 年在其《社会语言学》一书中提出了"语言和社会结构的共变"的理论。认为当社会生活发生渐变或激变时,语言作为一种社会现象,同时作为最重要的交际工具,会毫不含糊地随着社会生活进展的步伐而发生变化。① 这可以称为语言和社会结构的共变。而在构成语言的语音、词汇、语法三要素中,词汇是其中最活跃、最敏感的要素,"处在几乎不断变化的状态中"②。1978 年改革开放以来,中国社会由封闭走向开放,新的事物、现象、观念层出不穷,客观上要求语言词汇淘汰旧词旧义、创造新词新义去适应交际的需要,以完善语言作为交际工具的职能。因此,正是社会的变化促使新词语不断地产生,"汉语新词语是中国社会的一面镜子。从不断涌现出来的新词语中,我们可以看到形形色色的社会现象、政治生活面貌、经济发展形势及新旧之间的矛盾等等"③。词语的模式化生产现象更是如此。具体说来,新词语以词语模为依托,形成词语群现象既体现出词汇的系统性和继承性一面,又表现出词汇的变异性和创新性一面,当然也是当代汉语词汇系统理据性增强的显著证明,同时也是当代社会思想文化心态的独

---

① 王铁昆:《新词语的规范与社会、心理》,《语文建设》1988 年第 1 期;陈原:《社会语言学》,商务印书馆 2000 年版,第 4 页。

② [苏]斯大林:《马克思主义和语言学问题》,中共中央马克思恩格斯列宁斯大林著作编译局译,人民出版社 1971 年版,第 7 页。

③ 陈建民:《汉语新词语与社会生活》,《辽宁师范大学学报》(社会科学版)1998 年第 2 期。

特镜像。词语模造词已经极大地影响了当代汉语词汇的构成系统,这种影响有利有弊,因此要对当代汉语词语模的造词进行规范;词语模式化生产也给当代汉语词汇的理论研究和应用研究提供了新的角度,增加了新的内容。这一章主要探析当代汉语词语模的造词规范问题和本体研究价值。

5.1　词语模造词的规范问题

"汉语规范化工作中,难度最大、分歧最明显的恐怕要数词汇规范化工作,新词新语的规范更是如此。"①究其原因,其中既有词汇本身因素的影响,也有和词汇发展变化密切相关的其他因素的作用;既有历史上遗留的老问题,也有现实社会提出的急需解决的新情况。② 改革开放以来,新词语以词语模为依托,形成了很多新的词语群,这些新生词语不仅极大地丰富了当代汉语的词汇系统,也在一定程度上改变了当代汉语的词汇构成,同时也增强了当代汉语词汇衍生变异的理据性,当然也折射出当代独特的社会思想文化心态。因此我们必须承认,词语模造词确实是当代汉语词汇产生的重要手段,所造词语大部分也成为汉语词汇系统中的合法一员,在当代的语言生活中发挥着积极的作用;但同时我们也不能否认,词语模造词的过程缺乏有效的监控,带有个人的主观性和随意性,会形成泛滥现象,这就要求我们对所造词语必须加以规范,以保证词语模造词的有效性、明晰性和纯洁性。③

5.1.1　新词语规范的指导思想和原则

无规矩不成方圆,语言规范就是一种规矩,而语言规范要有一定的依据,这个依据是对语言规范的规范,也就是语言规范的大致方向、原则、方法等。下面分别来梳理当代汉语新词语规范的指导思想和原则。

5.1.1.1　新词语规范的指导思想

改革开放以后,随着新事物、新思想、新观念的不断涌现,出现了大量新生词语,这些新生词语数量繁多、种类复杂,面对这种状况,如何对新词语进行规范,成了语言规范工作的重要任务。因此不少研究者,如王希杰(1995)、郭熙(1998)、洪舒(1987)等,提出了词语规范的层次性观点:一是对

---

① 王铁昆:《新词语的规范与社会、心理》,《语文建设》1988 年第 1 期。
② 王铁昆:《新词语的规范与社会、心理》,《语文建设》1988 年第 1 期。
③ 赵艳梅:《二十年来汉语词语模造词的规范问题》,《绥化学院学报》2021 年第 11 期。

应于汉语的层次性。新时期以来汉语语法方面的问题还不怎么突出,主要问题是语音和词汇的规范。其中语音的规范已经有了一个比较明确的标准,至于词汇的规范化问题,新词语面广量大、牵扯到的非语言问题比较多,新词语本身也处于不断变化之中,导致词汇规范的标准很难取得一致意见,故而很难确立。二是适应于人群的层次性。新时期以来虽然我们不再区分阶级,却存在着阶层的差异,不同阶层的人文化素养、思想意识等各不相同,反映到语言中,所使用的词语必然存在差异。这一方面使得人们维持原有的语言规范,另一方面也把不同阶层的语言现象推向社会,这也导致语言规范,尤其是词语规范很难确立。

与词语规范的层次性观点相关联的就是要充分意识到当代汉语中客观存在着大量的中间状态,承认并允许"中介词语"的存在。所谓"中介词语",是指一些新生词语或新的用法刚出现时不被人们理解和接受,甚至排斥的词语。但经过语用主体和时间的检验,这些初现的新生词语中,有的被自然淘汰,有的因得到认可而广泛使用,有的则被收入权威辞书。因此对暂处于"规范词语"和"非规范词语"之间的新生过渡词语,不能急于否定、排斥。这就要求我们在对新词语进行规范时不能采取"一刀切"的办法,不能"非此即彼""非黑即白",对于处于中间地带的新词语要区别对待,因此于根元(1996)提出了"规范度"①的概念,规范度指不仅要把意思表达到,还有品位和交际度的要求。品位高、交际度高的新词语,其规范度必然高。

对于新词新义,吕叔湘(1984)曾提出:"与其失之于严,无宁失之于宽。"②顾设(1987)则认为语言规范工作要有一点宽容精神,表现在:一、对新词新语新用法要尽可能地承认,不能使规范化和现实语言生活脱节;二、要充分考虑语言运用的因素,不能有框框;三、要尊重语言规律,但不能过于拘泥。③ 陈章太(1996)也认为,对普通话词汇进行规范应当"宽容对待""重视动态"。④ 于根元等(2003)强调新词语的特点就是"新",因此不能拿别的词语规范的特点来要求新词语。⑤

---

① 于根元:《二十世纪的中国语言应用研究》,书海出版社 1996 年版,第 214—215 页。
② 吕叔湘:《大家来关心新词新义》,《辞书研究》1984 年第 1 期。
③ 顾设:《语言规范琐议》,《语文建设》1987 年第 2 期。
④ 陈章太:《普通话词汇规范问题》,《中国语文》1996 年第 3 期。
⑤ 国家语委新词新语规范基本原则课题组执笔人于根元、王铁琨、孙述学:《新词新语规范基本原则》,《语言文字应用》2003 年第 1 期。

　　综上可见,对于当代汉语词语的规范,我们要在尊重语言自身的自我调节功能的基础上来观察词语的运动变化,对于影响和制约词语运动变化的社会因素要具体分析、区别对待,要尽可能采取一种宽容的态度来进行词语规范。

5.1.1.2　新词语规范的原则

　　陈章太(1996)曾提出普通话规范的原则"约定俗成、逐渐规范",这个原则也适用于新词语的规范。他认为"约定"和"俗成"辩证统一、密不可分,"约定"离不开"俗成","俗成"也不能没有"约定"。① 张志毅、张庆云(1997)则提出了"词竞众择、适者生存"的词语规范总原则,其中"词竞",是指词语以其语音、语义、语用、词形、结构等价值条件,和并行词语、对应词语或相关词语竞争;而"众择",是指广大群众根据交际表达需要,在词语扩散过程中,选择价值渐大的词语,形成一个或一类词使用的趋势。违者消亡,适者生存。② 而陈光磊(1996)认为规范的形成需要一个过程。在这个过程中,语文工作者要做的工作就是对词汇现象提出意见,对词汇使用作出评判,而规范的确定和通过,还在于能否用于社会语文生活实践中。于根元等(2003)从规范目的(有利于交际)、规范对象(面向社会的有较大影响的用语)、规范标准(交际值即交际到位的程度)提出新词新语规范的基本原则,还相应提出了综合性的多种下位基本原则。施春宏(2009)认为语言规范要处理好原则和策略两个方面,并且认为前述于根元等(2003)提出的整理新词新语的若干原则是属于下位层次的具有较高操作性的原则,更接近策略。李宇明(2015)认为语言规范要树立三观:一为"雅正观",即要树立起语言运用的典范,以此起到对社会语言生活"匡谬正俗"的作用;二为"选择观",即语言在不同地区、不同人的使用中会产生变异和分歧,可以统称为"语言变项",它们既是语言充满活力的表现,也是语言整合的对象,而选择语言变项的基本依据是语言的发展规律;三为"生活观",即评价语言规范的最终依据是语言生活,也就是既要符合语言生活实际,又要能够引导语言生活向良性发展。③ 刘楚群(2019)提出了"持中"的语言规范原则,认为对新的语言现象不必忧

① 　陈章太:《普通话词汇规范问题》,《中国语文》1996年第3期。
② 　张志毅、张庆云:《新时期新词语的趋势与选择》,《语文建设》1997年第3期。
③ 　李宇明:《语言规范试说》,《当代修辞学》2015年第4期。

虑,因为这些语言现象恰恰体现了语言在当今的生机和活力。①

　　以上是词语规范的总原则,另外不少学者还提出了具体运用的原则。王铁昆(1989)提出了具体运用的四个细则:一是必要性原则。即新词语的产生和发展必须出于交际表达的需要。二是明确性原则。即新词语要表意明确,明白易懂。三是高效率原则。即用少量的语言符号传递较多的信息量。四是普遍性原则。即人民群众对新词语的接受和使用要具有普遍性。②姚汉铭(1995)也认为规范新词语必须符合下列原则:一是填空性原则。即原有普通话词汇中并没有这样的词语,是因为新事物、新观念的出现,要求必须有相应的词语来表达,否则会导致交际空白。二是明确性原则。三是效率性原则。这两个原则和王铁昆提出的二、三原则基本一致。四是互补性原则。即新词语和原有词语意义用法一样,但使用场合和风格不同,在色彩、语用等方面具有互补性。③另外,在论述词语的具体运用规范时,徐幼军(1988)还探讨了人们创造新词语时的求新、求雅和类推心理,徐颂列(2000)则论及了地域文化。

　　综上可见,当代汉语新词语规范的总原则和具体原则清晰明了,可操作性强。我们要在这些原则的指导下,对当代产生的新词语进行切实、可行的规范。

5.1.2　词语模造词存在的问题及规范

　　上一节中我们讨论了当代汉语新词语规范的指导思想和原则,词语模作为生产词语的一种手段或方式,其产品必然是新词语,因此也在规范之列,必须依据前述新词语规范的指导思想和原则对其进行规范。词语模造词的规范主要表现为对其所造问题词语的规范。通过对本书所整理的 341个词语模所产生的 12771 个新词语的考察发现,当代汉语词语模在造词上主要存在所造部分词语没有增加新意、同模词语或异模词语语义重复、语义透明度较低等三大问题,因此词语模造词的规范主要是针对这三个问题来进行。④

---

　　①　刘楚群:《当今语言规范观:中和诚雅》,《江西师范大学学报》(哲学社会科学版)2019 年第 6 期。

　　②　王铁昆:《新词新语的规范问题》,《天津师大学报》(社会科学版)1989 年第 2 期。

　　③　姚汉铭:《试论新词语与规范化》,《语言教学与研究》1995 年第 1 期。

　　④　赵艳梅:《二十年来汉语词语模造词的规范问题》,《绥化学院学报》2021 年第 11 期。

5.1.2.1　对没有增加新意的词语模词语的规范

当代所谓的"新词语"重在"新"，要么是形式新，要么是内容新。从形式来说，在词语模造词中，有些词语模是当代才产生的，也就是说模标是当代才形成的，因此其模槽成分和模标的组合必然是全新的，如"炒房、被幸福、泼墨门、鬼旋族、零首付"等；而有些词语模是当代以前就有的，属于继承性词语模，也就是说其模标是早就存在的，是模槽成分和模标的组合当代才出现的，如"反黑、超销、股民、跑单员、演艺界、广告人"等。因此从这个角度来说，词语模所造词语的绝大部分是形式上的新词语，剩下的极小一部分，属于模槽成分和模标的组合在当代以前就出现过，但是现在这种组合又具有了新的意义，我们仍然可以视这些词语为新词语。从内容来说，在词语模造词中，所形成的词语大部分是用来指称新的事物、现象、观念的，必然会具有新意，如上述所举词语；还有一部分词语是用来替换或者取代指称原有事物、现象、观念的旧词语的，这主要是由于原有的事物、现象、观念等发生了某种程度的变化，旧有指称词语的内涵和外延不能很好地兼容这些变化，因此用新词语来替代原有旧词语，那么新词语必然被增加了新意，如"空姐、板的、家政助理员"等；另外还有部分新词语，或者是可以指称新出现的事物、现象、观念，或者是可以反映原有事物、现象、观念的某种变化，但是在内容上却没有增加新意，也就是说在这些新词语之前已经有别的新词语完成这些指称了，"这些新词语"是在"别的新词语"形式和内容的基础上形成的，大多是形式上增加了新意，可内容上并没有增加新意。这类词语并没有把新意表达到，其产生也不是出于交际和表达的需要，而是源于创造者为了追求形式的新奇而牺牲了意义，对广大的受众来说接受度也不高，有点"画蛇添足"的味道，因此要进行规范。

在所整理的 341 个词语模所创造的新词语中，部分词语模所造词语有没有增加新意的情况，其中绝大部分为"表人模"所造词语，也有个别的"表物模"所造词语。如"代客帮、花痴粉、官倒爷、粉领族、甲客族、泡客族、试客族、换客族、虚客族、脉客族、枪迷族、房托族、财盲族、百万爱心行动计划"等，其中的"帮、粉、爷、族、计划"等都为模标，表示"某类人"或"某种物"，而这些词语的"模槽"和"模槽＋模标"的组合在意义上几乎是等同的，也就是说没有增加新的意义内容。因为"代客"与"帮"、"官倒"与"爷"、"粉领"与"族"、"甲客、泡客、试客、换客、虚客、脉客"与"族"、"枪迷"与"族"、"房托"与"族"、"财盲"与"族"中，其中模槽本就是对"某类人"的指称，而模标也是对

"一类人"的指称,模槽与模标组成新的词语后,很明显并没有增加什么新意。而且我们可以发现,这些词语中的模槽其实也是一种"模槽＋模标"的结构,即"客、倒、领、迷、托、盲"等本就是表示"某类人"的模标,因此整个词语是由近义模标的套叠形成的,也正是因为模标具有近义性,才导致词语没有增加新意。而"花痴粉"中的模标"粉"有"迷恋某事物的人"的意思,模槽"花痴"中,"痴"虽然不在本书所整理模标的范围,但它也有"迷恋某人或某事物的人"的意思,因此"粉"和"痴"是近义关系,"花痴粉"属于没有增加新意的词语。另外在新词语"百万爱心行动计划"中,模标"计划"指"工作或行动以前预先拟定的具体内容和步骤"(《现汉》第 7 版,第 614 页),模槽"百万爱心行动"中的"行动"指"为实现某种意图而进行的具体活动"①,可见"计划"和"行动"具有近义关系,整个词语也是由近义模标的套叠形成的"表示某种事物"的词语,没有增加新的语义内容。综上可见,这样的新词语都是不规范的,它们是一部分语用主体追求时尚的结果,其存在的意义和价值不大,应该对这类词语加以规范。

5.1.2.2　对语义重复的同模词语或异模词语的规范

这里所谓的"语义重复",是指同一词语模词语或不同词语模词语之间意义上几乎没有差别,可以进行等义替换。首先来看同模词语间的语义重复。在所整理的 341 个词语模所造的新词语中,部分词语模所造词语有语义重复的情况。同模词语的语义区分主要依据模槽成分,如果模槽成分替换之后,词语的整体意义没有差别或差别很小,说明这些词语的语义是重复的。因此根据模槽成分的特点,同模词语的语义重复大体可以分为四种类型:一是同义(近义)型语义重复。如"炒～"中的"炒楼—炒房"、"吃～"中的"吃床铺—吃床腿"、"～二代"中的"贫二代—穷二代"、"～服务"中的"一门式服务——站式服务"、"～警"中的"林警—森警"、"～假"中的"造假—制假"、"～模"中的"口靓模—嫩模"、"～令"中的"禁塑令—限塑令"、"裸～"中的"裸跑—裸奔"、"～星"中的"笑星—谐星"、"楼～"中的"楼歪歪—楼斜斜"、"黄金～"中的"黄金档—黄金时间"、"～问题"中的"2000 年问题—Y2K问题"、"～族"中的"淘课族—网课族、秘婚族—隐婚族"等。二是谐音型语义重复。如"～客"中的"黑客—骇客"、"～门"中的"杯具门—茶杯门"、"～族"中的"抠抠族—扣扣族"等。三是同指型语义重复。如"～安全"中的"计

---

① 《现汉》修改。

算机安全—网络安全"、"～病"中的"富裕病—文明病—生活方式病"、"～村"中的"地球村—世界村"、"～工"中的"小时工—钟点工—点工"、"～婚姻"中的"鞭炮婚姻—酒宴婚姻"、"黑～"中的"黑裁—黑哨"、"～倒"中的"官倒—权倒"、"～姐"中的"航姐—空姐"、"～执法"中的"倒钩执法—钓鱼执法"、"～族"中的"车车族—后备厢族、考碗族—巡考族"等。四是简缩型语义重复。如"反～"中的"反腐败—反腐"、"～化"中的"沙漠化—沙化"、"～货"中的"热门货—热货"、"～领"中的"粉红领—粉领"、"～男"中的"经济适用男—经适男"等。从中可以看出,同模词语的语义重复主要和语用主体的主观性有关。"主观性"本来用于句段研究,是指"说话人在说出一段话的同时表明自己对这段话的立场、态度和感情,从而在话语中留下自我的印记"①。其研究主要集中在"说话人的视角、情感、认识"三个方面。这里把它引入词语模所造新词语研究,更强调了词语模造词的主观性。如"车车族—后备厢族"都表示"在业余时间利用汽车后备箱卖东西的人","车车"和"后备箱"分别是强调车的"整体"和"部分";"口靓模—嫩模",都表示"没受过正统训练的年轻模特","口靓"和"嫩"分别是粤语中和普通话中对"年轻、年幼"的表达。两组词语都表现了语用主体对所称说对象描述视角的不同。而"抠抠族—扣扣族"都表示"日常生活中善于精打细算,注重节俭的人",在一定程度上表现了语用主体对所称说对象持否定态度的感情色彩,前者要直接一些,后者要委婉一些。

其次来看异模词语间的语义重复。在所整理的 341 个词语模所造新词语中,不少近义模所造词语有语义重复的情况。也就是说其模标义本身就很接近,因此根据其模槽成分的特点,异模词语的语义重复大体可以分为两种类型:一是同形型语义重复。如"左视病—左视症""误点—误区""条子工程—条子项目""首长工程—首长项目""演艺界—演艺圈""精子库—精子银行""电子垃圾—电子污染""热岛现象—热岛效应""舌尖现象—舌尖效应""微博招聘—微招聘""便携型—便携式""三陪小姐—三陪女郎—三陪女""爱车一族—爱车族""工薪一族—工薪族""银色市场—银发市场""隐性失业—隐形失业""冰箱综合症—冰箱病""泡沫综合症—泡沫综合征""价格大战—价格战""刚需客—刚需族"等。二是简缩型语义重复。如"力拓案—力拓间谍门""空中小姐—空姐""森林警察—森警(林警)""网络婚姻—网婚"

① 沈家煊:《语言的"主观性"和"主观化"》,《外语教学与研究》(外国语文双月刊)2001年第 4 期。

"灰色市场—灰市""电视明星—视星""生态旅游—生态游"等。从中可见,
异模词语的语义重复主要和词语的空位、占位有关。词语的空位一般是由
多种因素造成的,一个词语是否显现,有时受制于某一方面的原因,有时是
受某些方面综合原因的影响。如音律上的相互制约,例如"病"主要附于双
音节模槽成分之后,而"症"主要附于四音节和双音节模槽成分之后,因此某
些"四音节+症"词语就不易换成"～病"的形式,如"消费饥渴症、归宅恐惧
症、信息污染症、网络幽闭症、保密焦虑症、手机幻听症、文化贫弱症、道德恐
高症、赛后寂寞症、职场死机症"等,这些"～症"形式便没有相应的"～病"形
式与之对应,由此形成了表达上的空位;另外"～症"和"～病"还存在语体色
彩的差异,前者更倾向于书面语化,后者则倾向于口语化,这也导致不少"～
病"词语不适宜换成"～症"形式,如"白眼病、厨房病、电视病、文明病、爱美
病、嫉妒病、疲劳病、行业病、农村病、副科病、官心病"等,这些"～病"形式也
没有相应的"～症"形式与之对应,也形成了表达上的空位。因此,正是以上
两种因素,促成了"～病"模式和"～症"模式各自的产生。而词语的显现常
有"先入为主"的情况,如果想"后来居上",要么有特殊的表达效果,要么和
同形的"先入者"不在同样的语境中出现,此即词语的占位问题。但有时因
为模标义的相近性和其边界的模糊性,使得它们在表达相似概念时,如果代
表性语素,即模槽成分,在语音或语义上的区别度不大抑或没有区别度的
话,就造成了语义重复,像"左视病—左视症"这种情况就是这样产生的。

综上,对于语义重复的同模词语或异模词语,我们要在词语模自身的自
我调节功能的基础上来观察相关词语的运动变化,应综合考察,保留更符合
构词规律、更有区分度和表现力、使用率较高的词语,渐弃使用与之同义或
近义的词语。

5.1.2.3 对语义透明度低的词语模词语的规范

"所谓语义透明度是指合成词的整词语义从其构词语素的语义推知程
度,其操作性定义是指各构词语素与整词的语义相关度。"①一般说来,语义
透明度高的词语,其表意上更加明确,可接受度就高。在所整理的 341 个词
语模所造新词中,大部分词语如"断供案、食品安全、白色污染、书吧、球
霸、被上市、宠物保姆、傍大款、暴力游戏、度假村、草根工业、炒地皮、吃劳

---

① 干红梅:《语义透明度对中级汉语阅读中词汇学习的影响》,《语言文字应用》2008 年
第 1 期。

保、退盐潮、会虫、超级水稻、突破点、师德、关注度、摩的、打丑、代孕、多层次、标题党、口误帝、低碳经济、富二代、条子风、负增长、过度服务、反恐、僵尸粉、福利腐败、胡子工程、淡定哥、火箭干部、归属感、垃圾股、高技术、边缘化、拆迁户、抢手货、民工荒、事实婚姻、黑哨、安老计划、微笑姐、青春剧、保护价、白领阶层、空警、低保家庭、贩假、泳客、数据库、白金卡、穿越控、蓝领、刊龄、超标率、楼脆脆、话疗、零风险、绿色奥运、维稳令、裸退、冷处理、明星城市、彩迷、舞盲、烟民、泄露门、打工妹、秒懂、润物女、封面女郎、鸡贼男、订单农业、娃奴、实力派、北漂、残次品、陪看、拼蜜月、转型期、辞职权、美容热、纳税人、无车日、软技术、拔尖人才、月嫂、插卡式、议价生、承包商、潜在市场、做梦死、多忙时代、生态建筑、彩色食品、抄底团、婚托、乡愁体、微访谈、空巢现象、温室效应、新老年、密集型、时效性、模仿秀、团队意识、电话银行、藏友、膀爷、飘一代、洋雇员、硬需求、阳光操作、管理云、期望值、绩效主义、初老症、走红、不舒适指数、准退休、最美司机、隐婚族、啃老族"等语义透明度都比较高，能够准确恰当而又形象生动地反映当代的社会生活，因此可接受度就高；而少部分词语像"炒新（炒作新上市的股票或基金）""逆班潮（人们不再大量集中于北京、上海等一线城市就业，而是回到家乡二、三线城市工作的现象）""火的（外形美观、设备优良、乘坐舒适而高租价的出租车）""打房（采取措施，遏制房价过高过快上涨）""团二代（艺术团体工作人员的子女）""深折风（商品房开盘打低折扣的做法）""天粉（天文爱好者）""解冻工程（喻指有关部门组织高校、科研单位等利用闲置的引进设备开发新产品的活动）""铁化（使成为"铁饭碗"）""杯货（为在电视机前观看世界杯等而准备的休闲食品）""闪闪族（随意用闪光灯拍照的人）""蛋壳族（痴迷"咸蛋超人"的人）"等却表意不明确，而还有一小部分词语，如"高姐（高速铁路列车上的乘务员）""蹭客（称逃票的乘客）""榨季（榨甘蔗的时节）""射龄（从事射击训练和比赛的年数）""奥迷（喜欢奥运会而入迷的人）""班奴（指参加多个课外辅导班的中小学生）""孤族（孤老终身的人）""扫街族（喜欢街拍的人）"等甚至有歧义，因为"高"还可以表示"个子高或学历高"、"蹭"还可以指"蹭饭"、"榨"还可以指"榨油"、"射"还可以指"射箭"、"奥"还可以指"奥特曼"、"班"还可以表示"上班"、"孤"还可表示"孤儿"、"扫街"还可表示"清扫街道"等。以上所列举的词语模词语语义透明度都不高，表意比较模糊，在使用中很容易引起误解，可以考虑用新的形式取而代之，或任其消亡。

综上所述，在信息技术飞速发展的时代，民众利用词语模造词的积极性非常高，而这些新词语由于民众的积极参与和网络的快捷传播，经常能够突破专家学者的话语权优势而成为"强势模式"或"强势词语"。当然,在这些新词语中,不乏一些表义明确、形象生动的词语,它们会在当代的汉语词汇系统中长期保留下来;但同时这些新词语中也有一些糟粕或负累,从语言健康发展的角度来说,我们不能让这些不规范的词语或形式任意泛滥,要对其加以规范,使词语模在以后的造词道路上,能够"轻装上阵"。

5.2 词语模的本体研究价值

杨绪明从研究当代汉语新词族的角度出发,曾对 2008 年以前出版的 20 部新词语词典进行过统计,统计出 46600 多条新词语。[①] 本书统计的 33 种语料中新词语共计 75980 余条(计重复),可见当代汉语新词语的数量是相当庞大的。而且这些新词语中有 24644 条(计重复)都是以族群化的方式衍生并形成了词语群,我们从中抽绎出 341 个词语模。如此庞大的新词语数量和模式化的生产方式已经在很多方面对当代汉语产生了影响,正如陈建民(2001)所说:"新词语的产生对语言的运用和发展起到了积极的推动作用。"[②]因此对其进行研究具有多元化价值。

5.2.1 词语模研究对辞书编纂的价值

词语模的功能在于创造新词语,而且所创造的新词语都是以模标为关联的词语群,词语群内部或群际之间就不可避免存在诸如同源关系、同类关系、同义关系、反义关系、对义关系等,因此从历时和共时的角度探讨当代汉语词语模问题,有助于厘清上述的各种关系;相应地,也就可以为各种同源词典、类义词典、反义词典等的编纂提供丰富的词语材料;同时,也可为其他各种语文辞书的编纂提供可资借鉴的语料实例或切实可靠的义项来源依据。

以国内公认的最具权威性和规范性的语文兼百科词典《现代汉语词典》(以下简称《现汉》)为例,其始编于 1958 年,1978 年正式出版;为了消除残存的"文革"影响,1980 年曾对部分条目稍加修改,于 1983 年出版了第 2 版;1993 年开始对《现汉》进行较大规模的修订工作,1996 年修订本出版,和原本相比,增收了 9000 多条词语,其中新词语占了很大比重,同时也相应地删

---

① 杨绪明:《当代汉语新词族研究》,四川大学博士学位论文,2009 年。

② 陈建民:《中国语言和中国社会》,广东教育出版社 1999 年版,第 81 页。

去了 4000 条词语;2002 年《现汉》又出版了增补本,其中最引人注目之处就是以"附录"形式增收新词新义 1205 条;1999 年,又开始对《现汉》进行大规模修订,直到 2005 年出版第 5 版,在收词上,第 5 版新增词语 7200 余条,其中新词语约占三分之一,同时删去原有词语 2700 余条;2012 年,《现汉》第 6 版正式发行,其最大特色是增收新词语和其他词语 3000 余条,增补新义 400 多项,同时删除了少量旧词旧义;2016 年,《现汉》第 7 版出版,增收新涌现的词语 400 多条,增补新义近 100 项,删除了少量陈旧的和见词明义的词语。综上,从《现汉》的历次修订来看,收词上的增删是其修订工作的重要内容,尤其是新词新义的增加。正如《现汉》主编江蓝生(2013)所说:"《现汉》第 6 版增收新词和新的义项主要依据通用性和稳定性原则,重点在于及时反映词汇系统的发展变化,促进语言使用的规范化。"①也就是说,《现汉》所收录的新增词语都经过了一定时间的检验,绝不是稍纵即逝的词语单位。而在这些新增词语和义项中,有不少是词语模造词的产物,它们经过时间的洗礼和语用主体的选择已经通用于很多语域、场合,稳定在现代汉语一般词汇中,因此才得以被《现汉》收录。如"裸~",在所整理的语料中有计重复"裸~"词语 127 条,不计重复"裸~"词语 56 条,其中被《现汉》(第 7 版)收录的词语有"裸官、裸捐、裸退、裸考、裸照、裸婚、裸机",它们在所整理"裸~"词语语料中词频分别为"裸照"(2)、"裸捐"(3)、"裸机、裸官、裸婚、裸退"(4)、"裸考"(5)。其中"裸照"中的"裸"义为"露出,没有遮盖",在《现汉》(第 1版)中已收录该义项,具有该义的词语在所整理"裸~"词语中共有 21 条;"裸婚、裸机"中的"裸"义为"指除了自身外,什么都不附带的",是《现汉》(第 6 版)中"裸"的新增义项,该版收录了两条含有该义的词语"裸婚、裸机",到了《现汉》(第 7 版),新增收该"裸"义词语四条"裸捐、裸官、裸退、裸考",具有该义的词语在所整理"裸~"词语中也更多,有 35 条。可以说正是因为具有新"裸"义的词语数量很多,引起了《现汉》(第 6 版)编纂者的关注,才在词典中新增了"裸"的义项,以一种权威的形式把"裸"的新义项给予肯定并固定,随着新"裸"义通用性和稳定性的增强,《现汉》(第 7 版)又新增该义项词语中词频较高者。这也证明当代汉语词语模的整理和模式高频词的梳理具有直接的应用价值。

可见,对当代各个词语模所造新词群关系场中的词语进行细致、周全地分类、描写、归纳,形成翔实而系统的词语材料,才可能编纂出与时俱进的高

---

① 江蓝生:《〈现代汉语词典〉第 6 版概述》,《辞书研究》2013 年第 2 期。

质量的相关辞书。

5.2.2 词语模研究对新词语预测的价值

国内语言预测问题的探讨和"语言预测学"的提出始于 20 世纪 80 年代中期①,新词语预测的研究课题是周洪波于 1996 年首次倡导的②,新词语预测包括对新词语能否出现的预测和对已出现新词语是否有生命力的预测③,词语模造词主要涉及前者。周洪波(1996)在《新词语的预测》一文中,从预测学的角度探讨了哪些词汇单位会随着语言自身的调节和社会的发展变化从内隐的潜词潜义转化为现实的显词显义,而且对潜在的可能出现的新词语的预测策略是"根据已经显现的词语来反推那些尚未出现的新词语"④。因为已经显现的词语总会从某个方面给出一定的启示,这样就为进一步预测新词语拓宽了思路。新词语预测是在传统视角的基础上,增加了研究词汇语义系统发展衍变的新视角,全方位体现了当代汉语词汇语义的研究观,同时它也对新词语的监测、获取以及语言规范工作有非常现实的意义。

新词语预测的机制实际上是一种推理、推测机制,因此该研究应该突出新词语预测的理据性、可靠性、可行性和前瞻性。因而周洪波对新词预测采取的具体策略为"仿造、简缩、合力",对新义预测采取的具体策略为"语素的不同义项引起的"和"语素简缩的不同来源引起的"⑤。周洪波的新词语预测研究对本书的当代汉语词语模研究很有启发意义,其中的"仿造、简缩、合力"都是词语模创造新词语的具体方式,而"语素的不同义项引起的"和"语素简缩的不同来源引起的"则是词语模模标提取和模标义形成的重要途径。

词语模创造新词是以"模标"为纽带而形成词语群,因此模标可以把同类的事物联结在一起。如"~领"词语群,先是有了从英语"white-collar worker""blue-collar worker"等意译并简化过来的"白领""蓝领"等,才逐渐形成了以"有颜色的领子"来指代"从事某种工作的人"的用法,因而又相继仿造出"黑领、灰领、粉领、粉红领、银领、金领、绿领、红领、紫领、橙领"等,几乎出现了所有常用颜色词的"领",因此"领"也衍化出新的意义——"代指从事某项职业或工作的人",以"领"来代指"人",令人耳目一新。那是否会出

---

① 薛欢、王一川:《语言预测研究的过去、现在与未来》,《外语学刊》2020 年第 5 期。
② 周洪波:《新词语的预测》,《语言文字应用》1996 年第 2 期。
③ 王东海、王丽英:《谈新词语预测的依据》,《长江学术》2010 年第 2 期。
④ 周洪波:《新词语的预测》,《语言文字应用》1996 年第 2 期。
⑤ 周洪波:《新词语的预测》,《语言文字应用》1996 年第 2 期。

现一些其他颜色词的"领",如"浅灰领""深黑领""枣红领"呢? 有这个可能,但还要视外部的社会文化条件而定,如果社会上出现了能用"浅灰""深黑""枣红"等指代的职业或工作,又有表达上的空位,那从事这些"色彩"工作的人,就可能成为这样的"领",潜在的词语就有可能成为显化词语。而"～领"又突破了"领子颜色"的限制,用"领子的性状"来指代"从事某种工作的人",如"e领、新领、开领、格子领"等,拓宽了能指的范围,表达上更加多样化,"～领"词语的产生有了多种可能。再如"～龄"中模标义的由来。"龄"在《现汉》(第1版)中有三个义项,其中常用的义项为"岁数"和"年限",前者表示时间点,即某件事情开始的时间,如"婚龄(结婚的岁数)""学龄(学习的岁数)"等;后者表示时间段,即某件事情持续的时间,如"教龄(从事教学工作的年限)""癌龄(患癌症的年限)""刊龄(刊物创刊的年限)""烟龄(某人抽烟的年限)"等。因此由"～龄"衍生的词语,都有可能具有"⋯⋯的岁数"和"⋯⋯的年限"两个义项。而在本书所整理的57条不计重复"～龄"词语中,收录该模式所产生词语的17本新词语词典和年编对"～龄"的释义绝大多数都为"⋯⋯的年数",小部分为"⋯⋯的岁数",因此在《现汉》(增补本,2002)中删除了"龄"的"年限"义,而代之以"年数"义,后者较之前者更加通俗明了。故而"～龄"模义的形成是语用主体对词语的不同义项选择的结果,也增强了以后"～龄"词语产生和释义的理据性。

综上可见,利用词语模研究中的相关知识进行新词语的发展预测,既有理论支撑又有现实例证,不啻为当代汉语新词语研究的一条新途径。

5.2.3 词语模研究对相关学科研究的价值

词语模属于造词法,从哲学上来讲,属于方法论的范畴,具有理论上的不自足性。从前面的论述中我们也可以看出,词语模研究虽然本质上隶属于语言学,但离不开社会学、心理学、统计学等相关学科理论的辅助和支撑,这也充分体现了语言学发展的学科交叉趋势。因此,词语模研究的深入,也可以为上述学科的发展提供些许理论参照和事实参考。

从语言和社会的关系来看,社会语言学研究的是社会里人的语言。包括从微观角度研究社会因素对语言结构的影响和从宏观角度研究语言规划、语言政策等。具体到当代汉语词语模研究,在前述第二章探讨词语模提出的时代背景中已经有过相关论述。改革开放以来,"受英语的影响汉语构词使用了不少词缀"①,如"～化""多～""负～""～吧""～门"等,从造词法的角度来讲,就是词语模造词。这充分表明,英语作为一种全球通用的语言,对当代汉语词汇的生成系统产生了一定的影响,而这种影响是因为英语和汉语接触的密度及频度不断提高,更进一步说,也就是中国自改革开放以来与世界的接触越来越频繁。因此词语模造词法的大量使用能在一定程度上反映中国社会对外开放的广度和深度;同时,当代以来,普通话也从粤语中汲取了数量较多的新词语,而这些新词语或新词语的构成方式,也成为当代汉语词语模的一个独特来源,如"炒～""～仔""靓～""山寨～"等。这说明粤语作为现代汉语的一支重要方言,已经在一定程度上影响了当代汉语词汇的生成系统,当然这也是随着改革的发展,广东地区强大的经济实力和地域文化渗透力的明显表现,以及港澳地区和内地交流不断深入的结果,当然也在某种程度上反映了人们对不同社会形态的宽容和对相异地域文化的接纳,以及人们认知和价值取向上的趋同。综上,都是从微观层面来看待词语模研究对社会学研究的影响。而从宏观层面来看,语言规划、语言政策的制定和语言规范有很大的关系,具体到词语模的研究,我们在上一小节词语模的造词规范中已有详细论述,此不赘言。总之,词语模的这种模式化造词,有利于当代汉语词汇系统的规范化、系统化,当然也有利于国家明确、快捷地做出语言规划、出台语言政策,对人们的语言生活进行即时、正确的引导。

从语言和心理的关系来看,心理语言学主要是研究人类个体语言的产生、理解和习得的,而特定的民族文化心理和社会心理习惯总是以独特的方式制约着语言的产生、理解和习得。这一点在前述第二章探讨词语模提出的时代背景中也有过论述。但反过来说,语言的某种产生机制或方式也在一定程度上反映了某种民族文化心理或社会心理习惯,词语模就是一例明证,无论是其基式的形成还是模式的造词,我们发现心理因素都在其中发挥着重要作用。因此研究当代汉语词语模的形成和造词,有助于当代社会文化和社会心理的研究。一个新词语产生后,它就成为一个符号表象物,在人们的头脑中作为某一客观事物的替代物而固定下来。这个表象物既是稳定的,也是灵活的,因为一方面词形和所指物之间一般不会发生变化,但同时它也可能会因时因地在和不同对象发生联系时发生不同程度的变化。词语的这种看似矛盾的两个性质,是因为受到了两种心理活动的影响,即心理联

---

① 祝畹瑾:《新编社会语言学概论》,北京大学出版社 2013 年版,第 236 页。

想规律和心理滞后规律。① 在词语模基式形成的过程中,人们对很多新知事物的认识都是从旧有的知识体系出发,寻找新旧事物之间的联系,并把这种联系以"模标"的形式固定下来,词语模得以形成。这实际上是一种主体认同的过程,而心理联想规律在其中起到了非常关键的作用。如词语模"～奴"能够形成,是因为先出现"卡奴"一词,人们觉得新颖、贴切,因此以"奴"为心理联想基点,又陆续创造了"房奴、车奴、白奴、证奴"等,"～奴"造词模式正式形成,当然这个模式也形象地折射出当今社会人们焦虑的心理和压抑的生活状态;而在词语模造词的过程中,人们过多地强调向已经建立起来的词语模式靠拢,以不变应万变,把千差万别的新事物尽量纳入既有模式,这是因为心理滞后规律在起作用。如"～奴"模式的造词就是这样一个过程,其模式形成后,创造了很多"～奴"词语,如"婚奴、孩奴、礼奴、墓奴、血奴、租奴、病奴、权奴、药奴"等,这些词语把人们的各种焦虑、压抑、无奈表现得淋漓尽致,当然也是心理滞后规律起作用的结果。综上可见,词语模造词在一定程度上体现了语言的继承、创新和延续,是语言心理的有意识和无意识交互作用的结果,当然也能够鲜明体现出主体的文化价值和文化心理取向。

从语言和数学的关系来看,统计语言学是数理语言学的一个分支,它主要是用统计数学的方法来研究语言现象。如统计语言单位出现的频率、统计词频和词长分布,计算语言存在的年代、研究语言的熵和羡余度、研究语言的一般统计规律等,都属于统计语言学研究的范畴。而本书对词语模的提取、词语模多维价值的分析和词语模库的构建也是运用了统计数学的方法,或者更进一步说,词语模研究也许能在某种程度上为统计语言学的发展提供一些理论参照和实例支撑,这也是词语模研究的某种价值所在。

本章小结

本章主要探讨了当代汉语词语模的造词规范问题和本体研究价值。首先,依据新词语规范的指导思想和原则,对没有增加新意的词语模词语、语义重复的同模词语或异模词语、语义透明度低的词语模词语的规范问题进行了探讨;其次,从辞书编纂、新词语预测和相关学科研究三个角度,论述了当代汉语词语模的本体研究价值。

---

① 苏新春:《文化语言学教程》,外语教学与研究出版社 2006 年版,第 83—84 页。

6 结 语

从改革开放到今天,社会的方方面面都发生了翻天覆地的变化,作为一种社会现象的语言当然也不例外。这种变化最明显的表现就是新词语的大量滋生,这种滋生并不是杂乱无章的,而是表现出一定的规律性,之所以呈现这样的特点,"词语模"造词功不可没。当然,词语模作为一种造词法,其功能强大并受到关注是当代的政治、经济、文化、思想、心理和语言自身等多种因素共同作用的结果,而这一语言现象也给当代汉语的词汇系统、语言的理论及应用研究带来了很多启示,表现出一定的研究价值。

第一,"词语模"作为一个概念明确提出已有 25 年的时间,但其作为一种语言现象其实很早就出现了,当代这种现象有愈演愈烈之势。本书以1999 年李宇明提出"词语模"概念为界,全面梳理了当代汉语词语模的研究状况,大体分为两个阶段:一是词语模概念提出之前的"前词语模"阶段(1978—1998);二是词语模概念提出之后的"词语模"阶段(1999 年至今)。在前一阶段中,不少学者开始注意到新词语的大量"同素"现象,并多从构词、造词、修辞、语用等角度展开对这种"同素"现象的研究。在后一阶段中,词语模研究成果丰硕,大体可以分为两类:系统研究和个案研究,其中个案研究成果最为丰富,系统研究成果较少。可见词语模研究虽已渐趋成熟,但在系统研究方面还有待深入。

第二,"词语模"概念提出之后,很多学者从自己的研究角度和需要出发,在已有"词语模"概念的基础之上,对"词语模"概念重新进行了诠释和完善,有些还对其所属范畴进行了界定,使得"词语模"这一概念在术语表述上越来越精准、到位,也使其性质和功能更加凸显,这无疑是推动了"词语模"

的本体研究,也更有利于其应用研究。本书在借鉴"词语模"已有研究成果的基础上,综合对其命名、时间范围、研究对象的认识,对"当代汉语词语模"进行了界定。认为它是一个狭义的概念,体现的是历时中的共时,即汉语某个发展阶段的词语模化现象。它具体是指 1978 年改革开放以来,语用主体在社会各种新质因素的刺激下,为了满足表达的需要,利用类推的方式,沿用或创造的能批量生产新词语的各种造词框架,该框架由具有类标记作用的不变"模标"和待填充的可变"模槽"两部分组成。

第三,词语模是创造新词语的手段,属于"造词法"范畴。这是本书在已有相关研究基础上对"词语模"性质的重新界定。作为一种从实践而来的方法,词语模本身带有理论上的不自足性,但这一极贴近语言现实的术语的提出却契合了时代发展以及语言学中的若干理论。或者反过来说,正是因为有了时代契机和丰富理论的支撑,词语模才能在延续至今的全民造词运动中功勋卓著。因此,"词语模"概念的提出兼具时代背景和理论背景:前者包括社会心理、技术媒介和语言接触等三方面的背景因素,后者则包括认知语言学理论、类推理论、语法化理论和潜显理论等四方面的背景因素。可见,正是在多种背景因素的综合作用下,"词语模"概念才应时、应机而生。

第四,当代汉语词语模的造词能力很强,所造新词语群种类多、规模大,这成为当代汉语词汇衍生变异的一个非常显著的特点。这种造词方式,使得当代汉语新词语的理据性增强,并在形式和内容上加以表现,这也是词汇系统性的明显体现。就本书来说,研用语料来自 33 部新词语词典和年编,收录新词语 75980 余条(计重复),其中模式化词语就有 24644 条(计重复),占了三分之一,从中我们抽绎出 341 个词语模,共产生模式化新词语 12771 条(极少重复)。透过这冰山一角,可以窥见新词语的模式化生产势头之强。这些新词语以"词语模"为出产方式,每个词语群以共有成分"模标"为联结基点,以区别成分"模槽"为个性彰显。词语群内通过"模标"相联系,通过"模槽"相区别;词语群间通过"模标"相区别,通过"模群"相联系,纵横交错,形成了一个庞大的词语模网络。正是因为这个网络的存在,我们才可以对很多新词语追根溯源,词汇的理据性和系统性得以显现,这也是对当代汉语词语模进行研究的重要意义所在。

第五,词语模作为一种创造新词语的方法,一直被用于当代的语言实践中,因此必然涉及效用问题;而"人"作为使用词语模这种"方法"的主体,在创造新词语的过程中对具体使用哪种"方法"必然又存在主观选择的问题。这两方面的问题最终导致了每个具体词语模都有其存在的价值。本书以

"词价"理论为直接理论基础,以哲学中的价值论和语言价值理论为间接理论基础,提出了"模价"概念。"模价"是指词语模的系统价值,它关注一个词语模在当代汉语词语模系统中的意义、结构、功能等所体现的价值,而模价体系则是一种多指标综合考察词语模价值的评价体系。本书从词语群的规模、词语模的使用时间、模标义义项的数量和词典收录情况、模槽成分的词性、模式的音节、结构和语法功能等几个角度提炼出"使用价""关注价""通用价""组合价""结构价""丰度价""熟度价""语域价""聚合价""容长价"等10个价值维度,并以此为标准对所归纳的 341 个词语模进行了模价分析,明确了每个词语模在当代汉语词语模群中的价值差异。这样,对每个词语模的考量都用统一的价值标准,就使杂乱无章的词语模系统条理化、序列化,有助于我们对当代整个词语模系统进行把握并对具体词语模的价值作出评价。这是对"词语模"研究的一种新的尝试。

在模价分析的基础之上,本书按照综合价的高低对 341 个词语模进行模价降序排列,构建了当代汉语词语模库。并在语义分类的前提下,对词语模库中处于前 100 位的高价词语模进行了细致考察。这其实是从音节、语义、结构、功能等方面对每个高价词语模作出的全方位探讨。其积极意义在于:这些高价词语模的造词能力非常强,大多引起过研究者们的极大关注,相关研究成果丰硕,探讨高价摸不仅是对前贤们已有研究的总结和梳理,同时也能实现对后续相关研究的些许启迪。

第六,新词语以词语模为依托形成词语群现象,既体现出词汇的系统性和继承性一面,又表现出词汇的变异性和创新性一面。词语模造词已经极大地影响了当代汉语词汇的构成系统,这种影响有大利也有小弊,因此要对当代汉语词语模的造词进行规范。包括对没有增加新意的词语模词语的规范、对语义重复的同模词语或异模词语的规范、对语义透明度低的词语模词语的规范,这样才能保证词语模造词的有效性、明晰性和纯洁性。

第七,当代汉语词语模研究有着多方面的价值。它可以为各种语文辞书的编纂提供可资借鉴的语料实例和切实可靠的义项来源依据;还可以利用词语模研究中的相关知识进行新词语的发展预测;能够为相关学科,如社会学、心理学、统计学等学科的发展提供一定的理论参照和事实参考。

当代汉语词语模数量众多,所辖词语群规模巨大。由于时间和精力所限,本书仅考察了 33 种语料中词语的成模情况,没能更多地占有语料,这在某种程度上会对词语模的抽绎和词语模价值的定位造成一些影响;在对 341 个词语模所作的多维价值分析中,还只是局限于模式本身,如数量、词长、词性、语义、结构、功能等,没能对模式以外的价值维度进行分析和考察;由于篇幅所限,把高价词语模库限定为价序中的前 100 位,100 位以后的词语模因典型性和代表性尚显不足,并没有作详细考察;由于个别词语存在语义模糊、兼类和词典词性标注或释义不统一等问题,书中对某些词语的词语模归属可能还存在不当的情况。

另外,学界对词语模的界定还存在一些争议,不同研究者对词语模的抽绎和认定多少都会带有自己的主观性,我们从本书的研究视角和需要出发,界定出了 341 个词语模,也许同样的语料在其他研究者那里会出现不尽一致的界定结果。

以上几个方面的问题,说明我们对词语模的研究还不够,应该在既有研究的基础上,进一步思考并着力做好下一步的研究工作。

附　录　341 个词语模所造新词语汇辑①
（按模标音序排列）

A

～癌:①某种恶性疾病。②某种消极、顽固的行为、习惯、现象等。③患有某种恶性疾病或具有某种消极、顽固行为习惯的人。

富癌　晚癌　克癌　抗癌　致癌　手癌　松癌　学癌　懒癌　蕉癌
穷癌　促癌　老癌　语言癌　直男癌　家庭癌　办公桌工作癌

～安全:使某种事物没有危险的保护措施。

云安全　能源安全　本土安全　食品安全　信息安全　生物安全　舌
尖安全　人才安全　网络安全　计算机安全

安全～:①没有危险的。②有保护作用的。

安全烟　安全套　安全伞　安全肉　安全鞭炮　安全气囊　安全香烟
安全书包　安全填埋　安全座椅

～案:案件。

刑案　挂案　血案　现案　遗案　赔案　假案　漏案　火案　串案
劫案　弊案　收案　黄案　接案　对案　受案　刺案　落案　发案　非案
涉案　帖案　要案　错案　个案　色案　窝案　赌案　串串案　反杀案
私宅案　白条案　军购案　替学案　无头案　撤职案　唐慧案　室友案

---

① 模标的释义主要参考:中国社会科学院语言研究所词典编辑室《现代汉语词典》(第7 版),商务印书馆 2016 年版。33 部新词语词典和年编作为模标释义的辅助参考。

力拓案　顶包案　断供案　陈满案　快播案　雷洋案　南杨案　呼格案
钓鱼案　徐玉玉案　聂树斌案　e租宝案　赵作海案　山东疫苗案　轮
胎特保案　对号入座案　南海仲裁案　上海社保基金案

B

～吧:①供人从事某些休闲活动的场所,有的兼售酒水、食品。②指网
络中的虚拟社区。源自英语"bar"。

饮吧　画吧　床吧　旅吧　爆吧　泡吧　爽吧　渔吧　啤吧　熨吧
醋吧　咖吧　雪吧　照吧　贴吧　包吧　微吧　歌吧　瓷吧　酒吧　果吧
球吧　哭吧　囡吧　纸吧　酿吧　浴吧　影吧　冰吧　琴吧　布吧　彩
吧　眼吧　路吧　串吧　嚼吧　房吧　书吧　玩吧　茶吧　股吧　乐吧
话吧　水吧　网吧　陶吧　氧吧　街吧　餐吧　迪吧　香水吧　猎婚吧
婚活吧　氧气吧　泡泡吧　单号吧　指甲吧　电影吧　摇头吧　奥运吧
午睡吧　织布吧　彩妆吧　自驾吧　文化吧　K客吧　咖啡吧　桌游吧
玩具吧　手工吧　玻璃吧　痛快吧　电影戏剧吧

吧～:①酒吧的。②网络中虚拟社区的。

吧费　吧主　吧仔　吧丽　吧厅　吧座　吧员　吧凳　吧托　吧姐
吧客　吧椅　吧街　吧友　吧台　吧娘　吧蝇　吧女　吧文化

～爸:指有子女的男子。

狼爸　单爸　猫爸　奶爸　星爸　领爸　嫩爸　暖爸　宝爸　鹰爸
虎爸　萌爸　房爸　老爸

～爸爸:指被认为具有父亲身份的男子。

洋爸爸　酷爸爸　代理爸爸　锅盘爸爸　声音爸爸　癌症爸爸　志愿
者爸爸

～霸:①强横无理、仗势欺人的人。②指在同类中某方面最好或最突出
的个体。

法霸　饭霸　咪霸　投霸　球霸　考霸　棚霸　治霸　会霸　连霸
村霸　行霸　笔霸　空霸　沙霸　班霸　戏霸　麦霸　房霸　屏霸　财霸
鱼霸　菜霸　箩霸　展霸　钢霸　水霸　影霸　研霸　秀霸　颜霸　车
霸　煤霸　艺霸　座霸　浴霸　票霸　集霸　血霸　路霸　市霸　学霸
景霸　电霸　波霸　面霸　拒无霸

霸王～:①利用权势的。②极端霸道的。

霸王饭　霸王K　霸王车　霸王笔　霸王餐　霸王房　霸王面　霸王合同　霸王条款　霸王买卖

白色～:①白颜色的,多指代有关白颜色的事物。②程度轻的或合法的。

白色浪费　白色蔬菜　白色银行　白色腐败　白色大陆　白色家电　白色公害　白色革命　白色垃圾　白色农业　白色消费　白色收入　白色污染　白色清单　白色情人节

半～:①不完全的。②一半的。

半聘　半婚　半仓　半马　半退　半残废　半高铁　半自传　半熟女　半法盲　半市场　半挂车　半裸婚　半名人　半跳槽　半导体　半命题作文　半空头文件

～帮:①为某种目的而结成的团伙、群体。多含贬义。②做某种事情并从中获利的人。

毒帮　丐帮　撞车帮　麻袋帮　星星帮　代客帮　山寨帮　砍刀帮

傍～:依靠;依附。源自北方方言。

傍焦　傍黑　傍老　傍生活　傍大腕　傍小蜜　傍大官　傍品牌　傍名牌　傍老外　傍大姐　傍名人　傍大款

～宝:①有作用的、珍贵的人或物。②指网络支付工具或理财产品。

眼宝　糖宝　二宝　贝宝　洗宝　萌宝　大宝　队宝　闺宝　海宝　村宝　国宝　余额宝　耕地宝　掌中宝　支付宝　借贷宝　零钱宝　携程宝　添金宝　硬座宝　停车宝　存金宝　佣金宝　薪金宝　车托宝　话费宝　绿能宝　电e宝　无座宝　医付宝　相互宝　定损宝　生发宝　充电宝　健康宝

～保姆:①受雇为人照料儿童、老人、病人或为人从事家务劳动的妇女。②指在某方面进行管理、服务的人或事物。

童保姆　男保姆　毒保姆　洋保姆　树保姆　微博保姆　留守保姆　钟点保姆　行政保姆　陪游保姆　高考保姆　电子保姆　蜜月保姆　春节保姆　宠物保姆　网络保姆　航母保姆　订单式保姆

保险～:①稳妥可靠的。②有保障作用的。

保险盒　保险田　保险菜　保险套　保险肉　保险销售

暴～:突然而且猛烈地。

暴露　暴堵　暴光　暴冷　暴侃　暴现　暴走　暴富　暴泻　暴跌　暴增　暴击　暴热

～暴力：对人的身体或心理进行伤害的行为。

冷暴力　微暴力　软暴力　球场暴力　教师暴力　网络暴力　表情暴力　精神暴力　语言暴力　校园暴力　足球暴力　家庭暴力

暴力～：①使用强制力量或武力的。②和武力有关的。

暴力衫　暴力片　暴力哥　暴力电影　暴力慈善　暴力展示　暴力抗法　暴力腐败　暴力英雄　暴力游戏

被～：动词。表示情况与事实不符或者是被强加的。含讽刺、戏谑意。

被贷款　被替考　被幸福　被看球　被丁克　被支架　被弟子　被出书　被满意　被高速　被广告　被世袭　被中产　被炮灰　被高尚　被退役　被酒驾　被服务　被陪榜　被复出　被落榜　被购物　被有房　被国有　被城市　被结婚　被志愿　被失踪　被离婚　被考研

被自愿　被明星　被当爸　被小康　被慈善　被上市　被富裕　被现房　被上楼　被医保　被出国　被山寨　被民意　被股东　被小三　被相亲　被冠军　被第一　被署名　被留学　被捐款　被贫血　被逝世　被上网　被坚强　被姜军　被联盟　被作弊　被死亡　被增长　被代表　被全勤　被自杀　被网瘾　被就业　被精神病

飙～：①快速地或用力地做某事。②比赛做某事。源自北方方言。

飙球　飙歌　飙进　飙红　飙快　飙官　飙高　飙舞　飙价　飙爱　飙信　飙升　飙车

～病：①生理上或心理上发生的不正常状态。②喻指某种社会弊端。

会病　国病　拖病　啤酒病　欧洲病　过节病　糖网病　麻将病　时装病　爱滋病　痛痛病　筑波病　基础病　哈夫病　萨斯病　成人病　移民病　网络病　椅子病　时代病　公主病　咖啡病　空心病　恐富病　猫抓病　荷兰病　亲吻病　疯羊病　社会病　传感病　克隆病　悍马病　农村病　现金病　乔迁病　水俣病　恐资病　流行病　爱资病　首饰病　冰箱病　阴滋病　斜眼病　娱乐病　太空病　多发病　戒指病　公害病　家电病　风扇病　文明病　恐美病　跳槽病　左视病　假日病　都市病　官心病　副科病　项链病　三手病　软骨病　疲劳病　厨房病　节日病　家装病　爱美病　嫉妒病　富裕病　托福病　电视病　白眼病　舞厅病　大楼病　高楼病　行业病　红眼病　疯牛病　城市病　空调病　艾滋病　去城市病　大城市病　塑料棚病　手足口病　电冰箱病　高跟鞋病　无兴趣病　卡拉OK病　生活方式病　生活习惯病　阴性艾滋病　退休应激病　城市文化病　灰色心理病　阿尔察默病　城市压力病

C

~才:从才能方面指某类人。

仁才　偏才　优才　专才　鬼才　帅才　外才　揽才

草根~:喻指平民百姓的;非正统的。源自英语"grass roots"。

草根馆　草根文化　草根博客　草根管理　草根阶层　草根民主　草根网民　草根偶像　草根工业　草根 MBA

蹭~:就着某种机会不出代价而跟着得到好处。源自北方方言。

蹭年　蹭车　蹭跑　蹭课　蹭舞　蹭网　蹭热点　蹭红毯　蹭头条　蹭热度

~场:①适应某种需要的比较大的地方。②指某种活动范围。

欢场　旺场　秀场　卖场　职场　商场　热场　菜场　广场　展场　泳场　赛场　片场　气场　空场　客场　冰场　幽灵场　游乐场　绿茵场　旱冰场　注册场　推江场　弹幕场　着陆场　特卖场　奥运体验场

超~:①超过。②超出(一定的程度或范围)。③在某个范围以外;不受限制。

超贮　超油　超募　超线　超温　超静　超马　超跑　超录　超买　超算　超界　超招　超逾　超平　超配　超孕　超怀　超演　超难　超导　超量　超储　超收　超损　超销　超限　超智　超卖　超盈　超体　超育　超话　超毒　超前　超标　超编　超购　超常　超蓄　超交　超纲　超耗　超亏　超采　超存　超贷　超用　超值　超生　超储蓄　超快递　超临界　超低音　超视距　超豪华　超文本　超负荷　超视力　超国界　超链接　超水平　超学时　超高速　超一流　超极本　超塑合金　超贤妻良母

超级~:超出一般等级的。

超级稻　超级本　超级文本　超级电脑　超级时装　超级牌照　超级冰袋　超级剧集　超级细菌　超级联赛　超级陶瓷　超级城市　超级蔬菜　超级高铁　超级 IP　超级女声　超级水稻　超级柜台　超级商品　超级双频　超级癌症　超级央行　超级模特　超级天眼　超级血月　超级苍蝇　超级月亮　超级恐龙　超级市场　超级三大件　超级城市体　超级联系人　超级用户名　超级信息公路

~潮:喻指有涨有落、有起有伏的事物。

疫潮　大潮　假潮　商潮　会潮　人潮　裸潮　冷潮　韩潮　新潮
车潮　黄潮　主潮　国潮　赏樱潮　降价潮　退盐潮　孕妇潮　送学潮
跑路潮　人才潮　休夫潮　关店潮　海归潮　婴儿潮　断供潮　托市潮
逆班潮　进口潮　抢盐潮　加名潮　创客潮　抢贷潮　山寨潮　民工潮
出国潮　1314结婚潮

潮～:新潮的;时髦的。源自北方方言。

潮牌　潮品　潮男　潮语　潮游　潮玩　潮物　潮粉　潮女　潮课
潮词　潮丐　潮人　潮服　潮范儿　潮粉儿　潮外婆

炒～:①指频繁买进卖出,制造声势,从中牟利。②为扩大人或事物的
影响而通过媒体反复做夸大的宣传。源自粤方言。

炒鞋　炒信　炒车　炒链　炒卖　炒机　炒芯　炒铺　炒买　炒壳
炒更　炒币　炒新　炒地　炒婚　炒兰　炒房　炒基　炒汇　炒金　炒古
炒股　炒楼　炒票　炒邮　炒星　炒地皮　炒帝国　炒网吧　炒地图
炒B股　炒外盘　炒楼花　炒概念

～城:①城市。②指大型营业性场所。

友城　睡城　仿城　影城　商城　卧城　堵城　慢城　姊妹城　电子
城　火箭城　服装城　儿童城　商品城　太空城　袖珍城　美食城　火锅
城　太阳城　家装城　电视城　电影城　图书城　亚运城　科技城　健
康城

吃～:①依靠某种事物生活。②从某方面捞取好处。

吃旧　吃请　吃偏　吃牌　吃农　吃名　吃会　吃票　吃私　吃贿
吃富　吃贫　吃土　吃鸡　吃市政　吃官粮　吃氛围　吃企业　吃白饭
吃差价　吃拆迁　吃车轮　吃床板　吃材料　吃空额　吃回扣　吃野食
吃工程　吃劳保　吃老公　吃床铺　吃大户　吃国饭　吃公款　吃名牌
吃偏饭　吃拼盘　吃包装　吃软饭　吃床腿　吃大项　吃军粮　吃偏食
吃青春饭　吃子孙饭　吃定心丸

～虫:①沉迷于某事或对某事精通的人。②指具有某种特点的人。(多
含轻蔑意)

房虫　药虫　E虫　餐虫　棚虫　会虫　毒虫　分虫　书虫　蛀虫
黄虫　车虫　网虫　媒虫儿　车虫儿　客场虫　玉米虫

～村:①村庄。②喻指某类场所或机构。③泛指居住区。

新村　地球村　冒富村　挂账村　出口村　土豪村　养生村　彩民村
记者村　同乡村　艺术村　文明村　亚运村　空巢村　明星村　彩电村

生态村　奥运村　世界村　城中村　度假村　悬崖村　候鸟村　专业村　SOS儿童村　末日避难村　国际儿童村　国际SOS儿童村

D

打~:打击。

打高　打房　打口　打欺　打绑　打贿　打点　打丑　打汇　打黄　打扒　打诈　打丑　打伪　打骗　打劣　打流　打恐　打假　打黑　打非　打拐　打私

大~:①在体积、面积、数量、力量、强度等方面超过一般或超过比较的对象(跟"小"相对)。②词语头,强调比较突出的人或事物,多含称赞或戏谑意。

大秘　大秀　大错　大神　大嘴　大脂　大康　大堂　大墙　大龄　大触　大倒　大马　大非　大限　大巴　大咖　大球　大考　大单　大男　大虾　大侠　大招　大疫　大幅　大佬　大V　大奔　大谣　大牛　大居　大虫　大潮　大展　大户　大导　大餐　大客　大号　大女　大赛　大宝　大款　大毛　大碟　大盘　大腕　大件　大牌　大片　大赏　大鳄　大话　大特区　大交通　大部头　大户型　大电影　大旅游　大飞机　大健康　大美术　大团委　大蓝筹　大三产　大消费　大选赛　大特写　大四喜　大炮筒　大公建　大嘴巴　大商业　大电教　大老虎　大税改　大家居　大体育　大就业　大班椅　大无极　大纺织　大相扑　大陶瓷　大西北　大盘股　大尺度　大比拼　大撒把　大放送　大派送　大经济　大呼隆　大奖赛　大综管　大防务　大甩卖　大卫生　大青年　大V店　大趋势　大综合　大环境　大放血　大门票　大腕儿　大倒爷　大女主　大爆炸　大阿姐　大消息　大工业　大窗口　大公共　大数据　大国营　大粮食　大文化　大农业　大院系　大资管　大世界　大红包　大恐龙　大盘点　大手笔　大包干　大科学　大换血　大舞台　大金融　大动作　大牌儿　大酬宾　大卖场　大出血　大满贯　大道理　大红头　大基建　大处方　大教育　大气候　大团结　大思政　大忽悠　大本钟　大心脏　大班桌　大广播　大公汽　大概念　大五码　大社会　大政工　大巴扎　大补贴　大水利　大杀器　大课题　大应急　大篷车　大西洲　大排档　大猎鹰　大科技　大IP　大TPP　大菜篮子　大检查官

~大战:喻指某一领域的激烈争斗。

千团大战　促销大战　人机大战　羊毛大战　3Q大战　德比大战
服务大战　蚕茧大战　价格大战　星球大战　口水大战

代～：①代替。②代理。

代训　代扣　代驾　代岗　代管　代拍　代账　代耕　代偿　代生
代购　代工　代培　代练　代追　代职　代任　代邀　代抢　代秒　代孝
代储　代堵　代孕　代经租

～党：①由某种利害关系结成的集团。多含贬义。②具有某种共同特
点的人群或人。

死党　绿党　砸帖党　骂娘党　盗版党　红包党　色诱党　撞车党
割包党　卜头党　带路党　光头党　祈福党　拖车党　凿船党　黄牛党
砸贴党　海投党　点赞党　五毛党　格格党　晒步党　羊毛党　砸锅党
背包党　囤票党　卖分党　寂寞党　标题党

导～：引导。

导赏　导领　导食　导盲　导拍　导廉　导鞭　导发　导航　导掌
导视　导吃　导路　导展　导富　导诊　导住　导储　导医　导车　导览
导播　导买　导学　导游　导厕　导购　导读

～倒：倒买倒卖的人。源自北方方言。

大倒　权倒　二倒　惯倒　技倒　票倒　煤倒　老倒　官倒　公倒
文倒　私倒　洋倒

倒～：倒买倒卖。源自北方方言。

倒贷　倒卡　倒贩　倒官　倒运　倒放　倒号　倒款　倒买　倒汇
倒票　倒卖　倒按揭

～德：道德。

渔德　烟德　译德　政德　警德　拷德　股德　四德　假德　考德
球德　微德　武德　文德　师德　路德　游德　医德　艺德　商德　官德
邮德　病德　网德　车德

低～：①在一般标准或平均程度之下的。②等级在下的。③数量少的。

低毒　低利　低幼　低叹　低泣　低盐　低配　低碳　低位　低V
低B　低视　低端　低常　低就　低偿　低智　低耗　低档　低峰　低龄
低聘　低幅　低亏　低开　低调　低谷　低走　低保　低飘窗　低层次

低碳～：温室气体排放量较低的。

低碳风　低碳哥　低碳日　低碳族　低碳装　低碳客　低碳谷　低碳
达人　低碳经济　低碳名片　低碳人家　低碳时代　低碳爱情　低碳革命

低碳旅游　低碳生活　低碳婚礼　低碳一族　低碳社区日　低碳信用卡
低碳交通卡　低碳体验日

～的：泛指运营用的交通工具。源自英语"taxi"。

奔的　水的　卧的　野的　空的　打的　铁的　拐的　电的　警的
轿的　驴的　货的　飞的　马的　残的　火的　摩的　板的　面的　板
儿的

～帝：在某个领域或方面特别突出的人。多指男性。

影帝　萌帝　房帝　视帝　合影帝　练摊帝　咆哮帝　特长帝　收视
帝　酱油帝　口误帝　表情帝　打工帝　贺岁帝　预测帝　龙套帝　手工
帝　淡定帝　技术帝　听证帝　霸屏帝　背景帝

～点：①一定的地点或程度的标志。②事物的方面或部分。

哨点　布点　疑点　黑点　摊点　定点　局点　痛点　卡点　火点
戏点　建点　断点　选点　展点　险点　印点　爱点　集点　商点　密点
　虐点　游点　爽点　彩点　笑点　凉点　尿点　矿点　槽点　爆点　厂
点　泪点　炸点　婚点　萌点　误点　灾点　吓点　强点　考点　赌点
薪点　落点　视点　奇点　餐点　赛点　腐点　结点　靓点　雷点　堵点
　网点　温点　窝点　热点　盲点　冷点　站点　景点　驻点　看点　冰
点　卖点　拐点　买点　亮点　互市点　着力点　打卡点　近月点　扶贫
点　无假点　候客点　纽结点　引爆点　知青点　放像点　观奥点　生长
点　信息点　临界点　曝光点　突破点　重灾点　公租点　冲金点　隔离
点　学位点　晋级点　增长点　吐槽点　共鸣点　文明点　平衡点　闪光
点　缺位点　起飞点　落脚点　越位点　减排点　兴奋点　起征点　关注
点　村淘点　启动点　经济增长点　利润增长点

～度：①物质的有关性质所达到的程度。②泛指程度。

效度　尺度　酒度　远度　鲜度　广度　丰度　算度　白度　信度
力度　美誉度　首位度　关注度　外向度　传唱度　认可度　话题度　辨
识度　烦乱度　满意度　关切度　可靠度　开放度　洗净度　公信度　贫
困度　参与度　信任度　知名度　透明度　政治透明度

多～：数量大的。

多元　多头　多层　多款　多输　多赢　多选　多用　多域　多媒体
多角度　多层次　多视角　多方位　多功能

E

恶～:①恶劣;坏。②猛烈地;大肆地。含贬义。

恶迹　恶庄　恶俗　恶搞　恶气　恶堵　恶浪　恶流　恶吃　恶评
恶补　恶炒　恶斗　恶苦

～二代:指具有某种特点的下一代。多指某种特点家庭的子女。

穷二代　游二代　考二代　偿二代　强二代　拆二代　台二代　负二
代　笑二代　画二代　华二代　流二代　煤二代　拼二代　创二代　坑二
代　导二代　权二代　企二代　职二代　写二代　新二代　喜二代　垄二
代　漂二代　单二代　民二代　农二代　红二代　房二代　星二代　团二
代　名二代　仁二代　文二代　官二代　商二代　剧二代　油二代　富二
代　贫二代　独二代　微富二代　小康二代

二手～:间接的;经人转手得来的或已经使用过再出售的。

二手货　二手房　二手烟　二手衫　二手车　二手设备　二手市场
二手商品

F

反～:反抗;反对。

反暴　反麻　反同　反私　反寡　反黄　反烟　反智　反贿　反扒
反黑　反腐　反假　反恐　反贪　反导　反骗　反鸡汤　反修例　反腐败
反越位　反军购　反骨感　反课纲　反美颜　反刷单　反倾销　反水货
客　反全球化　反垃圾邮件

泛～:广泛地;一般地。

泛读　泛融合　泛户外　泛 CBD　泛行政化　泛二次元　泛珠三角
泛资产管理

～贩子:贩卖东西的人。多含贬义。

黄贩子　汇贩子　分贩子　床贩子　汇贩子　票贩子　客贩子　二道
贩子　客房贩子　信息贩子　马路贩子

方便～:便利的。

方便钩　方便饭　方便条　方便袋　方便旗　方便粥　方便菜　方便
面　方便食品　方便米饭

放心～:使心情安定,没有顾虑的。

放心米　放心卡　放心茶　放心贴　放心药　放心店　放心面　放心

油　放心水　放心菜　放心肉　放心食品　放心乳猪　放心工程

非～:表示不属于某种范围。("非"为前缀,用在一些名词性成分的前面)

非标　非礼　非常　非遗　非典　非农　非标车　非职务　非主流　非抢救型　非处方药　非延考区　非书资料　非本质附加　非主流作家　非现场交易　非物质经济　非屏幕时间　非智力因素　非权力监督　非接触战争　非物质遗产　非常规能源　非致命武器　非典型腐败　非婚生子女　非接触作战　非国有企业　非劳动收入　非对称作战　非首都功能　非公有制经济　非传统安全威胁　非物质文化遗产　非传统安全威胁因素

～费:具有某种特点的费用。

三费　特费　规费　话费　他费　小费　五费　学费　吸费　资费　月费　网费　税费　保费　诊费　吸费　两费　吧费　多供费　挂靠费　占道费　人情费　转校费　疲劳费　罚酒费　流量费　助培费　清点费　空驶费　皇族费　服务费　点刀费　净保费　人头费　差旅费　抚养费　搭读费　出场费　功能费　劳务费　塞车费　人事费　选号费　物业费　掩口费　买标费　遮羞费　起步费　工缴费　帮带费　雾霾费　伸腿费　置顶费　漫游费　买名费　赶工费　福利费　打点费　封口费　咨询费　误餐费　删帖费　超生费　制氧费　药事费　口舌费　动迁费　拜年费　安定费　点名费　排污费　入网费　赞助费　好处费　增容费　采访费　开瓶费　辛苦费　铺路费　景点费　操心费　陪人椅费　药事服务费　年龄差别费　交通拥挤费　再婚贬值费　末日遣散费　独生子女费　社会抚养费　土地使用费

～粉:迷恋、崇拜某事物的人。源自英语"fans"。

团粉　米粉　医粉　清粉　脂粉　炒粉　忠粉　骗粉　奥粉　吸粉　潮粉　微粉　芡粉　真粉　天粉　刷粉　超粉　唯粉　增粉　涨粉　拉粉　脱粉　麦粉　掉粉　求粉　宝粉　凉粉　铁粉　狮粉　圈粉　黑粉　撩粉　散粉　互粉　活粉　果粉　职粉　潮粉儿　花痴粉　数据粉　汉字粉　僵尸粉　CP粉　脑残粉　死忠粉　妈妈粉　科技粉　真爱粉　骨灰粉

～分子:①属于一定阶级、阶层、集团的人。②具有某种特征的人。

制假分子　不法分子　陪跑分子　造假分子　知道分子　腐败分子

～风:①风气。②作风。

追风　所风　曲风　乡风　舞风　纠风　涨风　卖风　三风　演风　台风　民风　倒风　刹风　左风　家风　医风　艺风　韩风　赛风　旋风

画风　国风　车风　军风　管风　新风　跌风　观风　社风　赌风　热风　时风　店风　站风　汉风　考风　市风　官风　政风　商风　邮风厂风　假风　路风　陪风　脱风　教风　球风　绿风　警风　行风　会风枕头风　枕边风　Ins 风　搭卖风　低碳风　抢购风　一阵风　黑暗风睡眠风　西北风　西部风　吃送风　不育风　克隆风　涨价风　深折风返城风　摊派风　厌学风　假冒风　吃喝风　拼妈风　辞职风　条子风山寨风　班奴风

~风暴:喻指规模大而气势猛烈的事件或现象。

黑风暴　环评风暴　头脑风暴　太阳风暴　审计风暴　金融风暴　房贷风暴　次级房贷风暴

~疯:喻指某种严重的社会弊端,含谐谑意。

股疯　楼疯　吃喝疯　煤超疯　玉米疯

~扶贫:以某种方式扶助贫困户或贫困地区。

网络扶贫　产业扶贫　电商扶贫　消费扶贫　生态扶贫　补位扶贫智力扶贫　精准扶贫　精神扶贫　文化扶贫　科技扶贫　教育扶贫

~服务:泛指为集体(或别人)的利益或为某种事业而进行的工作。

云服务　E 服务　微服务　热服务　性服务　婚礼服务　过度服务会议服务　承诺服务　审批服务　跟房服务　电召服务　提醒服务　快递服务　超前服务　搭载服务　电话服务　阳光服务　背后服务　空中服务间断服务　三 S 服务　咨询服务　技术服务　歉意服务　挂牌服务　时间服务　售外服务　普遍服务　哑巴服务　隐身服务　一站服务　中国服务　延伸服务　影子服务　售中服务　自我服务　售前服务　家政服务医后服务　信息服务　个体服务　钟点服务　喘息服务　善终服务　健康服务　全程服务　销后服务　有偿服务　跟踪服务　发射服务　特色服务站立服务　透明服务　超值服务　社区服务　微笑服务　售后服务"一站式"服务　"静立式"服务　VIC 服务　门对门服务　一米线服务　静立式服务　无接触服务　短信息服务　一门式服务　一条龙服务　半跪式服务　零干扰服务　一站式服务　社会承诺服务

~腐:腐败的行为、现象或人。

房腐　惩腐　首腐　号腐　巨腐　拒腐　证腐　雅腐　智腐　涉腐师腐　车腐　清腐　反腐

~腐败:(制度、组织、机构、措施等)混乱、黑暗的现象。

洋腐败　呆腐败　暗腐败　微腐败　土腐败　农机腐败　白色腐败

灰色腐败　美容腐败　家族腐败　语言腐败　体感腐败　组团腐败　涉煤腐败　小二腐败　时间腐败　PE腐败　烟草腐败　接力腐败　暴力腐败　假日腐败　蚊蝇腐败　外围腐败　亲缘腐败　司法腐败　福利腐败　温和腐败　数字腐败　崩塌式腐败　苍蝇式腐败　链条式腐败　行规式腐败　共生性腐败　非典型腐败　舌尖上的腐败

负～：①小于零的(跟"正"相对)。②消极的。

负增　负翁　负能量　负建设　负回报　负利率　负资产　负股价　负月薪　负情绪　负团费　负反馈　负效应　负增长

G

概念～：泛指体现新理念、新思维和超前意识的构思、设计等。

概念店　概念车　概念版　概念水　概念股　概念机　概念销售　概念产品　概念市场　概念商品　概念地产

～感：感觉。

口感　带感　戏感　视感　质感　愤感　酷感　乐感　网感　钝感　骨感　喜感　球感　水感　脚感　爽感　无感　诱感　语感　税感　性感　冰凉感　韵律感　幽默感　仪式感　综艺感　存在感　沉浸感　压抑感　紧迫感　专属感　病耻感　使命感　违和感　CP感　代入感　失权感　归属感　方位感　落差感　现场感　成就感　太空感　无龄感　获得感　失落感

～干部：具有某种特点的担任一定领导工作或管理工作的人员。多含戏谑意。

中管干部　两手干部　军休干部　四门干部　西游干部　五小干部　豆饼干部　慢跑干部　三拍干部　笊篱干部　会议干部　领导干部　三型干部　管教干部　地板干部　妻管干部　书香干部　原则干部　蜻蜓干部　火箭干部　黑板干部　下岗干部　三陪干部　走读干部　旅游干部　召回干部　下沉干部　天亮前干部　万金油干部　九频道干部　二传手干部

高～：①在一般标准或平均程度之上的。②等级在上的。③数量多的。

高赞　高聘　高铁　高护　高技　高配　高甜　高经　高压　高难　高古　高盐　高新　高架　高翻　高位　高院　高企　高扬　高格　高仿　高专　高干　高速　高光　高职　高端　高地　高开　高清　高原　高危　高腾　高参　高烟　高看　高效　高发　高线　高管　高走　高酬

高票　高薪　高知　高亏　高科技　高消费　高技术　高配置　高评委
高解像　高颜值　高八度　高品位　高难度　高文化　高知识　高用汇
高技能　高咨委　高果糖　高通胀　高姿态　高指标　高保真　高致病性

　　～哥:①指从事某种职业或具有某种特征的男子。②戏称某些事物。

　　Q哥　表哥　煤哥　厅哥　U哥　房哥　球哥　4哥　动哥　军哥
警哥　初哥　踏哥　迪哥　款哥　一哥　托哥　呼哥　酷哥　网哥　帅哥
　的哥　空哥　word哥　抱抱哥　收碗哥　贩菜哥　蹭课哥　排队哥
诚实哥　撑伞哥　新闻哥　上墙哥　鸡汤哥　啃雪哥　外语哥　幕后哥
公益哥　顺风哥　浇水哥　仁义哥　公交哥　低碳哥　力学哥　麻袋哥
逼停哥　摆摊哥　日历哥　旁听哥　举牌哥　励志哥　抢修哥　断臂哥
垫钱哥　托举哥　暴力哥　街净哥　油条哥　送水哥　阿中哥　淡定哥
鳄鱼哥　未来哥　锦旗哥　睿智哥　咆哮哥　帐篷哥　证件哥　啵乐哥
孔雀哥　专拍哥　宴会哥　瞌睡哥　解套哥　回收哥　章鱼哥　笑脸哥
红娘哥　犀利哥　浮云哥　保证哥　大衣哥　齐全哥　浓烟哥　卖菜哥
标尺哥　忧民哥　高考哥　犀利收碗哥

　　～革命:①社会领域或生活领域的重大变革。②某方面的改革。

　　微革命　三A革命　三C革命　厕所革命　低碳革命　广场革命　餐
桌革命　绿色革命　厨房革命　银色革命　蓝色革命　白色革命　文明革
命　颜色革命　大农业革命　页岩气革命

　　～格:品格;风度。

　　厂格　戏格　报格　商格　人格　画格　社格　店格　国格

　　～工:①具有某种特点的工人。②泛指做某种工作的人。

　　志工　学工　点工　民工　青工　力工　花工　义工　护工　油工
临工　农工　社工　黑工　照顾工　自由工　农合工　家政工　农临工
智障工　市民工　老鼠工　临时工　水暖工　挑刺工　网约工　合同工
小时工　外来工　博士工　农民工　钟点工　网络钟点工

　　～工程:泛指某项需要投入巨大人力和物力的工作。

　　遗传工程　节日工程　讨饭工程　明眸工程　三金工程　畅通工程
长线工程　农远工程　后劲工程　护绿工程　拉链工程　头脑工程　民生
工程　雪炭工程　造星工程　温暖工程　茶杯工程　三绿工程　折子工程
　问题工程　蓝天工程　种子工程　骨头工程　助老工程　首长工程　晚
霞工程　校安工程　钥匙工程　后门工程　云海工程　五四工程　德政工
程　门面工程　解冻工程　探月工程　生物工程　政府工程　寒窗工程

心蕾工程　扶贫工程　黎明工程　祥云工程　金网工程　金税工程　全优工程　官衙工程　烂尾工程　市政工程　装饰工程　孝心工程　花瓶工程　条子工程　亮化工程　放心工程　献礼工程　嫦娥工程　细胞工程　康复工程　CS工程　换脑工程　阳光工程　反向工程　三同工程　康居工程　生态工程　健康工程　基因工程　暖心工程　纪念工程　素质工程　富县工程　智力工程　金关工程　咽喉工程　点头工程　拐杖工程　系统工程　同心工程　造血工程　绿色工程　海洋工程　政绩工程　钓鱼工程　鹅鸭工程　形象工程　知识工程　面子工程　夕阳工程　价值工程　尾巴工程　金桥工程　烛光工程　金卡工程　民心工程　温饱工程　胡子工程　安居工程　希望工程　211工程　223工程　标志性工程　青字号工程　666工程　吨粮田工程　"豆腐渣"工程　校校通工程　蛋白质工程　凝聚力工程　水杯子工程　交钥匙工程　送温暖工程　豆腐渣工程　有来头工程　刮胡子工程　茶杯子工程　五个一工程　半拉子工程　菜篮子工程　再就业工程　乡村记忆工程　退牧还草工程　网络文明工程　文化环保工程　体育温饱工程　知识创新工程　政府上网工程　爱心护理工程　零百千万工程　光明扶贫工程　家电下乡工程　绿色服务工程　夏商周断代工程　西部开发助学工程　中华再造善本工程　一二三家庭读书工程

　　~谷：①喻指事物发展的不景气阶段。②某类科学技术研发或文化创意研发的基地、集中地。源自英语"valley"。

　　底谷　三谷　困谷　链谷　智谷　声谷　浪谷　慧谷　蓝谷　数谷　冰谷　峰谷　创谷　光谷　药谷　低谷　硅谷　基因谷　低碳谷　塑料谷

　　~股：股票。

　　台股　派股　肉股　参股　美股　欧股　期股　纽股　持股　内股　世股　投股　诊股　权股　庄股　壳股　干股　妖股　控股　公股　C股　牛股　G股　退股　S股　红股　港股　个股　深股　仙股　N股　H股　A股　B股　蓝筹股　绩优股　样本股　红筹股　垃圾股　植物股　法人股　地雷股　外币股　面板股　绩平股　问题股　含权股　ST股　对标股　网络股　文化股　原始股　传产股　企业股　高价股　概念股　国企股　优先股　PT股　国有股　成长股　普通股　绩劣股　渣渣股　潜力股　强势股　热门股　权力股　绩差股　指标股　僵尸股　金改概念股　中国概念股　校车概念股　社会公众股　奥巴马概念股

　　~观：对事物的认识或看法。

　　三观　宏观　中观　内观　义利观　职业观　时效观　就业观　信息

观　幸福观　儿童观　成才观　荣辱观　择业观　智愚观　科学发展观
社会主义荣辱观

　　~官:①具有某种特点的官员。②具有某种身份的人。

　　企官　社官　嫩官　吃官　村官　京官　农官　树官　裸官　先行官
铲屎官　运营官　带货官　执行官　学生官　青年官　自在官　面团官
露水官　太平官　首席惊喜官　首席吐槽官　改革体验官

　　国民~:①本国民众的或国家的。②被普遍接受的。多含褒义。

　　国民车　国民葬　国民大哥　国民待遇　国民福利　国民媳妇　国民
女友　国民岳母　国民女儿　国民女婿　国民老公　国民床单　国民住宅
国民男神　国民公公　国民闺女　国民奶奶　国民休闲计划

H

　　哈~:喜欢;迷恋。源自中国台湾地区社区词。
　　哈德　哈骚　哈电　哈日　哈韩
　　海~:①从海外回来的。②从海外。
　　海淘　海鸥　海泡　海购　海鲜　海代　海根　海盗　海龟　海参
海草　海藻　海狮　海待　海归
　　~耗子:喻指偷窃或倒卖某类物资的人。
　　房耗子　邮耗子　粮耗子　电耗子　税耗子　水耗子　油耗子
　　黑~:①隐秘的;不光彩的。②不正当的;非法的。
　　黑招　黑粉　黑庄　黑路　黑课　黑档　黑娃　黑孩　黑片　黑台
黑点　黑彩　黑线　黑裁　黑幕　黑面　黑暴　黑枭　黑料　黑五　黑工
黑箱　黑产　黑道　黑船　黑市　黑财　黑包　黑户　黑马　黑社　黑
脚　黑机　黑车　黑飞　黑榜　黑金　黑嘴　黑导　黑洞　黑卡　黑客
黑哨　黑餐具　黑交易　黑速递　黑帽子　黑煤窑　黑砖窑　黑公关　黑
历史　黑天鹅　黑洋工　黑摩托　黑食品　黑稀土　黑作坊　黑律师　黑
老板　黑户口　黑科技　黑孩子　黑广播　黑网吧　黑条子　黑金池
　　~后₁:称在文体方面具有极高地位的女性。
　　美后　乒后　泳后　棋后　天后　球后　影后　冰后　封后
　　~后₂:某个年代的人。
　　70后　50后　95后　85后　20后　00后　60后　10后　90后　80
后　七零后　九零后　一零后　八五后　六零后　五零后　八零后

～户:指某种类别的家庭或个人。

重户　邮户　背户　大户　保户　贫户　业户　联户　散户　黑户　客户　侨户　两保户　娃娃户　住困户　权力户　暴花户　双联户　团结户　常困户　半家户　残困户　暴发户　双代户　空挂户　太空户　养机户　还迁户　同业户　回迁户　无房户　必保户　报发户　搬迁户　集体户　黄卡户　漏斗户　强迁户　示范户　蓝卡户　待装户　三不户　个业户　贫侨户　独男户　红卡户　科技户　文化户　重点户　纯女户　影子户　超生户　万斤户　先富户　动迁户　群租户　兼业户　二女户　拆发户　新风户　包扶户　全倒户　独女户　十星户　双女户　外来户　贩运户　特困户　拆迁户　冒尖户　女儿户　个体户　专业户　半边户　钉子户　关系户　万元户　超生游击户　计生出走户　春晚钉子户　党员联系户　文化个体户　住房特困户　科技示范户

～化:表示转变成某种性质或状态。("化"为后缀,加在名词或形容词后构成动词)

黄化　沙化　商化　活化　雌化　咸化　窄化　灰化　铁化　序化　四化　彩化　劣化　e化　膨化　淡化　归化　优化　智化　科化　萌化　云化　白化　细化　良化　E化　软化　野化　娘化　净化　西化　暖化　亮化　港化　黑化　弱化　老化　熟化　热化　内化　神化　量化　外化　矮化　香化　体系化　电脑化　短工化　短信化　科学化　影视化　志工化　国际化　知识化　集团化　在地化　人类化　无煤化　权金化　石漠化　可视化　本土化　二奶化　蚁穴化　瘦身化　系统化　偶像化　少子化　民主化　专业化　城投化　圈层化　顾客化　老龄化　实体化　周末化　年轻化　中性化　人源化　个性化　代币化　宠物化　商品化　同质化　华侨化　多样化　网格化　全球化　产品化　随意化　城市化　股份化　公园化　时装化　市场化　无害化　无纸化　廉价化　袋装化　网约化　妖魔化　国产化　轨道化　高龄化　立体化　粗鄙化　网络化　服饰化　电算化　标准化　电商化　碎片化　荒漠化　成熟化　空心化　多极化　非核化　多元化　电子化　程序化　石英化　情绪化　污名化　边缘化　非农化　一胎化　白领化　低龄化　沙漠化　数字化　集约化　信息化　格式化　智能化　一体化　富营养化　后工业化　多功能化　超电器化　土豆主粮化　数字资产化　污水资源化　办公自动化　政治地缘化　经济国际化　企业信息化　经济人伦化　人口郊区化　世界多极化　服装异性化　经济全球化　产业空心化　城乡一体化　半岛无核化　人

口老龄化　人口年轻化　垃圾袋装化　健康老龄化　长三角一体化　办公室自动化　马铃薯主粮化　农工技贸一体化　住房贷款证券化

～环境：周围的情况和条件。

大环境　水环境　费环境　软环境　小环境　硬环境　成才环境　文化环境　信息环境　外部环境　经济环境　室内环境　购物环境　投资环境　生态环境

～荒：严重的缺乏。

煤荒　粮荒　才荒　婚荒　菜荒　房荒　电荒　水荒　书荒　片荒　会荒　气荒　盐荒　信任荒　蛋白荒　民工荒　资产荒

黄金～：像黄金一样宝贵的。

黄金档　黄金周　黄金粥　黄金水道　黄金海岸　黄金地带　黄金时刻　黄金搭档　黄金教育　黄金票仓　黄金位置　黄金剩女　黄金时段　黄金剩男　黄金假日　黄金时间　黄金拍档　黄金旅游周

灰～："灰色"的简称。(同"灰色～")

灰产　灰道　灰客　灰市　灰技　灰牌　灰箱　灰哨　灰饭碗　灰代办　灰收入　灰犀牛　灰市场　灰校车

灰色～：①不明朗的。②不正规的。

灰色现象　灰色青春　灰色战争　灰色地带　灰色学生　灰色学费　灰色房产　灰色腐败　灰色产业　灰色支出　灰色影片　灰色清关　灰色童谣　灰色儿童　灰色系统　灰色事态　灰色市场　灰色消费　灰色经济　灰色技能　灰色收入　灰色负收入

～婚："婚姻"的简称。(同"～婚姻")

废婚　金婚　卒婚　走婚　半婚　午婚　军婚　桥婚　草婚　骗婚　联婚　隐婚　裸婚　素婚　网婚　失婚　纸婚　瘦婚　N婚　摆婚　浅婚　瓷婚　迟婚　邮婚　蜗婚　私婚　夕阳婚　事实婚　九九婚　早早婚　全裸婚　奥运婚　纪念婚　世博婚　无性婚　阶层内婚　十全十美婚　经济适用婚

～婚姻：①某种类型的夫妻关系。②结成夫妻关系的方式。

亚婚姻　空白婚姻　死亡婚姻　高价婚姻　同性婚姻　留守婚姻　国际婚姻　鞭炮婚姻　山寨婚姻　网上婚姻　酒宴婚姻　跨国婚姻　橡皮婚姻　速配婚姻　网络婚姻　少年婚姻　37度婚姻　无性婚姻　跳板婚姻　事实婚姻　涉外婚姻　无效婚姻　代际婚姻　可撤销婚姻　自利型婚姻

～货：①货物；商品。②指人。含感情色彩。

带货　尾货　B货　散货　快货　网货　水货　伪货　淘货　鱼货　A货　吃货　统货　死货　萌货　私货　外货　港货　黄货　扫货　俏货　尖货　劣货　炸货　热货　杯货　干货　滞货　超A货　大兴货　一命货　门子货　抢手货　白皮货　热门货　道具货　冷门货　大路货　人情货　热销货　全天货　跳楼货　二手货　白菜货

J

～计划：指工作或行动以前预先拟定的具体内容和步骤。

核计划　微计划　云计划　痛客计划　白屋计划　飞天计划　"蓝卡"计划　蓝天计划　云端计划　天朗计划　客工计划　燎原计划　天音计划　安老计划　展望计划　春蕾计划　太极计划　励耕计划　毒丸计划　丰收计划　硕师计划　双培计划　橙色计划　黑屏计划　贝克计划　外培计划　火炬计划　远景计划　金桥计划　养狼计划　实培计划　攀登计划　童伴计划　星火计划　阿波罗计划　尤里卡计划　863计划　119计划　111计划　八六三计划　指导性计划　南泥湾计划　指令性计划　全民健身计划　星球大战计划　科技攻关计划　国民休闲计划　"安乐"教育计划　可持续发展计划　人类基因组计划　八六三高科技计划　百万爱心行动计划　青年科技启明星计划

～季：具有某个特点的时期。

榨季　考季　泳季　财季　赛季　花季　入职季　毕业季　脱单季　求职季　择业季　狂暑季　人流季　幸福家庭季

～家：①经营某种行业或具有某种身份的人。②掌握某种专门学识或从事某种专门活动的人。

通家　买家　炒家　吃家　藏家　玩家　宰家　游家　庄家　写家　做题家　美食家　彩评家　实干家　球评家　消费家　股评家　知本家　玩具试玩家　民办教育家　地摊文学家　民营企业家　文化资本家

～家庭：①以婚姻和血统关系为基础的社会单位。②泛指类似家庭性质的组织模式。

酷家庭　云家庭　e家庭　类家庭　E家庭　失独家庭　标准家庭　传统家庭　非独家庭　特困家庭　第一家庭　丁斯家庭　天使家庭　半边家庭　单边家庭　原生家庭　联合家庭　五好家庭　无孩家庭　复合家庭　太空家庭　校园家庭　无饭家庭　双低家庭　全老家庭　补丁家庭　双

困家庭　两制家庭　网络家庭　城乡家庭　低保家庭　数字家庭　悬垂家庭　二一家庭　主干家庭　双核家庭　寄宿家庭　问题家庭　丁克家庭　丁宠家庭　白领家庭　核心家庭　空巢家庭　单亲家庭　AA制家庭　四二一家庭　零就业家庭　单细胞家庭　破裂型家庭　薪金制家庭

家庭～:某种家庭形式的或家用性质的。

家庭车　家庭餐　家庭癌　家庭学校　家庭出租　家庭教师　家庭暴力　家庭企业　家庭软件　家庭消费　家庭移民　家庭工厂　家庭副业　家庭代沟　家庭妇男　家庭创客　家庭农场　家庭工业　家庭银行　家庭经营　家庭承包　家庭手机　家庭主男　家庭电脑　家庭书架　家庭主夫　家庭病床　家庭影院　家庭AA制　家庭办公室　家庭博物馆　家庭信息机　家庭幼儿园　家庭生态林场　家庭自动化设备

～假:代指假冒伪劣产品或行为。

拍假　售假　储假　识假　扫假　防假　羼假　保假　惩假　抗假　造假　贩假　护假　治假　亮假　抵假　打假　反假　查假　清假　制假

假～:①虚伪的;不真实的;伪造的;人造的。(跟"真"相对)②有关假冒伪劣产品或行为的。

假面　假风　假拍　假潮　假课　假说　假仙　假冒　假波　假汇　假优　假写　假A　假B　假案　假祸　假球　假摔　假币　假牌　假打　假唱　假课文　假活儿　假集体　假企业　假新闻　假出口　假合资

～价:商品价值的某方面表现。

现价　竞价　穴价　股价　购价　鬼价　议价　优价　天价　均价　顶价　销价　地价　拍价　劣价　裸价　基价　明价　放价　热价　站价　黑价　溢价　底价　中价　控价　肥价　原价　全价　计价　违价　跳价　顺价　批价　劈价　起价　矿价　俏价　起拍价　参考价　人情价　离岸价　清仓价　大集价　正差价　优惠价　负股价　钱包价　跳水价　逆差价　献购价　冰点价　裸机价　警示价　落槌价　白菜价　献议价　顶限价　浮动价　亲情价　吐血价　钓鱼价　出渠价　市场价　落地价　秒杀价　国拨价　友情价　国际价　裸油价　地板价　惊爆价　震撼价　保护价　跳楼价

～阶层:指由共同的经济状况或其他共同特征形成的社会群体。

H阶层　白领阶层　条领阶层　名片阶层　草根阶层　待富阶层　双薪阶层　工薪阶层　中嫩阶层　金领阶层　食利阶层　先富阶层　IT双语阶层

～节：具有某种特色的节日。

萌节 办节 影节 两节 造节 双节 洋节 联欢节 萝莉节 邻里节 八卦节 童心节 光棍节 网民节 人造节 分手节 剁手节 亚音节 边疆节 双蛋节 动漫节 人居节 情人节 愚人节 敬老节 购物节 植树节 擒人节 冰雪节 男人节 减压节 母亲节 神棍节 数字节 晒书节 艺术节 非遗节 厕所节 教师节 农民工节 圣光棍节 微电影节 光明星节 网络情人节 白色情人节 全民阅读节 巨型光棍节 世纪光棍节 国际电影节 国际老人节 国家阅读节 成人儿童节 中国情人节 中国人民警察节 中国农民丰收节

～姐：称呼年轻的女子。

美姐 副姐 凤姐 环姐 发姐 球姐 奥姐 U姐 中姐 K姐 辣姐 房姐 富姐 迷姐 华姐 舞姐 一姐 傍姐 航姐 御姐 警姐 酷姐 军姐 初姐 铁姐 吧姐 动姐 倒姐 港姐 亚姐 迪姐 陪姐 高姐 款姐 托姐 巴姐 世姐 导姐 海姐 的姐 空姐 网姐 咆哮姐 钢管姐 提货姐 扫帚姐 淡定姐 微笑姐 犀利姐

～界：指职业、工作或性别等相同的一些社会成员的总体。

影界 扒界 泳界 IT界 业界 传播界 演艺界 艺能界 微胖界 读书界 科研界

金牌～：喻指最好的、最优秀的。

金牌工人 金牌演员 金牌节目 金牌球迷 金牌营业员

劲～：①坚强有力地；急剧地。②强烈有力的；热烈的。

劲曲 劲旅 劲势 劲射 劲走 劲歌 劲舞 劲销 劲升 劲爆 劲减

～经：①具有权威性的著作。②具有典型性而影响较大的政策、经验、办法等。

歪经 好经 彩经 考经 笔经 关系经 致富经 三字经

～经济：①经济学上指社会物质生产和再生产的活动。也指国民经济的各部门。②泛指某一方面的经济活动和现象。

闷经济 身经济 代经济 她经济 大经济 宅经济 酒经济 心经济 童经济 云经济 新经济 微经济 萌经济 夜经济 瘾经济 娃经济 校园经济 蓝色经济 耳蜗经济 地区经济 沙发经济 圈层经济 毕业经济 气象经济 新生经济 参观经济 空巢经济 开学经济 小众经济 门票经济 姚明经济 水岸经济 隔离经济 年会经济 后街经济

辛格经济　低碳经济　红头经济　屏幕经济　单位经济　效益经济　宠物经济　夜晚经济　地摊经济　白鹅经济　仕场经济　灰色经济　港口经济　粉丝经济　黑客经济　老龄经济　银发经济　地室经济　雾霾经济　首都经济　县城经济　鬼魅经济　计划经济　流量经济　飞地经济　有感经济　输血经济　条带经济　小麦经济　无聊经济　单身经济　萌娃经济　高考经济　商品经济　休闲经济　城堡经济　码上经济　火烧经济　沿线经济　美丽经济　短缺经济　首店经济　旅游经济　睡眠经济　陆桥经济　产品经济　直播经济　故里经济　临空经济　选美经济　马路经济　暑假经济　润滑经济　处长经济　通道经济　科长经济　诸侯经济　求职经济　创客经济　学霸经济　古墓经济　合影经济　书虫经济　种草经济　服务经济　信息经济　共享经济　过剩经济　航天经济　颜值经济　虚拟经济　低水经济　无人经济　市场经济　生态经济　官场经济　数字经济　绿色经济　网约经济　范围经济　论坛经济　独木经济　考研经济　窗口经济　春运经济　夜间经济　实体经济　分享经济　奥运经济　二孩经济　灰色经济　公路经济　会展经济　山寨经济　美女经济　民营经济　网红经济　拇指经济　餐桌经济　零工经济　围墙经济　墓产经济　黄色经济　太阳经济　县域经济　眼球经济　知识经济　庭院经济　网络经济　循环经济　泡沫经济　假日经济　COM 经济　非物质经济　在线新经济　创造型经济　后煤炭经济　大肚子经济　外向型经济　无接触经济　内向型经济　二次元经济　注意力经济　内源型经济　外源型经济　高考后经济　个体私营经济　汽车娱乐经济　单身女子经济　非公有制经济　混合所有制经济　社会主义市场经济

～精神：指人的意识、思维活动和一般心理状态。

奉献精神　丝路精神　板车精神　企业精神　抗非精神　深圳精神　抗疫精神　路桥精神　女排精神　北京精神　山寨精神　工匠精神　团队精神　钉钉子精神　诺贝尔精神　载人航天精神

～警："警察"的简称。指具有武装性质的国家治安行政人员。

房警　快警　廉警　防警　消警　红警　橙警　驻警　老警　法警　飞警　出警　厂警　协警　边警　刑警　森警　航警　辅警　乘警　片警　林警　狱警　微警　水警　特警　骑警　铁警　经警　武警　海警　空警　网警　片儿警　防暴警　督察警　交巡警

～警察：①具有武装性质的国家治安行政人员。②泛指能够维持秩序、安全的人或物。

模拟警察　市场警察　雕塑警察　噪声警察　网上警察　民办警察
香烟警察　节能警察　文化警察　食药警察　网络警察　空中警察　绿色
警察　电子警察　社区警察　太平洋警察

～剧：①具有某种特点的戏剧。②影视剧。

日剧　芭剧　偶剧　追剧　微剧　国剧　爽剧　扒剧　神剧　囧剧
二剧　雷剧　韩剧　网剧　番剧　餐式剧　华语剧　律政剧　精品剧　侦
破剧　悬疑剧　营养剧　主妇剧　伦理剧　通俗剧　实况剧　搞笑剧　儿
童剧　无脑剧　辣眼剧　本土剧　军旅剧　情景剧　越歌剧　谍战剧　宫
斗剧　山寨剧　连环剧　广播剧　影翻剧　季播剧　话梅剧　反腐剧　撒
糖剧　悬念剧　独播剧　唠嗑剧　抠图剧　育儿剧　表演剧　大头剧　悬
爱剧　宾馆剧　穿越剧　定向剧　虐心剧　港台剧　喷饭剧　合体剧　贺
岁剧　家斗剧　烧脑剧　侧躺剧　门户剧　大师剧　颜值剧　良心剧　电
商剧　青春剧　偶像剧　电视剧　单本剧　课本剧　连续剧　咖啡剧　室
内剧　肥皂剧　IP剧　宾馆艺术剧　青春偶像剧

K

～卡：①卡片；磁卡。②指某种电子设备或装置。源自英语"card"。

口卡　打卡　丧卡　明卡　迷卡　色卡　金卡　特卡　银卡　光卡
网卡　电卡　外卡　贺卡　磁卡　胸卡　黑卡　绿卡　房卡　普卡　暖卡
龙卡　养卡　闪电卡　商销卡　胞波卡　爱动卡　好人卡　显示卡　手
机卡　公益卡　提款卡　移车卡　刷脸卡　电子卡　公务卡　储值卡　僵
尸卡　零钱卡　放心卡　佩带卡　钻石卡　消毒卡　保障卡　校园卡　境
外卡　双标卡　门禁卡　SM卡　美容卡　热费卡　敬老卡　购物卡　联
名卡　市民卡　青年卡　国际卡　运通卡　磁条卡　灵巧卡　Visa卡　电
信卡　电视卡　记忆卡　援助卡　卖身卡　游戏卡　白金卡　盗补卡　全
医卡　信息卡　睡眠卡　蹭网卡　贵宾卡　微众卡　贷记卡　VIP卡　休
闲卡　上网卡　快通卡　村务卡　公交卡　STK卡　借记卡　CF卡　雷
锋卡　聪明卡　长城卡　扶我卡　社保卡　银联卡　情人卡　牡丹卡　无
忧卡　充值卡　音乐卡　电脑卡　明白卡　负担卡　智能卡　IP卡　信用
卡　银行卡　SIM卡　IC卡　京医通卡　全明星卡　IP储值卡　社会保
障卡　低碳信用卡　集成电路卡　网络身份卡　让座爱心卡　健康申报卡
地铁纪念卡　低碳交通卡　SSFDC卡　疫情防控行程卡　农民负担监督

卡　个人人民币银行卡

可～：表示许可或可能，与"可以"的意思相同。

可期　可控　可乐　可调秤　可听药　可降解　可燃冰　可视会议
可视电话　可视人体　可比产品　可视点播　可撤销婚姻　可持续发展
可再生资源　可穿戴设备　可更新资源　可入肺颗粒物　可吸入颗粒物

～客：具有某种共同特征的一类人或事物。源自英语。

泊客　脉客　布客　纠客　赳客　吉客　麦客　番客　爪客　吸客
嘿客　炫客　蓄客　慕客　闲客　耐客　推客　租客　奥客　帕客　团客
丫客　摆客　耀客　拍客　车客　牵客　善客　虚客　调客　攒客　赌
客　切客　食客　贴客　叫客　帮客　散客　播客　蛇客　蹭客　刷客
实客　趴客　创客　欠客　叮客　哄客　即客　秒客　拜客　账客　剩客
内客　追客　吧客　摇客　博客　拆客　剑客　筹客　维客　快客　掘
客　白客　印客　痛客　映客　极客　试客　职客　晒客　拼客　绿客
水客　骇客　泳客　威客　换客　红客　灰客　蓝客　淘客　闪客　港客
黑客　创客＋　拼饭客　海淘客　低碳客　必剩客　买春客　粉飞客
绿Ｖ客　背包客　农创客　毕租客　背囊客　代秒客　刚需客　沙发客
微骚客　租衣客　刷书客　怕死客　踩点客　动车客　过路客　秒杀客
理中客　羊儿客　慢拍客　毕剩客　助筹客　悠乐客　淘职客　配资客
回头客　代扫客　群租客　国际扫客

～控：指痴迷于某种事物的人。源自日语"コン"。

弟控　颜控　侦探控　萝莉控　微信控　攻略控　街拍控　网购控
签到控　苹果控　技术控　微博控　中国控　四叶控　推特控　数码控
大叔控　辟谣控　穿越控　颜值控

～库：①储存大量东西的建筑物或设备。②泛指具有存储功能的地点
或虚拟平台。源自英语"bank"。

刷库　入库　能库　眼库　题库　胀库　地库　利库　师库　撞库
涨库　拖库　语库　风库　曲库　智库　脑库　数据库　名称库　精子库
托管库　配对库　漏洞库　思想库　试题库　信息库　核武库　记忆库
人才库　人脑库　人奶库　国家基因库　国家漏洞库　中华遗嘱库

酷～：泛指时髦的，与众不同的。源自英语"cool"。

酷云　酷鸡　酷臀　酷胸　酷星　酷姐　酷划　酷语　酷味　酷机
酷文　酷男　酷脚　酷手　酷站　酷腿　酷言　酷装　酷头　酷臂　酷感
酷评　酷哥　酷演讲　酷表达　酷图标　酷表演　酷打扮　酷画面　酷

桌面　酷家庭　酷保健　酷体魄　酷爸爸

L

～垃圾:泛指失去价值的或有不良作用的人或事物。

干垃圾　湿垃圾　洋垃圾　医疗垃圾　邮政垃圾　危险垃圾　厨余垃圾　电器垃圾　学术垃圾　非典垃圾　拍拍垃圾　精神垃圾　塑料垃圾　电脑垃圾　文字垃圾　留学垃圾　美丽垃圾　文化垃圾　电子垃圾　白色垃圾　太空垃圾

垃圾～:①指和废弃物有关的。②喻指失去价值的或有不良作用的。

垃圾茶　垃圾服　垃圾猪　垃圾袋　垃圾汤　垃圾股　垃圾旅馆　垃圾时间　垃圾产业　垃圾短信　垃圾动物　垃圾邮件　垃圾睡眠　垃圾面积　垃圾轨道　垃圾分类　垃圾食品　垃圾粉丝　垃圾债券

～蓝:①蓝色。多代指某种职业。②蓝天。多代指无污染的环境。

护蓝　警蓝　火焰蓝　两会蓝　阅兵蓝　世锦蓝　高薪蓝　常态蓝　科技蓝　冬奥蓝　奥运蓝　北京蓝　APEC蓝

老～:①很久以前就存在的;时间久的(和"新"相对)。②指某一类人或事物。多含戏谑意。

老铁　老法　老星　老肝　老右　老梗　老倒　老前　老日　老亏　老特　老推　老左　老美　老便　老爸　老公　老包　老秀　老猫　老虫　老干　老班　老广　老蜜　老奖　老民　老警　老欧　老总　老迪　老抠　老乡　老鸟　老三　老国　老私　老个　老癌　老插　老记　老外　老八股　老三论　老大难　老克拉　老大哥　老三片　老干部　老欧洲　老三件　老三样　老处男　老炮儿　老面孔　老革命　老战友　老鲜肉　老大件　老企业　老军医　老三会　老钢盔　老三届　老四件　老油条　老三色　老蟑壳　老常态　老老虎　老姑娘　老司机　老法师　老大男　老三大件

～老虎:①喻指大量消耗能源或原材料的设备。②喻指有大量贪污、盗窃或偷税漏税行为的人。

肉老虎　气老虎　老老虎　地老虎　军老虎　房老虎　油老虎　水老虎　电老虎　热老虎

冷～:①温度低的;感觉温度低的(跟"热"相对)。②不热情的或不受欢迎的;没人过问的。

冷号　冷戏　冷妈　冷冬　冷恋　冷能　冷看　冷链　冷餐　冷路
冷待　冷和　冷潮　冷门　冷区　冷码　冷配　冷岛　冷点　冷线　冷巴
冷销　冷柜　冷暴力　冷和平　冷浸田　冷笑话　冷辐射　冷鲜肉　冷
思考　冷门儿　冷景区　冷家暴　冷浪漫　冷信息　冷处理

　　～力:力量;能力。

合力　心力　冰力　四力　原力　出力　警力　蓄力　堕力　张力
省力　定力　韧力　惰力　污力　磁力　运力　侨力　热力　内驱力　文
化力　创造力　孩动力　竞争力　内向力　弹跳力　填坑力　传播力　核
动力　共情力　议价力　承载力　私权力　承受力　公权力　辐射力　吸
引力　诱惑力　免疫力　涨粉力　整合力　星势力　智治力　青和力　注
意力　女友力　粉红力　感召力　反推力　购买力　凝聚力　男友力　启
动力　外向力　钝感力　公信力　不可抗力　环境承载力

　　～链:泛指由许多分支组成的相互关联、交错的关系或系统。

上链　云链　补链　星链　视链　冷链　增值链　量子链　生态链
市场链　产业链　传染链　供应链　服务链　行动链　资料链　资金链
羡慕链　债务链　价值链　传播链　传承链　生物链　工业链　鄙视链
食物链　神秘链　人才链　区块链　产品链　消费链　红色供应链

　　亮～:①显露;显示。②主动地公开某事物。

亮骚　亮短　亮剑　亮账　亮分　亮富　亮假　亮相　亮丑　亮码
亮绿灯　亮黄牌　亮红灯　亮牌子　亮底牌　亮红牌

　　靓～:①漂亮的;好看的。②某方面好的。源自粤方言。

靓妞　靓肺　靓女　靓齿　靓牌　靓车　靓仔　靓点　靓照　靓装
靓号　靓妹　靓汤

　　～量:数量;数目。

余量　体量　储量　眼量　海量　蕴量　运量　地量　热量　批量
流量　销量　天量　网播量　出口量　销售量　期发量　收集量　运动量
成交量　信息量　用云量　客流量　含铁量　含知量　含金量

　　～疗:①通过某种方式进行治疗。②"疗法"的简称。

冰疗　弃疗　爱疗　自疗　沐疗　足疗　工疗　放疗　水疗　饮疗
化疗　心疗　药疗　体疗　蜂疗　舞疗　沙疗　浴疗　氧疗　食疗　尿疗
磁疗　话疗　放化疗

　　～疗法:治疗疾病的方法。

饿死疗法　介入疗法　衣冠疗法　按摩疗法　芳香疗法　熏吸疗法

盲目疗法　生物疗法　音乐疗法　学习疗法　基因疗法　鸡尾酒疗法

零～：①表示没有数量。②免除或取消。源自英语"zero"。

零封　零基　零碳　零薪　零帕　零利息　零贿赂　零双非　零扣分
零投入　零绯闻　零租金　零投诉　零人格　零下岗　零眼袋　零彩礼
零点招　零欠薪　零礼金　零首期　零农赋　零容忍　零作弊　零中介
零佣通　零威亚　零差评　零核电　零利率　零团费　零专利　零换乘
零伤亡　零梯度　零伤害　零补考　零税率　零抢跑　零跑腿　零窗口
零裸官　零走收　零等待　零库存　零感染　零关税　零解聘　零污染
零翻译　零故障　零报告　零利润　零申报　零缺陷　零距离　零口供
零首付　零风险　零增长

～龄：①岁数。②泛指年数。

榜龄　驾龄　船龄　林龄　艺龄　卡龄　桥龄　银龄　恋龄　腰龄
学龄　逆龄　车龄　减龄　冻龄　劳龄　藏龄　刊龄　书龄　画龄　射龄
颜龄　肉龄　岗龄　报龄　舞龄　鱼龄　护龄　队龄　国龄　球龄　股
龄　农龄　厂龄　钓龄　警龄　航龄　干龄　机龄　婚龄　邮龄　歌龄
棋龄　酒龄　月龄　地龄　房龄　播龄　官龄　医龄　骨龄　兵龄　网龄
烟龄　教龄　癌龄　舞台龄

～领：借指从事某种职业或工作的人。源自英语"collar"。

e领　红领　开领　紫领　无领　新领　银领　绿领　橙领　灰领
白领　蓝领　黑领　粉领　金领　粉红领　格子领　金蓝领

另类～：与众不同的；特殊的。

另类音乐　另类美容　另类旅行　另类作家　另类休闲　另类医疗
另类童谣　另类女人　另类宠物　另类小说　另类教育　另类生活　另类
时装　另类新好男人

～令：①上级给下级的指示。②某部门或机构发布的规定、要求等。

调令　专令　限利令　隔离令　封口令　禁油令　维稳令　一件令
禁液令　退房令　限玩令　限投令　限液令　限唱令　限奢令　拒绝令
禁白令　限奶令　禁赔令　禁盐令　限酬令　禁官令　限高令　限桌令
禁租令　限韩令　限聚令　禁择令　限生令　限蝇令　禁燃令　禁韩令
限移令　封楼令　封航令　关灯令　限抗令　限集令　限剧令　夜休令
杀猫令　限降令　限卡令　禁怨令　降噪令　禁高令　禁塑令　限真令
禁娱令　节俭令　禁报令　限宴令　劣迹令　撤办令　限塑令　限医令
禁投令　限娱令　禁香令　禁胶令　限童令　限送令　退出令　居家令

免裁令　禁土令　禁铝令　限外令　禁读令　停机令　限广令　限读令
限酒令　限批令　红通令　限礼金令　短信限发令　移民限制令　2 时歇
业令　扑克通缉令　入境限制令　红色通缉令　扑克牌通缉令

留守~:因某种原因留在原地没有离开的。

留守族　留守士　留守者　留守婚姻　留守保姆　留守男士　留守子
女　留守女士　留守老人　留守儿童

~流:①指像水流的东西。②泛指某种趋势。

客流　恶流　农流　内流　热流　语流　漩流　黄流　人流　日流
盲流　车流　商流　华流　物流　韩流　资金流　学生流　现金流　县金
流　倒韩流　嫌韩流　人才流　信息流　意识流

流量~:①指网络流量相关的,在单位时间内网络上传输的数据量相关
的。②指和单位时间内网站的用户数量以及用户所浏览的页面数量相
关的。

流量费　流量币　流量劫持　流量经济　流量小生　流量花生　流量
小花　流量艺人　流量黑产　流量演员　流量钱包　流量明星　流量僵尸
流量担当　流量银行　流量思维　流量滚存

楼~:有关楼房建筑质量的。

楼酥酥　楼抱抱　楼挤挤　楼接接　楼高高　楼水水　楼粉粉　楼加
加　楼断断　楼陷陷　楼裂裂　楼斜斜　楼靠靠　楼晃晃　楼亲亲　楼超
超　楼垮垮　楼歪歪　楼薄薄　楼脆脆

~路:途径;门路。

天路　网路　黄路　头路　黑路　丝路　环路　辅路　戏路　便路
话路　红路　新路　储路　球路　才路　星路　财路　套路　学路　筷子
路　海绵路　断头路　寻常路　不归路

~论:①学说;理论。②观点;说法。

摸论　贫论　鼠论　猫论　左论　搭车论　筷子论　博弈论　笼子论
外因论　台阶论　泛性论　离场论　鞋子论　信息论　系统论　无拐论
萝卜论　控制论　血统论　两山论　风口论　唯性别论　唯学历论　唯
成分论　中国独秀论　民营经济离场论

裸~:①露出,没有遮盖的。②指除了自身外,什么都不附带的。

裸演　裸诵　裸温　裸拆　裸学　裸酒　裸片　裸碟　裸漂　裸诉
裸烟　裸烹　裸价　裸拼　裸游　裸妆　裸映　裸分　裸戏　裸融　裸商
裸购　裸照　裸归　裸驾　裸装　裸条　裸泳　裸地　裸持　裸睡　裸

晒　裸报　裸年　裸跑　裸账　裸潮　裸博　裸捐　裸辞　裸卖　裸聊
裸镜　裸贷　裸机　裸官　裸婚　裸退　裸替　裸考　裸奔　裸数据　裸
卖空　裸油价　裸实习　裸时代

　　～旅游:具有某种特点的旅行游览活动。

　　团旅游　微旅游　换寝旅游　网络旅游　体育旅游　工厂旅游　民俗
旅游　绿甜旅游　交换旅游　风筝旅游　科技旅游　宗教旅游　全域旅游
　银发旅游　建筑旅游　串校旅游　太空旅游　乡村旅游　公款旅游　自
助旅游　艺术旅游　假日旅游　黑色旅游　劳务旅游　医疗旅游　低碳旅
游　红色旅游　文化旅游　仿古旅游　特色旅游　康复旅游　水下旅游
会议旅游　公费旅游　生态旅游　小包价旅游　体验式旅游　保健式旅游
　无景点旅游　"半包价"式旅游

　　～率:两个相关的数在一定条件下的比值。

　　良率　产率　差率　扣率　胜率　费率　挂率　商品率　上座率　计
生率　毛利率　超员率　回收率　超标率　命中率　改好率　市净率　客
座率　排除率　发案率　回采率　绿化率　支持率　火化率　收益率　中
签率　抬头率　办结率　适足率　赔付率　胜赔率　市盈率　空驶率　换
手率　预扣率　签约率　开箱率　成衣率　实施率　视听率　成才率　收
听率　上镜率　还贷率　返修率　赔率　待业率　升学率　偿债率　绿地
率　入住率　投诉率　失业率　复垦率　上涨率　换汇率　递减率　自增
率　趋中率　多胎率　多孩率　一胎率　绿视率　黑灯率　回报率　收视
率　出屏率　出镜率　一孩率　回头率　非失业率　国产化率　毛入学率
　待就业率　绿化覆盖率　灵活就业率　幸福折旧率　建筑覆盖率　初次
就业率　保值贴补率

　　～绿:代指符合环保要求,无公害、无污染的事物。

　　租绿　种绿　植绿　造绿　补绿　插绿　吸绿　视绿　透绿　食绿
住绿　爱绿　洗绿　建绿　占绿　养绿　漂绿　护绿　毁绿　增绿

　　绿色～:①符合环保要求,无公害、无污染的。②积极向上的;健康的;
便捷的。

　　绿色浴　绿色鸿沟　绿色工厂　绿色学校　绿色石油　绿色旅馆　绿
色餐盒　绿色恐怖　绿色出行　绿色天使　绿色餐具　绿色彩票　绿色奖
励　绿色交通　绿色卫士　绿色文明　绿色镇痛　绿色原油　绿色产房
绿色金融　绿色意识　绿色革命　绿色手机　绿色社区　绿色核算　绿色
电池　绿色城市　绿色蔬菜　绿色材料　绿色照明　绿色厨师　绿色化工

绿色服饰　绿色保险　绿色装修　绿色家装　绿色网页　绿色住宅　绿色兑换　绿色经济　绿色餐饮　绿色饭盒　绿色文化　绿色金库　绿色动力　绿色大学　绿色企业　绿色文凭　绿色标签　绿色教育　绿色顾客　绿色肥料　绿色运动　绿色科技　绿色安葬　绿色工程　绿色网站　绿色事业　绿色档案　绿色能源　绿色设计　绿色建筑　绿色通道　绿色股票　绿色壁垒　绿色建材　绿色管理　绿色营销　绿色产业　绿色公交　绿色饭店　绿色农业　绿色农药　绿色警察　绿色标志　绿色银行　绿色电脑　绿色汽车　绿色证书　绿色冰箱　绿色长城　绿色家电　绿色奥运　绿色包装　绿色产品　绿色消费　绿色食品　绿色买路钱　绿色办公室　绿色广场舞　绿色GNP　绿色GDP　绿色扶贫行动　绿色希望工程　绿色保护主义　绿色消费行为　绿色环保设计　绿色护考行动　绿色生态小区　绿色气候基金　绿色零碳信用卡

M

～妈:指有子女的女子。(含比喻义)

作妈　虎妈　星妈　辣妈　房妈　宝妈　领妈　冷妈　羊妈　狮妈　央妈

～妈妈:指被认为具有母亲身份的女子。

板凳妈妈　少年妈妈　代理妈妈　最美妈妈　春节妈妈　希望妈妈　少女妈妈　微型妈妈　暴走妈妈　魔豆妈妈　不婚妈妈　未婚妈妈　单亲妈妈　后现代妈妈　星期天妈妈

～盲:指缺乏某方面常识、能力的人。

学盲　官盲　钱盲　音盲　农盲　税盲　体盲　诗盲　火盲　电盲　基盲　倒盲　路盲　彩盲　德盲　计盲　经盲　谱盲　心盲　艺盲　美盲　舞盲　机盲　法盲　医盲　球盲　股盲　科盲　网盲　卫生盲　公民盲　营养盲　电脑盲

～媒体:泛指交流、传播信息的工具、技术或方式。源自英语"media"。

超媒体　纸媒体　自媒体　鸿媒体　流媒体　词媒体　全媒体　微媒体　深媒体　融媒体　多媒体　云媒体　全程媒体　第六媒体　全效媒体　四全媒体　全息媒体　全员媒体　机构媒体　平面媒体　广告媒体　第五媒体　第四媒体　区块链媒体　新型主流媒体　大规模杀伤媒体

～妹:年轻女子;女孩子。源自粤方言。

靓妹　宾妹　Q妹　迷妹　辣妹　初妹　富妹　房妹　粉妹　鬼妹　网妹　动妹　太妹　迪妹　高妹　发廊妹　划车妹　拇指妹　陪嗨妹　犀利妹　环保妹　白粉妹　外来妹　书包妹　打工妹　陪 high 妹

～门:借指引起公众关注的消极事件。源自英语"gate"。

特工门　骷髅门　闺蜜门　帐篷门　倒闭门　评级门　泄漏门　薪酬门　学位门　改龄门　壁炉门　超卖门　药鸡门　口罩门　翻新门　多表门　订金门　结石门　鸽子门　电报门　关说门　弃婴门　泄露门　农残门　代表门　情报门　逃税门　集邮门　艾滋门　瓷器门　私奔门　标准门　请假门　献身门　地图门　伪虎门　水源门　篡改门　竞价门　地价门　潜逃门　鸡蛋门　纸牌门　威胁门　复牌门　暗算门　哥窑门　水军门　导游门　勾兑门　迟到门　考试门　大师门　鞠躬门　含氯门　捐款门　人肉门　返航门　八毛门　拿地门　保姆门　寿衣门　二奶门　偷笑门　离席门　金罐门　会所门　涉黑门　吸毒门　招嫖门　窜货门　泼墨门　代笔门　空饷门　内定门　PS门　赠药门　瞌睡门　砒霜门　代言门　骨汤门　整容门　艳女门　淫媒门　拼爹门　瞒报门　宰客门　保单门　龙虾门　牛肉门　白字门　补妆门　偷菜门　电邮门　爬坡门　拒让门　超生门　搀扶门　质量门　石墨门　名表门　含汞门　晕倒门　职称门　特招门　发飙门　通俄门　遗产门　气候门　假捐门　滤油门　吸费门　饭局门　国籍门　开水门　台历门　安置门　连跳门　爆炸门　虎照门　购房门　喂药门　同名门　邮件门　改分门　辐照门　资料门　国旗门　踏板门　倒塌门　茶杯门　诈捐门　政审门　打错门　感谢门　电话门　房产门　钓鱼门　暴风门　炸机门　误杀门　语文门　洗牌门　违法门　干政门　分红门　女友门　早熟门　差价门　尾气门　秒杀门　歧视门　天线门　高薪门　种票门　大嘴门　跳楼门　亲信门　艳照门　黄山门　解说门　添加门　香烟门　紫砂门　李刚门　发言门　激素门　尘肺门　配方门　被潜门　清退门　补贴门　密码门　检测门　杯具门　外泄门　微博门　棱镜门　擦汗门　禁网门　加分门　婚宴门　通缉门　兽兽门　脾气门　接待门　监视门　骗补门　豆浆门　窃听门　黑客门　监控门　抄袭门　崔顺实门　朴渊次门　力拓间谍门　故宫十重门　学历造假门　U盘采购门　律师造假门　谷歌侵权门　出国考察门

萌～:美好可爱的或和美好可爱相关的。源自日语"萌え"。

萌医　萌叔　萌节　萌宠　萌脸　萌态　萌军　萌照　萌物　萌宝　萌帝　萌主　萌爸　萌点　萌新　萌娃　萌相　萌货　萌值　萌文化　萌

喜剧　萌女郎　萌妹子　萌女孩　萌经济

　　～迷：沉醉于某一事物的人。

　　影迷　鸽迷　阿迷　慧迷　突迷　星迷　韩迷　漫迷　股迷　奥迷
笔迷　歌迷　章迷　牛迷　哈迷　乐迷　拳迷　彩迷　邮迷　网迷　万人
迷　舍宾迷　科幻迷　星星迷　昆虫迷　治虫迷　电视迷　卡漫迷　轨
交迷

　　迷你～：同类物品中较小的；小型的。源自英语"mini"。

　　迷你装　迷你车　迷你机　迷你型　迷你裙　迷你熊市　迷你市场
迷你汽车　迷你电影　迷你花园　迷你影院　迷你电视机

　　秒～：指动作或行为在极短时间内完成。

　　秒房　秒报　秒标　秒变　秒付　秒办　秒停　秒课　秒贷　秒购
秒没　秒过　秒批　秒空　秒删　秒回　秒赔　秒抢　秒辞　秒转　秒盗
　秒拍　秒懂　秒光　秒赞　秒杀

　　～民：指某种人。

　　麻民　无民　书民　保民　险民　乡民　警民　邮民　储民　聋民
卡民　雷民　艺民　酒民　烟民　码民　荣民　邦民　学民　微民　汇民
　脑民　股民　舞民　沽民　基民　笼民　彩民　网民　核灾民

　　名～：出名的；有名声的。

　　名报　名吃　名将　名票　名播　名校　名帅　名师　名手　名景
名摊　名产　名盘　名企　名店　名厂　名博　名陪　名片　名哨　名饮
　名啤　名记　名品　名标　名导　名腕　名模　名嘴　名二代　名场面

　　～明星：①有名的演员、运动员等。②泛指在某一方面出众的人。

　　全明星　准明星　问题明星　流量明星　三栖明星　销售明星　汉语
明星　大牌明星　公关明星　文艺明星　抗癌明星　广告明星　岗位明星
　的士明星　山寨明星　服务明星　会议明星　电视明星

　　明星～：①有关有名演员、运动员的。②泛指在某一方面出众的。

　　明星班　明星村　明星衫　明星体　明星包　明星枪手　明星广告
明星产业　明星城市　明星企业　明星效应　明星作家

　　～模：模特。

　　游模　嫩模　洋模　学模　丑模　吊模　房模　女模　野模　手模
超模　车模　名模　男模　艇模　O 靓模　口靓模

　　～模式：某种事物的标准形式或使人可以照着做的标准样式。

　　云模式　晋江模式　禾丰模式　婚礼模式　经济模式　沙集模式　苏

南模式　温州模式　TOD模式　打赏模式　烧烤模式

　　～模特：泛指用来展示某种事物的人或物。源自法语"modèle"。

狗模特　人体模特　在约模特　房屋模特　医学模特　时装模特　储
蓄模特　广告模特　汽车模特　超级模特　服装模特　联欢模特　平面
模特

　　～魔：喻指邪恶、疯狂的人或事物。

旱魔　学魔　色魔　艾魔　红魔　房魔　癌魔　白魔　心魔　疫魔

　　N

　　～男：具有某种特征的男子。

菌男　煮男　寝男　舞男　潮男　超男　大男　跑男　渣男　色男
直男　淑男　暖男　网男　快男　俊男　型男　妇男　未男　剩男　离男
宅男　乙男　猛男　熟男　单男　主男　酷男　少男　情男　瓷男　淘
男　处男　月亮男　火箭男　芒果男　宠物男　山竹男　龙眼男　顺溜男
三低男　电车男　素养男　极品男　夹心男　肉食男　女子男　奶嘴男
娘直男　工科男　草食男　丑帅男　食肉男　讲座男　励志男　油腻男
理工男　花美男　丑橘男　类同男　干物男　余味男　快餐男　甘蔗男
贝塔男　鸡贼男　肉松男　酱油男　豪华男　点心男　玩具男　水壶男
极客男　抢车男　三不男　奶瓶男　标配男　戳车男　便当男　愁婚男
食草男　拆迁男　灯笼男　草莓男　牛奋男　亚熟男　经适男　妈宝男
凤凰男　37度男　阿尔法男　电眼型男　经济弱势男　经济适用男　经
济适用型男

　　男～：某种职业或身份中男性的。含戏谑意。

男双　男同　男足　男宠　男棒　男网　男单　男篮　男排　男手
男团　男配　男花　男二　男气　男漫　男神　男模　男主　男妓　男娟
男星　男频　男票　男色　男款　男保姆　男阿姨　男粉领　男闺蜜
男一号　男小三　男奶妈　男当家　男护士

　　～脑：喻指智慧、思维、观念、人才等。

无脑　入脑　光脑　买脑　阅脑　群脑　洗脑　练脑　内脑　换脑
借脑　补脑　外脑　地球脑　电玩脑　游戏脑　驾驶脑

　　～年：年份；年度。

裸年　财年　峰年　间隔年　空挡年　文化年　小资年　安全年　国

家年　退烧年　千禧年　法国年　国际空间年　中美旅游年　基层减负年
质量、品种、效益年

　　～农业：包括农林牧副渔在内的生产事业，是国民经济的重要组成
部分。

　　水农业　大农业　节水农业　浅海农业　都市农业　立体农业　石油
农业　三资农业　消闲农业　数字农业　饭店农业　水体农业　精久农业
口号农业　物理农业　冬季农业　持久农业　高效农业　五色农业　彩
色农业　有机农业　精确农业　现代农业　吃饭农业　旅游农业　三高农
业　三色农业　创汇农业　绿色农业　精准农业　设施农业　订单农业
蓝色农业　持续农业　白色农业　观光农业　生态农业　城郊型农业　都
市型农业　星期天农业　白色工程农业　观光休闲农业

　　～奴：指为各种压力所累而失去某种自由的人。含贬义或戏谑意。

　　权奴　股奴　性奴　礼奴　劳奴　学奴　坟奴　病奴　果奴　债奴
妻奴　险奴　租奴　白奴　考奴　菜奴　团奴　基奴　药奴　屏奴　娃奴
猫奴　码奴　彩奴　年奴　医奴　墓奴　证奴　婚奴　垄奴　窑奴　节
奴　血奴　班奴　车奴　孩奴　房奴　卡奴　租房奴　定存奴　上班奴
网购奴　专利奴　发票奴　知识产权奴

　　～女：①指从事某种职业的女子。②指具有某种特征的女子。

　　单女　肥女　渣女　盛女　胜女　铁女　靓女　快女　潮女　暖女
蛙女　怂女　情女　猛女　嫩女　随女　鲜女　浪女　知女　酒女　索女
倩女　历女　森女　陪女　未女　超女　作女　网女　没女　打女　大
女　离女　宅女　熟女　腐女　摩女　剩女　吧女　抄女　淑女　霉女
型女　绅女　款女　寝女　美女　糙女　囤女　三块女　鱼干女　布波女
炫书女　宠物女　食肉女　兴盛女　酒托女　腹黑女　星剩女　山楂女
篱笆女　草食女　坐床女　香菇女　美魔女　嫁房女　晕机女　面包女
甘蔗女　麻袋女　站街女　摩的女　大爷女　肥腻女　双剩女　外围女
油腻女　无龄女　食草女　穷二女　穿越女　艾滋女　陪影女　陪酒女
乐宅女　单贵女　败犬女　润物女　陪老女　妈宝女　青春女　拆迁女
轻熟女　五钻女　中嫩女　优剩女　标签女　炫证女　陪照女　三养女
爱乐女　普相女　翡翠女　肉食女　陪泳女　三陪女　比婚女　抹布女
三不女　长包女　孔雀女　干物女　杠杆女　陪看女　仙人掌女　空气
出租女　清汤挂面女　简单方便女　经济适用女

　　女～：某种职业或身份中女性的。含戏谑意。

女铅　女举　女沙　女主　女裁　女柔　女款　女冰　女围　女频
女票　女棋　女蛙　女佩　女台　女杰　女同　女板　女重　女学　女双
　女单　女花　女团　女配　女手　女篮　女网　女垒　女乒　女排　女
将　女书　女蜂　女羽　女秀　女模　女曲　女星　女神　女款　女足
女记　女强人　女知联　女能人　女一号　女神经　女媒青　女汉子

～女孩：泛指少女或年轻女子。

萌女孩　坏女孩　可乐女孩　萌系女孩　物质女孩　幸福女孩　阳光
女孩　饭圈女孩　便利贴女孩　蛋白质女孩　阿尔法女孩　不完美女孩
紫金花女孩

～女郎：泛指年轻的女子。

谋女郎　星女郎　涩女郎　兔女郎　邦女郎　奥女郎　萌女郎　应召
女郎　陪酒女郎　三陪女郎　糖衣女郎　封面女郎　三高女郎　3S女郎
3am女郎　奥巴马女郎

P

～派：指立场、见解或作风、习气相同的一些人。

粤派　港派　仿派　商派　中派　风派　托派　麻派　舞派　托派
点彩派　飞车派　救市派　闪付派　杯具派　寂寞派　扫码派　动作派
挺转派　反转派　歌德派　光亮派　主烧派　实力派　偶像派　反烧派
缺德派　海龟派　海归派　反季节派　死理性派　鸳鸯蝴蝶派　健康明
星派

跑～：为某种事物而奔走或奔跑。

跑场　跑站　跑酷　跑穴　跑章　跑京　跑单　跑马　跑官　跑圈儿
泡～：故意消磨时间。源自粤方言。

泡岗　泡库　泡会　泡妞　泡网　泡吧　泡MM　泡哥哥　泡马子
泡沫～：喻指表面上繁荣兴旺而实际上虚浮不实的。

泡沫图书　泡沫合同　泡沫文化　泡沫新闻　泡沫经济　泡沫教授
陪～：陪伴；陪同。多指一种职业或行为。

陪诊　陪车　陪浴　陪访　陪绑　陪款　陪聘　陪酒　陪饭　陪房
陪住　陪侍　陪护　陪宿　陪同　陪游　陪舞　陪打　陪夜　陪唱　陪罚
　陪聊　陪床　陪会　陪餐　陪玩　陪座　陪送　陪产　陪教　陪练　陪
影　陪驾　陪购　陪泳　陪看　陪老　陪考　陪读

～啤:"啤酒"的简称。源自英语"beer"。

青啤 淡啤 罐啤 洋啤 国啤 冰啤 干啤 鲜啤 听啤 瓶啤 名啤 扎啤 散啤 长城啤

～漂:指工作或生活处于不稳定状态的外地人。

景漂 沪漂 港漂 裸漂 研漂 艺漂 华漂 京漂 铁漂 北漂 老年漂

拼～:①几个人拼合起来做某事。②比拼。

拼租 拼假 拼的 拼单 拼餐 拼机 拼学 拼征 拼雇 拼脸 拼购 拼邮 拼卡 拼妈 拼养 拼饭 拼爹 拼播 拼车 拼婚 拼婚宴 拼房子 拼家教 拼蜜月 拼保姆 拼步数 拼同学

～品:物品。

临品 三品 茶品 冰品 农品 潮品 沉品 黄品 油品 军品 摹品 票品 饮品 新品 晒品 床品 鱼品 原品 爆品 精品 饰品 贿品 游品 名品 劣品 邮品 民品 拍品 营养品 山寨品 舶来品 仿真品 茶制品 陆外品 投入品 奢耻品 快奢品 消费品 残次品 废次品 奢适品 快消品 奢食品 易耗品 高档消费品

～评:评论;评价。

中评 群评 星评 美评 漫评 风评 剧评 差评 报评 尝评 展评 旁评 留评 雷评 估评 联评 辣评 苛评 锐评 行评 战评 绿评 定评 网评 热评 控评 交评 环评 优评 坏评 棋评 微评 官评 暖评 视评 乐评 褒评 恶评 彩评 酷评 点评 股评 好差评

～屏:具有某种特点的屏幕。

首屏 分屏 触屏 跨屏 花屏 滚屏 舔屏 冰屏 刷屏 银屏 蓝屏 荧屏 彩屏 投影屏 高刷屏 滚动屏 打孔屏 泛在屏 电容屏 挖孔屏 竞速屏 超感屏 智慧屏 无限屏 开孔屏 触控屏 双霸屏 光影屏 折叠屏 漏斗屏 触摸屏 视保屏 全面屏 彩色电脑广告屏

Q

～期:某段时间。

基期 峰期 奖期 同期 保期 旺期 赛期 演期 疫期 聘期 档期 择业期 吸金期 公示期 保鲜期 断航期 待业期 换手期 春

淡期　试用期　婚育期　空窗期　关窗期　滞后期　围产期　转型期　持
效期　窗口期　成长期　牛熊重叠期　成长冲刺期　政策疲劳期　购物生
理期　离婚冷静期

～墙:①指某种特点、功能的墙壁。②喻指像墙一样的事物。

高墙　水墙　哭墙　刷墙　上墙　推墙　大墙　宇宙墙　防卫墙　结
构墙　状元墙　防疫墙　文化墙　公示墙　表情墙　新秀墙　白菜墙　生
活墙　封水墙　许愿墙　表白墙　社会墙　公开墙　微博墙　微波墙　友
善墙　绵羊墙　舍得墙　笑脸墙　商品墙　生态墙　恋爱墙　彩电墙　问
题墙　电视墙　防火墙　廉政隔离墙　多米诺柏林墙

桥～:有关桥梁的建筑质量的。

桥危危　桥糊糊　桥粘粘　桥裂裂　桥塞塞　桥脆脆

～青年:泛指年轻人。

小青年　大青年　儒系青年　土味青年　光想青年　超龄青年　佛系
青年　踟蹰青年　杂色青年　硬核青年　问题青年　四月青年　小镇青年
待业青年　斜杠青年　空巢青年　二傻青年　失足青年　大龄青年

轻～:①轻松地。②数量少或程度浅地。

轻食　轻骑　轻装　轻仓　轻奢　轻纵　轻移民　轻散文　轻网游
轻公司　轻豪宅　轻小说　轻资产　轻骑兵　轻定投　轻断食　轻众筹
轻熟女　轻骑队　轻博客　轻生活　轻停站　轻喜剧　轻体育　轻歌舞
轻奢侈品

～情:情形;情况。

雨情　军情　家情　警情　房情　非情　基情　股情　个情　薪情
疫情　汛情　特情　厂情　商情　鱼情　网情　牌情　赛情　火情　粮情
战情　地情　震情　党情　霾情　黄情　苗情　危情　市情　省情　残
情　社情　侨情　空情

～区:①某个地区或区域。②指某个方面或领域。

病区　库区　片区　票区　疫区　考区　谱区　林区　新区　澳区
警区　弱区　港区　产区　贫区　战区　展区　险区　景区　街区　冷区
难区　园区　销区　热区　雾区　社区　学区　赛区　小区　盲区　误
区　特区　风貌区　集聚区　综试区　黄泛区　大湾区　禁渔区　集管区
落月区　艺术区　无核区　禁讨区　危改区　开放区　无疫区　非延考
区　军事区　试验区　起步区　吸烟区　自贸区　两控区　金改区　农保
区　申根区　限航区　禁放区　座舱区　劝睡区　禁飞区　限制区　延考

区　红灯区　让票区　经济区　工业区　空识区　两先区　住宅区　智密
区　开发区　高新区　禁会区　贫困区　金贸区　保税区　自贸片区　酸
雨控制区　烟尘控制区　风景微缩区　自由经济区　中央商务区　经济开
发区　经济协作区　水源保护区　上海自贸区　自由贸易区　自贸试验区
　保税仓库区　自然保护区　经济开放区　东海防空识别区　高新技术开
发区　经济技术开发区　二氧化硫控制区　海南自贸试验区

趋～:趋向;趋于。

趋紧　趋温　趋缓　趋高　趋稳　趋旺　趋热　趋冷　趋新　趋同

去～:除去或停止。

去魅　去核化　去智化　去功能化　去核电化　去杠杆化　去元音化
去百货化　去电器化　去IOE

～圈:集体的范围或活动的范围。

发圈　入圈　币圈　出圈　票圈　链圈　胖圈　矿圈　饭圈　破圈
影圈　粉圈　怪圈　商圈　低价圈　提速圈　微笑圈　好物圈　首都圈
都市圈　拉票圈　玻璃圈　朋友圈　生态圈　影视圈　电视圈　经济圈
城市圈　坑友圈　微信圈　娱乐圈　演艺圈　共腐圈　社会共治圈　群众
自治圈　微信朋友圈　粤港澳经济圈　一小时交通圈　两岸一日生活圈

～权:①权利。②权力。

版权　上权　扩权　滥权　消权　洗权　狗权　除权　林权　劳权
护权　还权　赋权　确权　物权　下权　网权　窃权　球权　含权　数权
超权　水权　期权　余权　股权　捐血权　人格权　商标权　决赛权
经营权　掌控权　牛叫权　决策权　制天权　成果权　航空权　试错权
制网权　生存权　信用权　安静权　怀疑权　话事权　发包权　自主权
定居权　姓名权　沉默权　探视权　署名权　管电权　辞职权　生育权
专利权　探望权　落地权　阳光权　著作权　善终权　后悔权　择业权
发展权　出线权　知情权　排污权　环境权　分红权　隐私权　肖像权
配偶权　话语权　冠名权　选秀权　和谐权　联机权　被遗忘权　不发言
权　产业领导权　质量否决权　买房后悔权　优先报号权　特别提款权
经营自主权　合法伤害权　安全保障权　初始提名权　特殊防卫权

～群:①聚在一起的人或事物。②指在微信、钉钉、QQ等即时通信平台
上可以多人交流的小组。

拉群　学群　社群　集群　楼群　微群　退群　族群　课群　二群
摊群　赌群　QQ群　受众群　微机群　城市群　喷喷群　用户群　拇指

群　白菜群　微赌群　观念群　红包群　替课群　僵尸群　创客群　微信群　夸夸群　大城市群　高危险群　学习任务群

群～：群众性地或集体性地。

群治　群防　群监　群面　群评　群管　群殴　群聊　群销　群宿　群呼　群嘲　群采　群蛀　群访　群租　群发

～群体：泛指本质上有共同点的个体组成的整体。

企业群体　压力群体　友伴群体　弱势群体　强势群体　特困群体　先富群体

R

～热：指形成的某种热潮。

阵热　中考热　钓鱼热　美容热　电话热　京剧热　整形热　小资热　辞典热　电影热　元芳热　姚明热　麻将热　超导热　莫言热　集邮热　洋倒热　追星热　丛书热　宠物热　科技热　建市热　返聘热　台湾热　音乐热　抽筋热　炒金热　宇航热　阿信热　专硕热　攀比热　创收热　台球热　发明热　装修热　考G热　炒星热　买房热　考托热　国学热　销售热　集报热　陆桥热　升格热　武术热　减肥热　生日热　读书热

亚运热　收藏热　IP热　装潢热　针灸热　学位热　时装热　气功热　星星热　文化热　消费热　纪实热　羽绒热　海南热　晚会热　健美热　武侠热　经商热　西服热　食虫热　公司热　公关热　贺卡热　人体热　大陆热　考研热　考博热　文凭热　建房热　生肖热　汉语热　托福热　办学热　出国热　大陆桥热　君子兰热　卡拉OK热　日食经济热　填海建房热

热～：①温度高的；感觉温度高的（跟"冷"相对）。②热情的或受人欢迎的；受关注程度高的。

热迎　热况　热拍　热源　热招　热价　热泉　热词　热看　热买　热舞　热帖　热搜　热眼　热电　热流　热势　热售　热田　热赛　热身　热货　热议　热冰　热捧　热量　热评　热映　热场　热土　热播　热键　热演　热能　热炒　热力　热购　热风　热学　热钱　热线　热聊　热点　热码　热榜　热恋　热裤　热脸　热区　热卖　热态　热项　热岛　热销　热信息　热衰竭　热中子　热效应　热服务　热处理　热老虎　热启动　热污染　热气球

～人:①指某种身份或职业的人。②具有某种特征的人。

冰人 乙人 e 人 中人 树人 路人 粗人 素人 象人 糖人 爱人 飞人 狠人 棋人 剧人 狼人 高人 达人 鱼人 科人 线人 雷人 新人 腥人 宅人 牛人 影人 蛙人 港人 潮人 侨人 网人 鸟人 邮人 强人 维京人 斑马人 债权人 立体人 住井人 纸片人 现代人 虚拟人 企业人 托养人 热心人 艺评人 经纪人 数位人 营房人 关系人 发件人 可视人 机器人 冷恋人 黑衣人 汪星人 状态人 红领人 点子人 尾款人 单面人 同龄人 伊利人 透明人 航天人 吹哨人 自留人 残疾人 主持人 常规人 垃圾人 养号人 镜面人 当事人 投保人 策划人 爆料人 植物人 逆行人 携犬人 守群人 多维人 芯片人 袋鼠人 新鲜人 策展人 圈内人 中间介人 摄石人 克隆人 煎饼人 社会人 数字人 海螺人 喵星人 性人 持卡人 摆渡人 干饭人 话事人 井底人 意中人 定金人 北极人 掌灯人 流性人 晨型人 自游人 广告人 中性人 工具人 宇宙人 国际人 知情人 掌门人 圈中人 大墙人 现实人 圈外人 换心人 伤残人 经济人 养卡人 保车人 单位人 叫包人 矮星人 打工人 带头人 两栖人 纳税人 太空人 变性人 媒体人 制片人 明白人 健全人 电影人 外企人 智残人 边缘人 平面人 外星人 香蕉人 电视人 COM 人 "牛"型人 "鸡"型人 蜘蛛人 文化衫人 自由撰稿人 形象代言人 职业代购人 犯罪嫌疑人 独立制片人 品牌代言人 职业经理人 农业经理人 城市合伙人 善意第三人 节目主持人 生命摆渡人 过期新鲜人 税务代理人

～人才:德才兼备的人;有某种特长的人。

微人才 软人才 技术人才 适用人才 冒尖人才 软性人才 T 型人才 两栖人才 π 型人才 四有人才 银色人才 拔尖人才 物流人才 两用人才 IT 人才 刚性人才 候鸟型人才 复合型人才 订单式人才 双栖型人才 交叉型人才 军地两用人才

～人类:泛指具有某种特征的人的群体。

Q 人类 E 人类 e 人类 新人类 旧人类 新新人类

～人物:在某方面有代表性或具有突出特点的人。

新闻人物 铁腕人物 尖子人物 领军人物 星级人物 公众人物 顶级人物 法制人物

～日:特指某一天或某段时间。

跳日　暑日　党日　金日　首日　公休日　礼让日　让座日　生育日　周休日　自然日　禁毒日　低碳日　敬老日　高温日　零利日　公祭日　厂休日　排队日　世界日　助老日　火星日　行权日　首发日　卖萌日　休车日　减塑日　节假日　助残日　亚非日　爱绿日　政务日　大休日　厕所日　地球日　无车日　高潮日　无会日　爱眼日　双休日　接待日　马拉拉日　农民工日　全民撑警日　世界动物日　排队推动日　世界气象日　防灾减灾日　世界粮食日　世界人口日　世界住房日　世界湿地日　错案警示日　世纪示爱日　公共秩序日　世界电信日　全民健身日　车辆排队日　世界无烟日　低碳体验日　垃圾减量日　低碳社区日　国家公祭日　国际禁毒日　国家宪法日　国际减灾日　世界慢生活　世界艾滋病日　世界完全对称日　公民道德宣传日　国际消费者权益日　中国儿童慈善活动日　南京大屠杀死难者国家公祭日

软~：①物体内部的组织疏松，受外力作用后容易改变形状（跟"硬"相对）。②柔和的；轻松的。多与"硬"相对。③非物质或非技术形态的。多与"硬"相对。

软照　软景　软钱　软石　软埋　软战　软肋　软装　软网　软文　软唱　软降　软瘫　软功　软卧　软笔　软床　软盘　软驱　软书　软币　软件　软瘾　软法　软塑料　软科幻　软原则　软机构　软色情　软创新　软组织　软技能　软课题　软黄金　软住宅　软气功　软气氛　软霸权　软毛病　软医学　软抱怨　软约束　软商品　软挂钩　软懒散　软管理　软储备　软课程　软专家　软开业　软罢工　软质量　软手段　软转型　软罐头　软绩效　软文化　软妹子　软通货　软雕塑　软收入　软暴力　软投入　软产品　软投资　软装饰　软医闹　软指标　软目标　软起飞　软条件　软包装　软处理　软杀伤　软产业　软联通　软技术　软实力　软人才　软裁员　软着陆　软新闻　软环境　软资源　软科学　软广告

S

~嫂：①指从事某种职业的人的妻子。②指从事某种职业、行业或活动的年长女性。

医嫂　乘嫂　邮嫂　婚嫂　物嫂　卫嫂　险嫂　环嫂　楼嫂　纺嫂　水嫂　的嫂　报嫂　宴嫂　护嫂　地嫂　菜嫂　巴嫂　房嫂　呼嫂　商嫂

芭嫂　军嫂　警嫂　月嫂　空嫂　保安嫂　接送嫂　宴会嫂

晒～：指在互联网上分享、公开或曝光。源自英语"share"。

晒账　晒苦　晒娃　晒跑　晒价　晒步　晒黑　晒地皮　晒幸福　晒三公　晒年会　晒四公　晒工资

山寨～：①仿造的；非正牌的。②非主流的；民间性质的。源自粤方言。

山寨药　山寨币　山寨品　山寨搜　山寨军　山寨族　山寨街　山寨车　山寨剧　山寨帮　山寨风　山寨潮　山寨版　山寨婚姻　山寨货币　山寨指数　山寨现象　山寨社团　山寨精神　山寨经济　山寨春晚　山寨明星　山寨文化　山寨手机　山寨 2.0　山寨足球队　山寨幼儿园

闪～：快速地做某事。

闪购　闪骗　闪游　闪人　闪信　闪招　闪崩　闪约　闪惠　闪辞　闪存　闪退　闪贬　闪课　闪付　闪拍　闪赔　闪送　闪离　闪玩　闪婚

～商₁：从事商业活动的人或机构团体。

币商　文商　包商　乐商　华商　煤商　外商　友商　厂商　题商　虚商　内商　微商　侨商　裸商　抖商　码商　电商　云商　店商　网商　童商　邮商　公商　佛商　美商　深商　客商　房商　书商　展商　券商　摊商　片商　官商　台商　港商　儒商　包房商　代理商　承租商　出版商　经销商　装修商　发展商　承包商　皮包商　证券商　赞助商　开发商　主承销商　网络服务商

～商₂：泛指一个人所具有的某方面的能力和水平。

胆商　词商　搜商　速商　意商　舆商　逆商　灵商　悟商　职商　色商　爱商　魂商　媒商　婚商　心商　颜商　康商　唱商　志商　体商　语商　气商　买商　旅商　德商　音商　性商　淑商　趣商　美商　法商　乐商　智商　财商　健商　情商

～商品：泛指可以买卖的物品和非物品。

软商品　小商品　技术商品　授权商品　功勋商品　应税商品　快睡商品　专控商品　特供商品　三无商品　模糊商品　末日商品　威望商品　文化商品　领航商品　代表商品　点子商品　无价商品　领头商品　旅游商品　思想商品　香味商品　超级商品　节令商品　吉芬商品　概念商品　大款商品　亚运商品　拳头商品　二手商品　情感商品　王牌商品　伪劣商品　一次性商品　集团控购商品

商品～：和为交换而生产的劳动产品有关的。

商品菜　商品街　商品猪　商品肥　商品棉　商品墙　商品稿　商品

奶　商品房　商品信息　商品住宅　商品差价　商品法庭　商品经济　商品意识

涉～：牵涉；涉及。

涉汇　涉商　涉腐　涉市　涉恐　涉事　涉工　涉网　涉股　涉嫖　涉桃　涉恶　涉身　涉医　涉疫　涉爆　涉民　涉塑　涉外　涉黄　涉拐　涉贿　涉毒　涉港　涉税　涉枪　涉赌　涉性　涉密　涉案　涉黑　涉内　涉侨　涉台　涉农　涉老

～神：喻指擅长某事或某方面很突出的人。多含戏谑意。

衰神　战神　大神　房神　股神　男神　女神　考神　学神　卡神　财神　二郎神

神～：超乎寻常的；出乎意料的。多含戏谑意。

神贴　神菜　神器　神美　神帖　神级　神曲　神剧　神兽　神作　神创板　神答案　神对话　神操作　神签收　神字幕　神剪辑　神编排　神答疑

～生₁：学生。

网生　三生　差生　港生　逃生　病生　盲生　流生　陆生　导生　侨生　台生　评价生　推免生　国防生　博士生　中师生　高职生　助读生　待业生　后进生　实践生　试学生　校外生　往届生　工读生　试测生　招优生　优等生　掐尖生　后门生　统招生　租宿生　两后生　直博生　陪住生　纸条生　资格生　两栖生　研修生　成考生　五大生　三通生　项目生　平价生　双外生　管培生　西毕生　择校生　交换生　特长生　高价生　选校生　视听生　残疾生　自费生　代培生　委培生　条子生　克隆生　定向生　双差生　特优生　捐资生　赞助生　自考生　就学生　计划生　三校生　流失生　特招生　议价生　特困生　硬条子生　非地段生　北大推荐生　推优直选生　高考落榜生　过季毕业生　第二学士学位生

～生₂：生育。

买生　代生　滥生　攀生　抢生　明生　强生　劣生　躲生　偷生　计生　优生　超生　二胎生

～生活：人为了生存和发展而进行的各种活动。

夜生活　黑生活　轻生活　腻生活　挤生活　慢生活　私生活　e生活　静生活　快生活　微生活　云生活　租生活　团生活　翘生活　倍速生活　鼹鼠生活　低碳生活　25点生活　mild生活　另类生活　网络

生活

生态～:生物在一定的自然环境下生存和发展的状态。

生态学　生态楼　生态链　生态县　生态葬　生态圈　生态墙　生态饭　生态村　生态游　生态道德　生态标志　生态居室　生态服装　生态纤维　生态渔业　生态家具　生态汽车　生态长凳　生态庭院　生态种植　生态建筑　生态扶贫　生态经济　生态手机　生态食品　生态科学　生态失衡　生态工程　生态平衡　生态公园　生态意识　生态住宅　生态赤字　生态银行　生态厕所　生态难民　生态时装　生态环境　生态效益　生态城市　生态农业　生态旅游　生态豆腐渣工程

～师:①掌握专门学术或技艺的人。②特指教师。

流师　包师　名师　棋师　民师　验房师　速录师　家教师　三总师　点菜师　美容师　鉴黄师　体绘师　薪税师　分析师　语文师　鼓励师　导乐师　发票师　闻臭师　估价师　育婴师　策派师　逗闷师　首席师　议价师　策划师　调酒师　唤醒师　遛娃师　K 歌培训师　心理咨询师　社区规划师　信用评估师　小三劝退师　理财规划师　家装设计师　网络砍价师　声音鉴黄师　心理治疗师　知识产权师　职业点菜师　公交精算师　观影体验师　衣橱整理师　约会体验师　城市美容师　医疗理财师　职业差评师　入户育婴师　商业防损师　营养点菜师　网上入殓师　企业文化师　临终关怀师　旅游体验师　数字化管理师　电子竞技运营师　在线学习服务师

～时代:以某种状况为依据而划分的一段时间。

裸时代　剩时代　听时代　词时代　"被"时代　她时代　涨时代　6 时代　被时代　新时代　我时代　微时代　奴时代　E 时代　7 时代　累时代　辞时代　代时代　亿时代　云时代　创时代　风时代　荒时代　e 时代　亚洲时代　硬汉时代　潮婚时代　众创时代　TA 时代　读图时代　令和时代　白银时代　触屏时代　读屏时代　铃声时代　5G 时代　短工时代　四限时代　非银时代　追风时代　拇指时代　低碳时代　E 化时代　看脸时代　养男时代　地铁时代　e 化时代　父婴时代　微利时代　千基时代　拼爹时代　DT 时代　二孩时代　加急时代　无机时代　网络时代　税感时代　多忙时代　阶梯时代　难情时代　全马时代　众症时代　IT 时代　男色时代　信息时代　网红时代　女力时代　Phone 时代　后改革时代　后粗口时代　后非典时代　后信息时代　后拐点时代　后广告时代　后儿童时代　后学历时代　后毕业时代　后疫情时代　注意力时代

新同居时代　贵能源时代　后"9.11"时代　后SARS时代　后农业税时代　后萨达姆时代　大众旅游时代　知识经济时代

～食品:泛指可供人类食用的加工、半加工或未加工物质。

黑食品　放心食品　航天食品　自然食品　丝绸食品　五毛食品　基因食品　临保食品　趣味食品　有色食品　冷冻食品　休闲食品　包装食品　膨化食品　生鲜食品　情绪食品　工程食品　营养食品　上帝食品　配方食品　方便食品　彩色食品　微波食品　环保食品　太空食品　生态食品　红灯食品　冰温食品　临界食品　纸形食品　健康食品　鲜花食品　有机食品　特医食品　功能食品　仿真食品　茶叶食品　强化食品　保健食品　风情食品　垃圾食品　天然食品　速冻食品　电视食品　黑色食品　绿色食品　无公害食品　超微细食品　转基因食品　功能性食品　高营养食品

～市:①市场。②市况;行情。

农市　虎市　文市　鹿市　红市　毒市　跳市　才市　网市　共市　黑市　鬼市　外市　狗市　摊市　午市　俏市　前市　尾市　汇市　淡市　卡市　影市　旺市　深市　沪市　猴市　股市　楼市　后市　币市　白市　灰市　邮市　车市　彩市　债市　球市　期市　书市　熊市　房市　牛市　超市　投市　寻市　露市　限市　护市　兴市　停市　休市　入市　顺市　缺市　断市　上市　涉市　登市　开市　退市　应市　逆市　让市　扰市　救市　造市　抢市　面市　托市　政策市　螺旋市　牛皮市

～市场:①商品交易的场所。②商品行销的区域。

钱市场　半市场　灰市场　闲市场　迷你市场　文化市场　快递市场　空壳市场　手语市场　校前市场　电话市场　C端市场　黄昏市场　交易市场　低端市场　自发市场　观众市场　弹性市场　礼品市场　期货市场　集贸市场　二手市场　侃价市场　姐妹市场　自由市场　产品市场　家装市场　卫星市场　人造市场　船方市场　朝霞市场　青春市场　旅游市场　老板市场　职介市场　一板市场　网游市场　B端市场　银发市场　主板市场　择偶市场　黄色市场　巨型市场　资金市场　虚拟市场　二板市场　摊群市场　邮票市场　潜在市场　一级市场　概念市场　职工市场　音像市场　足球市场　马路市场　厂内市场　债务市场　高端市场　厕所市场　保姆市场　服务市场　信息市场　银色市场　夕阳市场　二级市场　科技市场　教育市场　灰色市场　农贸市场　技术市场　超级市场　劳务市场　卖方市场　买方市场　跳蚤市场　人才市场　创业板市场

星期日市场　银色消费市场　艺术电影市场　商业电影市场　第二板块市场　汽车金融市场

　　～式₁:样式;方式。

　　盒式　港式　片式　复式　花式　西式　套式　制式　西式　一门式　家长式　插卡式　银座式　斩件式　遮幅式　闪回式　瘫痪式　仓储式　一体式　学导式　注入式　菜单式　拉网式　宾馆式　毒舌式　一票式　灌注式　断崖式　产权式　点穴式　全制式　快餐式　即开式　一窗式　地毯式　全景式　开放式　填鸭式　便携式　一站式　三点式　奥巴马式　巧克力式　纯债发起式

　　～式₂:仪式。

　　首影式　开幕式　首游式　首播式　首发式　首展式　首映式　首漂式

　　～事:事物;事情。

　　影事　药事　内事　囧事　球事　港事　网事　股事　赛事　展事　花花事　面子事

　　～事件:历史上或社会上发生的不平常的大事情。

　　饺子事件　水饺事件　恐怖事件　三鹿事件　黑屏事件　迪拜事件　踩踏事件　孟连事件　中兴事件　追尾事件　徐宝宝事件　"平江虎"事件　华南虎事件　药家鑫事件　小悦悦事件　贾君鹏事件　黑砖窑事件　魏则西事件　9·11事件　卢美美事件　郭美美事件　湄公河事件　汉芯造假事件　自杀炸弹袭击事件　突发公共卫生事件

　　～手:擅长某种技能或做某种事的人。

　　波手　球手　拉手　灰手　国手　买手　怪手　名手　祸手　拳手　棋手　泳手　谜手　快手　剑手　酷手　省手　车手　刷手　牌手　飞手　淘手　苦手　强手　骑手　射手　钓手　弱手　炒手　推手　宰手　跤手　枪手　杀手　机手　写手　辩手　弹簧手　咸猪手　削球手　操刀手　一把手　发包手　段子手　代购手　怪球手　香蕉手　下号手　火炬手　二把手　冲线手　破风手　操盘手　二传手　代包手　网意操盘手　三八红旗手　新长征突击手

　　～叔:指具有某种特征的年长男性。多含亲切或戏谑意。

　　铺叔　表叔　萌叔　根叔　房叔　暖叔　保洁叔

　　数字～:采用数字化技术的。

　　数字云　数字人　数字税　数字节　数字政府　数字音乐　数字奥运

数字电话　数字移民　数字药片　数字跑道　数字腐败　数字治城　数字治疫　数字小区　数字难民　数字家电　数字农业　数字地图　数字电影　数字体育　数字抗疫　数字游戏　数字跑鞋　数字脱贫　数字弃民　数字战疫　数字货币　数字家庭　数字相机　数字经济　数字通信　数字技术　数字城市　数字鸿沟　数字地球　数字电视　数字博物馆　数字原生代　数字新基建　数字原住民　数字水建筑　数字图书馆　数字人民币　数字摄像机　数字丝绸之路　数字移动电话　数字基尼系数

刷～：①"刷"动作的比喻义。②指用非常规手段获取或侵占。

刷墙　刷粉　刷票　刷机　刷码　刷分　刷钻　刷量　刷脸　刷单　刷榜　刷街　刷活　刷题　刷博　刷赞　刷书　刷夜　刷眼　刷库　刷屏　刷卡　刷微博　刷步数　刷人数　刷粉丝　刷阅读量　刷存在感

～死：某种原因或方式（的）死亡。（含比喻义）

社死　优死　过游死　喝水死　粉刺死　发烧死　走路死　做梦死　如厕死　尊严死　降价死　见光死　洗脸死　发狂死　骷髅死　盖被死　冲凉死　过学死　过劳死　安乐死　上厕所死

～税：指具有某种特点的税费或税种。

碳税　契税　绿税　新税　两税　国税　妻税　三税　包税　个税　地税　燃油税　年龄税　购置税　车购税　馅饼税　社保税　大亨税　过头税　智商税　印花税　小姐税　花红税　胶袋税　车船税　卧室税　工薪税　红利税　土增税　邻接税　浮盈税　危机税　消费税　猫狗税　遗产税　个调税　调节税　暴利税　数字税　雾霾税　红包税　海淘税　利息税　加名税　增值税　特种税　馒头税　单身税　奖金税　择校税　人情税　物业税　筵席税　航海碳税　巴菲特税　个人所得税　买家印花税

T

～坛：指某些职业、专业活动领域。（多用于文艺、体育方面）

足坛　菊坛　垒坛　书坛　拳坛　柔坛　曲坛　银坛　谜坛　艺坛　弈坛　越坛　音坛　跳坛　技坛　医坛　漫坛　舞坛　雪坛　球坛　歌坛　篮坛　视坛　影坛　手坛　射坛　羽坛　政坛　棋坛　武坛　麻坛　乐坛　桥坛　剧坛　车坛　举坛　乒坛　报坛　芭坛　偶坛　排坛　泳坛　教坛　警坛　听坛　剑坛　邮坛　跤坛　烟坛　杂坛　美坛　昆坛　牌坛　田坛　网坛　股坛　摄坛　学坛　科坛　连坛

逃～:①逃避。②为了逃避不利而做某事。

逃漏　逃游　逃事　逃顶　逃单　逃废　逃税　逃生　逃港　逃缴
逃套　逃款　逃考　逃贷　逃汇

～特区:在某些方面实行特殊政策的地区。

小特区　大特区　旅游特区　企业特区　文化特区　科技特区　足球
特区　教育特区　经济特区　双创特区

～体:指流行于网络的具有某种特征的语言表达形式。

马上体　惆怅体　德纲体　土豪体　因为体　还珠体　亮叔体　90 岁
体　唤醒体　回爱体　倒写体　非凡体　三宝体　方阵体　QQ 体　明星
体　合并体　十年体　高贵体　官宣体　流氓体　团圆体　青春体　厕所
体　校内体　生活体　英雄体　如果体　红楼体　一淘体　元芳体　纺纱
体　起码体　鲸鱼体　撑腰体　意林体　废话体　葛优体　眼中体　承诺
体　高考体　回音体　忍够体　假想体　宝黛体　舌尖体　玛雅体　表白
体　遗憾体　腹黑体　公式体　震惊体　表格体　穿越体　末日体　海燕
体　包裹体　丢脸体　糖果体　强国体　乡愁体　甄嬛体　鼓力体　咆哮
体　蜜糖体　有种体　翻船体　子弹体　小贱体　依然体　收听体　怨妇
体　将爱体　轻度体　任性体　羊羔体　遇见体　私奔体　脑残体　约会
体　返乡体　谋杀体　随手体　凡客体　精神体　赳赳体　蓝翔体　蹉跎
体　秋裤体　苍白体　别哭体　挺住体　丹丹体　亲密体　幸福体　断电
体　助理体　陆川体　高铁体　微博体　大概体　淘宝体　360 体　梨花
体　高晓松体　白素贞体　蓝精灵体　沈从文体　一句话体　千万别报体
中英穿越体　见与不见体　凡尔赛体　TVB 体　hold 住体　"小目标"
体　下班回家体　校长撑腰体　诗词混搭体　且行且珍惜体

～替:替代别人做某事的人。多指影视剧中替代别的演员表演某些动
作的人。

脚替　胸替　光替　吻替　会替　童替　笔替　文替　饭替　裸替
手替

铁～:稳定的;牢固的;坚定的。

铁规　铁律　铁丁　铁粉　铁蜜　铁娘子　铁帽子　铁饭碗　铁女人
铁板凳　铁哥儿　铁哥们　铁工资　铁三角　铁姐们　铁交椅

～头:头领;为首的人或组织。

行头　钩头　教头　菜头　集头　油头　托头　鸡头　穴头　钓头
网头　猎头　血头　蛇头　包工头

～团：工作或活动的集体。

微团　退团　水团　护团　银团　参团　男团　女团　跟团　群团
展团　芭团　限团　天团　豪华团　买家团　企划团　武检团　观摩团
笑笑团　三无团　武僧团　AK团　赔审团　炮灰团　砍价团　砍房团
口碑维　跟走团　抄底团　代课团　朝觐团　验身团　炒房团　拼友团
购房团　三清团　配偶团　淘宝团　爆吧团　求贤团　私家团　猜评团
讲师团　蜜友团　参展团　亲友团　扛包团　陪审团　占座团　抱抱团
炒基团　智囊团　万人购房团　奥运义工团　白领炮灰团　战疫语言服
务团

～托：①从旁诱人受骗上当的人。含贬义。②专职为人做某事以从中
获利的人。源自北方方言。

狗托　园托　掌托　书托　作托　血托　白托　号托　课托　娃托
饭托　油托　闹托　打托　麻托　药托　酒托　布托　吧托　会托　车托
贿托　房托　医托　婚托　课托儿　婚托儿　车托儿　洋托儿　笑托儿
布托儿

W

～王：同类中居首位的或特别突出的个体。

兵王　录王　单王　卷王　拳王　堵王　颜王　棋王　天王　蛙王
地王　球王　标王　新人王　颜值王　破烂王　全冠王　圈粉王

～网：①像网一样纵横交错的物体、关系、组织或系统。②特指计算机
网络或网站。

研网　光网　收网　暗网　震网　中网　管网　戒网　官网　入网
谍网　护网　连网　联网　净网　外网　触网　蓝网　E网　潜网　电网
清网　路网　黄网　C网　e网　林网　光纤网　语联网　干线网　分
配网　光联网　土豆网　窄带网　猫扑网　政府网　防治网　内联网　通
宵网　保健网　基带网　人情网　数联网　音乐网　车联网　城域网　放
映网　广播网　协作网　以太网　销售网　道路网　校园网　英特网　物
联网　环球网　宽带网　防盗网　广域网　因特网　局域网　互联网　万
维网　关系网　移动通网　高速路网　公众信息网　高速宽带网　全球捐
赠网　联合防御网　共同防御网　宽带接入网　国际互联网　高速宽带信
息网　国家公共信息网　第三代移动通信网　国家信息中心增值网

网红～:和网络红人有关的。

网红地　网红班　网红脸　网红城市　网红经济　网红文化　网红时代　网红产业

～危机:某方面出现的严重困难状况。

水危机　核危机　次贷危机　能源危机　蓝藻危机　京剧危机　两房危机　次按危机　男孩危机　泡菜危机　欧债危机　人才危机　迪拜危机　金融危机　状元危机　人口危机　信仰危机　火山灰危机　次级债危机　迪拜债务危机

微～:①细小的;轻微的;少量的。②特指有关微博、微信或互联网的。

微捐　微创　微盘　微管　微轿　微幅　微机　微信　微整　微粉　微剧　微视　微搜　微播　微卡　微赌　微贷　微企　微聊　微拍　微光　微爱　微缩　微访　微调　微课　微币　微友　微付　微淘　微商　微雕　微警　微讯　微耳　微德　微针　微群　微店　微利　微团　微刻　微亏　微骗　微医　微肥　微评　微单　微软　微博　微面　微车　微民

微文化　微打车　微留学　微整形　微媒体　微拼车　微问政　微改革
微税务　微信托　微党课　微婚礼　微云台　微阅读　微拜年　微理财
微平台　微能耗　微求助　微梦想　微基建　微公益　微营销　微服务
微施政　微课程　微护照　微过年　微故事　微塑料　微公交　微都市
微语言　微课堂　微剧本　微音乐　微代言　微慈善　微漫画　微博客
微表情　微诉讼　微维权　微客服　微写作　微志愿　微城管　微创业
微革命　微媒介　微创新　微整容　微刺激　微书评　微环保　微景园
微警务　微活动　微点评　微出行　微银行　微田园　微议案　微感动
微计划　微心愿　微投诉　微游戏　微直播　微门店　微论坛　微简历
微招聘　微调查　微弹幕　微家书　微愿景　微谣言　微求职　微游记
微域名　微运动　微领域　微电台　微爱情　微素养　微旅游　微建议
微祈福　微基金　微新闻　微播报　微情书　微喜剧　微辩论　微领地
微暴力　微诗会　微思念　微访谈　微童话　微人才　微听证　微采访
微外交　微生活　微航班　微文明　微传播　微传销　微度假　微沙龙
微代表　微空间　微乐活　微时代　微力量　微电商　微作文　微表白
微卖场　微反应　微记者　微经济　微祝福　微腐败　微政务　微话题
微猎头　微动力　微电脑　微世界　微领队　微电影　微票儿　微菜场
微小说　微发言人　微养老院　微恐怖主义

微博～:有关微型博客的。

微博游　微博墙　微博钱包　微博私访　微博运维　微博问诊　微博保姆　微博约架　微博直播　微博招聘　微博外交　微博问政　微博公文　微博议政　微博自首　微博专员　微博主政　微博元年　微博打拐　微博血型　微博红包　微博110　微博结婚证

伪~：伪造的；虚假的。

伪书　伪货　伪娘　伪证　伪基站　伪农民　伪幸福　伪科学　伪命题　伪城镇化

~文化：泛指历史和社会上的某种物质或精神现象。

侃文化　高文化　性文化　尬文化　云文化　狼文化　漾文化　软文化　雷文化　丧文化　微文化　硬文化　吧文化　小文化　烟文化　亚文化　主文化　萌文化　污文化　茶文化　绿文化　反文化　大文化　囧文化　次文化　祖安文化　草根文化　小众文化　宿舍文化　西餐文化　老插文化　非典文化　圈子文化　土味文化　饮食文化　网络文化　纸巾文化　金砖文化　苗条文化　领袖文化　强势文化　蛋壳文化　不育文化　黄色文化　契约文化　前喻文化　餐馆文化　展厅文化　海派文化　并喻文化　绿色文化　后喻文化　牌匾文化　拇指文化　御宅文化　手指文化　汽车文化　赛博文化　影视文化　舞厅文化　书信文化　泡沫文化　美食文化　地摊文化　社区文化　婚姻文化　网红文化　大款文化　电视文化　山寨文化　校园文化　企业文化　快餐文化　diss文化　电视传媒文化

~文学：以语言文字为工具形象化地反映客观现实的艺术。特指具有某种特征的文学作品或样式。

商文学　拳头文学　知青文学　课桌文学　时装文学　广告文学　法制文学　剑盾文学　影视文学　三通文学　纪实文学　摄影文学　城市文学　反思文学　车间文学　行走文学　探亲文学　寻根文学　海派文学　玄幻文学　粉领文学　痞子文学　港台文学　地摊文学　短信文学　大墙文学　改革文学　伤痕文学　打工文学　网络文学　边缘文学　留学生文学　冰淇淋文学　亚武侠文学　凡尔赛文学

~问题：须要研究讨论并加以解决的矛盾、疑难。

千年问题　个人问题　老龄问题　"三农"问题　朝核问题　2000年问题　421问题　Y2K问题　千年虫问题　互联互通问题

问题~：有问题的；非正常的；不符合要求的。

问题车　问题房　问题菜　问题股　问题奶　问题墙　问题球　问题

片　问题明星　问题饺子　问题球员　问题青年　问题裁判　问题球迷
问题工程　问题图书　问题奶粉　问题家庭　问题少年

〜污染:某种不利物质或因素造成的危害。

零污染　白污染　光污染　水污染　热污染　电磁污染　噪声污染
基因污染　电波污染　黑色污染　社会污染　汽车污染　旅游污染　白亮
污染　生物污染　信息污染　精神污染　餐桌污染　太空污染　尾气污染
二次污染　电子污染　视觉污染　白色污染　煤烟型污染　高科技污染
放射性污染　城市视觉污染　室内空气污染

〜屋:①特指店铺。源自日语"屋"。②具有某种功能、特点的房屋或
设备。

棚屋　简屋　危屋　饼屋　发屋　冰屋　太空屋　自选屋　洗脚屋
极品屋　精品屋　石烤屋　融雪屋　西点屋　僭建屋　西饼屋　发型屋
啤酒屋

X

〜先生:①称某种身份的男子。含感情色彩。②指从事某种工作的年
轻男子。

左先生　右先生　白卷先生　母亲先生　空中先生　无聊先生　足球
先生　时尚先生　跑街先生　公关先生　妈妈先生　第一先生　礼仪先生
关键先生　文学先生

〜险:"保险"的简称。

产险　绿险　三险　农险　寿险　财险　团险　个险　车险　投连险
绑票险　奇葩险　赏月险　摔倒险　家财险　三责险　降价险　记者险
脱光险　万能险　简身险　车贷险　食责险　意外险　大病险　长护险
防跌险　雾霾险　堵车险　跌停险　人身险　航意险　加班险　吃货险
挂科险　怀孕险　春运险　公意险　蹭网险　贴条险　食强险　高温险
交强险　熊孩子险　扶老人险

〜现象:泛指某种社会、自然的情况或问题。多含否定色彩。

烟现象　姚明现象　舌尖现象　浴室现象　F4 现象　候鸟现象　纽
扣现象　11 点现象　山寨现象　最美现象　抵消现象　正妹现象　海归现
象　东北现象　苏三现象　灰色现象　于丹现象　热岛现象　科座现象
3F 现象　等等现象　小岛现象　空巢现象　35 岁现象　59 岁现象　29 岁

现象　条子现象　哥们儿现象　大拇指现象　拉尼娜现象　张悟本现象
红帽子现象　白大衣现象　文学锋现象　沈大路现象　星期一现象　"丽珠得乐"现象　厄尔尼诺现象

　　～线：①边缘交界的地方。②接近或达到某种境况或条件的边际。③路线、线路或网络。

　　校线　走线　疫线　红线　网线　三线　季线　出线　黑线　下线
长线　眼线　唇线　脱线　院线　普线　防线　游线　入线　踩线　银线
　站线　班线　曲线　水线　均线　离线　标线　高线　环线　旺线　上
线　岸线　飞线　阳线　热线　阴线　K线　底线　冷线　中环线　内环
线　男女线　青藏线　直航线　控分线　马甲线　警戒线　双黄线　保安
线　调档线　贫困线　外环线　投档线　周K线　指导线　十八线　一米
线　及格线　三八线　分数线　房岸线　风景线　温饱线　心理线　斑马
线　胡焕庸线　水景岸线　爱心斑马线　枯荣分界线　蓝色提示线　创意
斑马线　三乱防护线　最低生活保障线

　　～项目：生产、建设、研发过程中的门类。

　　首长项目　国债项目　影子项目　行政项目　钓鱼项目　拼盘项目
公章项目　条子项目　骨头项目　拳头项目　短平快项目

　　～消费：为了生产或生活需要而消耗的物质财富或接受的有偿服务。

　　大消费　洋消费　高消费　遗憾消费　清凉消费　枷锁消费　早熟消
费　科学消费　集团消费　三公消费　银色消费　手段消费　愚型消费
结婚消费　家庭消费　软件消费　分时消费　劳务消费　毕业消费　品牌
消费　良知消费　色彩消费　攀高消费　合伙消费　即期消费　信用消费
　野蛮消费　情感消费　心理消费　人情消费　感情消费　顶级消费　超
值消费　婚补消费　主题消费　健康消费　适度消费　借债消费　公款消
费　银发消费　个性消费　二次消费　感性消费　最终消费　宠物消费
先导消费　负债消费　灰色消费　愚昧消费　红色消费　文化消费　超前
消费　礼仪消费　教育消费　白色消费　精神消费　绿色消费　愚昧性消
费　自救式消费　发展性消费　炫耀性消费　小康型消费　温饱型消费
报复性消费　无接触消费　十万元级消费

　　小～：①在体积、面积、数量、力量、强度等方面不及一般的或不及比较
的对象（跟"大"相对）。②前加成分，用于某些人或事物前，含喜爱或戏
谑意。

　　小文　小号　小憩　小非　小报　小器　小试　小技　小有　小住

小记　小编　小冰　小床　小坐　小拖　小咖　小密　小会　小康　小巷　小虫　小头　小费　小命　小睡　小轿　小妍　小虾　小龄　小腕　小胜　小零　小私　小套　小抠　小白　小众　小灶　小秘　小幅　小件　小微　小三　小巴　小窗　小面　小区　小负　小蜜　小资　小天地　小白文　小切口　小农合　小恐龙　小高层　小金人　小汽车　小交会　小本票　小字报　小锅菜　小生命　小北约　小清新　小独栋　小青年　小洽会　小年轻　小仙女　小师妹　小企业　小伙伴　小阿姨　小卫生　小学期　小橙人　小三马　小报告　小畜栏　小摆设　小份菜　小确丧　小三件　小开发　小公汽　小邮差　小贴士　小宏观　小特区　小公主　小心思　小金库　小福利　小环境　小综合　小女人　小电影　小商品　小粉红　小家电　小字辈　小蓝莓　小网虫　小倒爷　小姐姐　小天城　小公募　小道理　小高考　小青柠　小司考　小青荷　小公举　小小说　小帅姐　小兄弟　小红书　小剧场　小意思　小哥哥　小白菜　小霸王　小美眉　小鲜肉　小饭桌　小程序　小公共　小帅哥　小平行　小白领　小确幸　小太阳　小短假　小目标　小文化　小黄帽　小钱柜　小四轮　小款爷　小广告　小长假　小户型　小皇帝　小气候　小灵通　小青春期　小萝卜头　小蓝单车　小星火计划　小美女作家

～小姐：指从事某种工作或活动的年轻女子。

华姿小姐　汽车小姐　封面小姐　亚运小姐　QC小姐　空中小姐　售楼小姐　家访小姐　航空小姐　亚洲小姐　导诊小姐　洲际小姐　数字小姐　跑单小姐　啤酒小姐　导储小姐　寻呼小姐　收银小姐　网络小姐　导医小姐　微笑小姐　柜台小姐　储蓄小姐　导游小姐　香港小姐　世界小姐　礼宾小姐　健身小姐　按摩小姐　公关小姐　水上小姐　三陪小姐　导购小姐　礼仪小姐　促销小姐

～小说：具有某种特征的叙事性文学体裁。

小小说　微小说　商小说　轻小说　黄色小说　电子小说　心态小说　文化小说　同题小说　隐私小说　成人小说　摄影小说　微信小说　交互小说　言情小说　纯爱小说　屏幕小说　纪实小说　另类小说　网络小说　妖精小说　报缝小说　电视小说　手机小说　报告小说　含谜小说　微型小说　三级小说　接龙小说　电脑小说　财经小说　非虚构小说　冰淇淋小说　一分钟小说　半自传体小说

～效益：效果和利益。

潜效益　双效益　社会效益　教育效益　长程效益　人才效益　投机

效益　规模效益　经济效益　深圳效益　金牌效益　环保效益　环境效益
生态效益

～效应：①物理的或化学的作用所产生的效果。②泛指某个人物的言行或某种事物的发生、发展在社会上所引起的反应和效果。

云效应　负效应　热效应　副效应　T效应　首次效应　虹吸效应
鲶鱼效应　鲇鱼效应　磁场效应　龙年效应　广告效应　箩筐效应　状元效应　花男效应　光环效应　外溢效应　先发效应　首因效应　关系效应　PP效应　桑巴效应　同城效应　马太效应　破窗效应　茅坑效应　邻里效应　舌尖效应　重奖效应　行政效应　涡轮效应　剧场效应　低洼效应　粉底效应　章鱼效应　寒蝉效应　莫言效应　鳏寡效应　安可效应　冯氏效应　羊群效应　骨牌效应　环境效应　蝴蝶效应　头雁效应　土豆效应　滞后效应　热岛效应　二孩效应　口红效应　角色效应　激励效应　咕咚效应　明星效应　情感效应　名人效应　眼球效应　温室效应　轰动效应　阳伞效应　巴奴姆效应　大企业效应　胖手指效应　城市热岛效应　左邻右舍效应　多米诺骨牌效应

新～：①刚出现的或刚经验到的。跟"旧、老"相对。②性质上变得更好的。和"旧"相对。

新绿　新版　新房　新篇　新村　新晋　新机　新词　新贫　新姿　新作　新意　新路　新区　新贵　新脸　新招　新岸　新风　新酷　新冠　新苗　新款　新人　新品　新富　新任　新锐　新领　新军　新宠　新高　新低　新盘　新星　新秀　新潮　新欢　新司考　新子学　新大件　新知青　新农保　新三届　新农合　新时代　新海丝　新医改　新蓝领　新工科　新女学　新课标　新国潮　新文科　新三论　新三垂　新欧洲　新三铁　新工人　新市民　新港仔　新居民　新升规　新高考　新征程　新千年　新四化　新经济　新基建　新登场　新长征　新字号　新风口　新概念　新零售　新三陪　新景观　新强态　新二代　新大陆　新平庸　新干线　新老年　新常态　新乡贤　新国货　新时期　新人类　新安全观　新新女生　新新人类　新国五条　新好男人　新四大件　新个税法　新国十条　新国四条　新三大件　新洋屋运动　新个体经济　新技术产业　新农夫运动　新发展阶段　新安保法案　新发展格局　新帝国主义　新发展理念　新动力人群　新四大发明　新节俭主义　新中间阶层　新59岁现象　新白领标准　新明星学者　新同居时代　新言情小说

～新闻：①报社、通讯社、广播电台、电视台等报道的消息。②泛指社会上新近发生的事情或传播的消息。

假新闻　微新闻　动新闻　硬新闻　酸新闻　软新闻　超前新闻　朦胧新闻　断头新闻　标题新闻　八卦新闻　电脑新闻　电视新闻　断篇新闻　爆炸新闻　灰暗新闻　赤脚新闻　热点新闻　无题新闻　网络新闻　烂尾新闻　马路新闻　沸点新闻　广告新闻　整点新闻　负面新闻　泡沫新闻　有偿新闻　爆炸性新闻　事件性新闻　非事件性新闻

～星：①"明星"的简称。指有名的演员、运动员等。②泛指在某一方面出众的人。

导星　超星　主星　诗星　毒星　富星　盲星　童星　克星　芭星　痞星　男星　巨星　棋星　睡星　体星　会星　哑星　民星　丑星　影星　酷星　港星　女星　武星　毯星　艳星　冰星　韩星　稚星　舞星　流星　艺星　歌星　跑星　泳星　球星　脱星　笑星　新星　奥星　学星　教星　视星　谐星　科星　打星　虐星　宠星　造星　崇星　点星　追星　砸星　拜星　捧星　恋星　评星　吹星　炒星　定盘星

星～：和"明星"有关的。

星味　星爸　星妈　星踪　星意　星路　星照　星探　星运　星闻　星途　星范儿

～行动：为实现某种意图而进行的具体活动。

筷行动　候鸟行动　维和行动　重生行动　三五行动　双百行动　降速行动　换草行动　聚蕉行动　天网行动　雏鹰行动　聚菜行动　剑网行动　双联行动　UV行动　灭蚊行动　法网行动　震慑行动　猎狐行动　黑屏行动　光盘行动　斩首行动　兰花草行动　IPP行动　1（家）＋1助学行动

～行为：受思想支配而表现出来的活动。

C型行为　A型行为　行政行为　恐怖行为　消费行为　长期行为　企业行为　角色行为　政府行为　短期行为　非典行为　绿色消费行为

～型：指类型或式样。

飞型　套型　台型　构型　款型　题型　发型　房型　户型　开拓型　经营型　剁手型　便携型　科技型　大户型　传输型　密集型　知识型　封闭型　双密型　交叉型　自尊型　速度型　生产型　涉众型　集团型　即开型　豪华型　豆芽型　智力型　引领型　智能型　复合型　双师型　开放型　迷你型　内向型　候鸟型　瘦肉型　温饱型　外向型　百灵鸟型　非抢救型　知识密集型　劳动密集型　技术知识密集型

~性:表示事物的某种性质或性能。

柔性　良性　感性　魔性　惯性　骨性　险性　知性　刚性　爆炸性
可娱性　抗乐性　猛爆性　广延性　适法性　利空性　先进性　机制性
可达性　视认性　融资性　可视性　可靠性　强制性　适读性　喜剧性
创造性　国民性　公开性　建设性　抗译性　娱乐性　成长性　戏剧性
致病性　输入性　可读性　前瞻性　互动性　一次性　原创性　可塑性
流行性　时效性　外源性　导向性　可批性　可看性　可行性　动物源
性　不确定性　可操作性　政治正确性　生物多样性

休闲~:可以轻松、悠闲享受生活的。

休闲车　休闲课　休闲业　休闲卡　休闲伞　休闲带　休闲服　休闲
装　休闲族　休闲经济　休闲一派　休闲越野车

~秀:表演;演出。源自英语"show"。

大秀　型秀　首秀　看秀　马秀　走秀　主秀　做秀　作秀　变装秀
推广秀　生活秀　平民秀　才艺秀　炒作秀　脱手秀　人体秀　出口秀
俯卧秀　开台秀　讨薪秀　自杀秀　内衣秀　富人秀　首席秀　选举秀
买家秀　现场秀　跳楼秀　红毯秀　处女秀　跳桥秀　政治秀　时装秀
处子秀　地王秀　秒停秀　告别秀　电视秀　吃饭秀　真人秀　泳装秀
状元秀　模仿秀　脱口秀　中国达人秀

虚拟~:不符合或不一定符合现实的;假设的。

虚拟人　虚拟云　虚拟币　虚拟城市　虚拟药库　虚拟偶像　虚拟鱼
饵　虚拟社区　虚拟企业　虚拟宠物　虚拟拥抱　虚拟市场　虚拟银行
虚拟货币　虚拟经济　虚拟歌手　虚拟现实　虚拟主持人　虚拟养老院

~学:学科;学问。

女学　苏学　弘学　黄学　心学　钱学　失败学　女性学　人才学
香气学　男性学　人口学　生态学　创造学　灾害学　文化学　炒作学
引销学　科学学　未来学　信息学　关系学　基因组学　IP 经济学　城市
社会学　公共关系学　穷人经济学

Y

亚~:次一等的。

亚孤儿　亚忠诚　亚婚姻　亚失业　亚文化　亚快乐　亚疾病　亚别
墅　亚健康　亚情人　亚幸福

阳光～：①事物、现象等公开透明的。②积极开朗、充满活力的。

　　阳光族　　阳光假　　阳光监督　　阳光工程　　阳光执法　　阳光服务　　阳光行政　　阳光后代　　阳光跟帖　　阳光后厨　　阳光政府　　阳光男孩　　阳光少女　阳光起点　　阳光三毛　　阳光审判　　阳光事业　　阳光工场　　阳光采购　　阳光作业　　阳光女孩　　阳光操作

洋～：外国的、外国人的或和外国有关的。

　　洋啤　　洋妞　　洋酒　　洋投　　洋吃　　洋模　　洋烟　　洋帅　　洋哨　　洋菜　洋节　　洋倒　　洋水　　洋道　　洋票倒　　洋北漂　　洋框框　　洋高考　　洋学子　洋留守　　洋雇员　　洋官司　　洋打工　　洋小二　　洋白菜　　洋京漂　　洋托儿　洋基民　　洋快餐　　洋范儿　　洋股民　　洋消费　　洋黑工　　洋挑刺　　洋教头　洋保姆　　洋经理　　洋专家　　洋跑跑　　洋爸爸　　洋贵妃　　洋保险　　洋博士　洋家乐　　洋房贷　　洋倒爷　　洋饮料　　洋厂长　　洋白条　　洋伯乐　　洋冒进　洋代工　　洋垃圾　　洋居民　　洋腐败　　洋插队　　洋野鸡大学

～爷：①指从事某种职业的人。多指男性。含戏谑意。②具有某种特征的人。多含戏谑意。源自北京方言。

　　坟爷　　车爷　　房爷　　假爷　　捧爷　　息爷　　蹭爷　　票爷　　导爷　　班爷　官爷　　二爷　　的爷　　款爷　　卡爷　　揽爷　　侃爷　　板爷　　倒爷　　膀爷　　女性爷　　冒死爷　　倒儿爷　　官倒爷　　土地爷　　板儿爷　　担忧爷　　财神爷

～一代：泛指具有某些共同特点的一群人。多具有年龄或年代限制。

　　茫一代　　稳一代　　刷一代　　简一代　　媚一代　　@一代　　O一代　　淘一代　创一代　　我一代　　Y一代　　网一代　　飘一代　　地震一代　　沪G一代　千禧一代　　触屏一代　　鸟笼一代　　拇指一代　　疾风一代　　鼠标一代　　御屏一代　　强国一代　　港生一代　　鸟巢一代　　现在就要一代

～一族：泛指某一类人。

　　漂一族　　T一族　　拼一族　　晒一族　　飘一族　　贩工一族　　赶园一族　丹凯一族　　闷居一族　　手机一族　　拍板一族　　研漂一族　　拍书一族　　爱钯一族　　拇指一族　　哈哈一族　　脱网一族　　说话一族　　低碳一族　　粉领一族　新新一族　　前卫一族　　考G一族　　爱车一族　　扁平一族　　反哺一族　　IF一族　　在家一族　　奶瓶一族　　玩车一族　　网民一族　　玩机一族　工薪一族　"贩工"一族　　COM一族　　司马他一族

～意识：指人对环境和自我的某一方面自觉的认知能力及认知程度。

　　基层意识　　中心意识　　首都意识　　保险意识　　奥申意识　　忧患意识　竞争意识　　超越意识　　教育意识　　国际意识　　外向意识　　广告意识　　盆地

意识　参政意识　精品意识　海洋意识　超尘意识　内陆意识　商品意识　信息意识　超前意识　团队意识　当代意识　自我意识　绿色意识　红墙意识　大局意识　主体意识　公关意识　生态意识　金牌意识　核心意识　风险意识　全球意识　政治意识　科技意识　角色意识　亚运意识　人口意识　四个意识　看齐意识　参与意识　TPO 意识　中华民族共同体意识

银发～:代指老年人的或和老年人有关的。

银发游　银发族　银发需求　银发商场　银发集团　银发婚礼　银发消费　银发产品　银发经济　银发产业　银发旅游　银发市场

～银行:①经营存款、贷款、汇兑、储蓄等业务,充当信用中介和支付中介的金融机构。②泛指可以存储某种物质的设备、系统或从事某项经营的机构。

微银行　核银行　学分银行　信息银行　精子银行　内部银行　民间银行　中投银行　轻型银行　金砖银行　生物银行　环保银行　在线银行　白色银行　梦境银行　影子银行　微信银行　香上银行　浦发银行　电视银行　物资银行　帐篷银行　教育银行　家庭银行　坏账银行　儿童银行　粮食银行　人才银行　基因银行　虚拟银行　微众银行　流量银行　家居银行　道德银行　外资银行　电子银行　网络银行　知识银行　时间银行　手机银行　生态银行　科技银行　房屋银行　挎包银行　背包银行　自助银行　绿色银行　生命银行　网上银行　汽车银行　厂内银行　电话银行　集装箱银行　非接触银行　服务储蓄银行　欧洲中央银行　养老房屋银行

银色～:喻指老年人的或和老年人有关的。

银色住宅　银色人才　银色市场　银色革命　银色产业　银色浪潮　银色消费　银色消费市场

隐形～:把形体隐藏起来的或不外显的。

隐形门　隐形椅　隐形糖　隐形课程　隐形贫困　隐形手套　隐形世袭　隐形公厕　隐形收入　隐形面单　隐形失业　隐形技术　隐形飞机　隐形眼镜　隐形富豪人口　隐形贫困人口

隐性～:指性质或性状不表现在外的,和"显性"相对。

隐性犯罪　隐性家教　隐性杀手　隐性收入　隐性亏损　隐性采访　隐性劳动　隐性就业　隐性失业　隐性饥饿

影子～:①不知情的或不存在的。②喻指某种伴随性的。

影子户　影子服务　影子合同　影子傀儡　影子银行　影子医院　影子官员　影子机票　影子项目　影子工作　影子团友　影子教育　影子员工　影子户主　影子网络

硬～：①硬性的；直接的；坚定的。多与"软"相对。②物质或技术形态的。多与"软"相对。

硬猫　硬牌　硬体　硬钱　硬降　硬怼　硬嗑　硬战　硬菜　硬伤　硬核　硬盘　硬件　硬挂钩　硬技术　硬杠杠　硬约束　硬力量　硬医学　硬武器　硬苦力　硬色情　硬实力　硬通货　硬管理　硬任务　硬投入　硬新闻　硬专家　硬需求　硬医闹　硬拷贝　硬产业　硬设备　硬文化　硬条件　硬联通　硬短板　硬目标　硬着陆　硬科幻　硬广告　硬环境　硬科学

～游："旅游"的简称。

驴游　慢游　西游　夏游　云游　裸游　盲游　骑游　绿游　空气游　神七游　地震游　顺道游　拼房游　过夜游　傍会游　乡村游　末日游　汽车游　深度游　工业游　精品游　本地游　减压游　百元游　错时游　银发游　开会游　高铁游　出境游　错峰游　个人游　借壳游　机关游　换房游　婚纱游　楼盘游　清肺游　太空游　禅坐游　自助游　自驾游　一日游　微博游　胡同游　生态游　百姓生活游

～友：①志趣相投、彼此友好的人。常用于互称。②具有某种特点的人。

牢友　瓜友　狱友　摄友　淘友　题友　狎友　棚友　舱友　功友　闺友　色友　豆友　圈友　碟友　彩友　考友　麦友　糖友　球友　Q友　搓友　研友　歌友　攒友　抖友　派友　腻友　发友　损友　影友　烟友　换友　八友　麻友　群友　舞友　病友　插友　谜友　邦友　拼友　癌友　聊友　赌友　系友　股友　牌友　钓友　坛友　脖友　博友　秒友　隔友　寨友　毒友　牛友　晒友　漫友　肉友　室友　笔友　侃友　闪友　邮友　旅友　租友　听友　辩友　藏友　吧友　商友　微友　郁友　卡友　车友　基友　乡友　信友　粉友　残友　驴友　鸟友　网友　发烧友　大好友　玩车友　僵尸友

～员：从事某种工作的人。

吧员　文员　柜员　陪员　关员　视导员　助老员　网格员　赔审员　反扒员　公务员　劝捐员　试睡员　流调员　观测员　评茶员　监督员　训导员　保管员　市管员　执达员　家政员　预审员　陪审员　兑奖员

防损员　保全员　协管员　试床员　空服员　速递员　刷单员　服勤员
内审员　陪月员　解说员　动迁员　收银员　闪送员　巡视员　演职员
导诊员　司售员　调研员　导游员　理货员　暖床员　跑单员　领位员
导览员　信息员　程序员　伴舞员　家庭服务员　家政服务员　求职代
理员　退休预备员　网络舆情员　电子竞技员　消费调解员　社会监督员
空中乘务员　自由快递员　社会观护员　网络管理员　退役熬夜员　心
理情报员　人民监督员　系统运维员　科技协调员　家政助理员　蜜月测
试员　国家公务员　酒店试睡员　空中服务员　网站管理员　稽查特派员
微博廉政观察员

～缘:指人与人或人与事物结下的关系。

趣缘　地缘　电源　眼缘　网缘　币缘　戏缘　台缘　书缘　商缘
路人缘

～源:①来源。②资源。

疫源　音源　法源　碳源　点源　婚源　内源　热源　景源　非源
尸源　信源　贸源　税源　鱼源　黄源　房源　书源　片源　馈源　饲源
活源　储源　贿源　票源　生源　客源　料源　才源　高架源　信息源
污染源

～云:喻指互联网。

词云　e云　上云　酷云　商业云　教育云　公有云　语音云　数字
云　物联云　证照云　智管云　青创云　网抑云　媒体云　管理云　中国
云　音乐云　行业云　虚拟云　计算云　志愿云　足球云　私有云　扶贫
云　移动办公云　北京健康云

云～:喻指有关互联网的。

云拍　云会　云上　云签　云链　云宠　云聘　云赏　云盘　云游
云商　云课　云端　云店　云仓　云逛　云罐　云出版　云计划　云订阅
云效应　云聚会　云整合　云快闪　云信访　云搜索　云报纸　云引擎
云打印　云技术　云播放　云法庭　云查杀　云零售　云制造　云配偶
云手表　云推送　云祭祀　云家政　云翻译　云观展　云U盘　云外交
云文化　云竞赛　云答辩　云录制　云库链　云服务　云空间　云养猫
云离婚　云吸猫　云空调　云合奏　云医疗　云健康　云治理　云打卡
云博会　云代驾　云快递　云模式　云农场　云音乐　云微博　云招聘
云视讯　云监工　云安全　云驱动　云平台　云学习　云拜年　云办公
云峰会　云复工　云家庭　云生活　云手机　云时代　云客服　云医院

云备份　云计算　云预约　云概念　云经济　云战略　云停车　云养妈
云电视　云物流　云闪付　云媒体　云课堂　云会议　云按揭　云服务
器　云毕业照　云输入法

Z

～灾：因某种原因造成的灾害或严重损失。

吃灾　雪灾　雷灾　奶灾　地灾　震灾　备灾　重灾　赌灾　核灾
黄灾　凌灾　白灾　会灾　股灾　丰收灾

～仔：男青年。源自粤方言。

吧仔　饭仔　Q仔　打仔　狗仔　马仔　靓仔　粉仔　古惑仔　打农
仔　看路仔　打工仔　二五仔

宅～：①待在家里不出门。②和待在家里不出门有关的。源自日语"御
宅"。

宅孩　宅人　宅女　宅男　宅童　宅婚　宅青　宅爱　宅游戏　宅度
假　宅病毒　宅经济

～债：①债券或债务。②泛指某方面的亏欠。

企债　歌债　租债　共债　次债　毒债　标债　国债　卡债　迷债
宝岛债　次级债　环境债　纾困债　连还债　中短债　附息债　永续债
睡眠债　结构债　土储债　熊猫债　可转债　多角债　置换债　点心债
青春债　线形债　气候债　三角债　大锅债

～展：展览。

音展　网展　肉展　航展　报展　公展　义展　工展　联展　艺展
大展　美展　商展　首展　会展　花展　劣展　个展　房展　汇展　剧展
车展　影展　特展　邮展　书展　交展　延展　策展　办展　抗展　征
展　联展　收展　看展　竞展　送展　续展　导展　随展　评展　开展
布展　移展　举展　参展　观展　筹展　招展　巡展　影视展　系列展
表演展　个人展　双年展　邀请展　回顾展

～战：①战争或行动。②喻指某一领域的竞争、比赛。

网战　软战　客战　伊战　选战　鸦战　硬战　核战　疫战　特战
报战　首战　外战　智战　大战　平战　星战　商战　能源战　货币战
艺术战　广告战　埋身战　人才战　肃毒战　太空战　促销战　空天战
信息战　环境战　电子战　价格战　德比战　口水战　网络战　信息心理
战　呼吸保卫战　地球物理战　词条保卫战

～战略：泛指决定全局的策略。

云战略　产品战略　高清战略　CI 战略　蓝黄战略　地缘战略　全球战略　CS 战略　人才战略　绿甜战略　金牌战略　奥运战略　O 型经济战略　乡村振兴战略　可持续发展战略

～站：①为某种业务而设立的机构或配备的设施。②特指网络站点。

气站　U 站　彩站　基站　酷站　B 站　网站　中继站　代管站　扬招站　收费站　接待站　救助站　留验站　应援站　中转站　太空站　聊天站　空间站　长城站　航天站　家政服务站　手机休息站　学士后流动站　博士后流动站　博士后科研流动站

～者：①表示有某种属性或做某种动作的人。②表示从事某项工作或信仰某个主义的人。

移徙者　经营者　蹭睡者　逆行者　消废者　失独者　智愿者　投资者　脑语者　病变者　素食者　受益者　志愿者　土食者　留守者　低保者　支教者　科研者　中聘者　带菌者　终结者　发包者　消费者　食利者　主创者　第一者　第三者　吃螃蟹者　性工作者　非典康复者　散粉思考者　马路求爱者　素食主义者　先驱投资者　女性主义者　候鸟守望者　无症状感染者

～症：①由某种原因导致的生理或心理上的不正常状态。②喻指某种社会弊端。

遗症　弊症　霾症　乡痛症　三尿症　锰狂症　疯痒症　焦虑症　失语症　忧郁症　机舱症　自闭症　恐辅症　路恐症　恐变症　恐艾症　尴尬症　恐剩症　恐二症　解离症　疯驴症　恐洋症　失写症　纠结症　拖延症　脑残症　恐日症　恐资症　攀比症　左视症　恐女症　恐多症　梦食症　恐学症　恐男症　恐富症　恐少症　疯牛症　肥胖症　恐龙症　恐购症　路怒症　信息症　初老症　手足口症　脑退化症　英语强迫症　幼儿震荡症　电视孤独症　文化贫弱症　投资饥渴症　限令依赖症　金属过敏症　网络孤独症　赛后寂寞症　吊瓶依赖症　消费饥渴症　网络成瘾症　社交恐惧症　年关焦虑症　电话脖子症　保密焦虑症　中产焦虑症　下班沉默症　彩票依赖症　密码强迫症　网络幽闭症　断网恐惧症　电脑狂暴症　电脑失写症　午饭恐惧症　现代交流症　周末忧虑症　年龄恐慌症　职场死机症　归宅恐惧症　年会恐惧症　道德恐高症　一胎焦虑症　信息污染症　语音恐惧症　职场自闭症　表白障碍症　肌肉饥饿症　手机幻听症　大脑肥胖症　城市依赖症　Wi-Fi 焦虑症　互联网狂躁症　星期天抑郁症　新生儿小头症　星期一恐惧症　虚拟社交依赖症

～执法：执行法令、法律的行为或方式。

献花执法　阳光执法　空气执法　卖萌执法　举牌执法　围观执法　碰瓷执法　跨国执法　眼神执法　刚性执法　并联执法　串联执法　养鱼执法　倒钩执法　钓鱼执法　临时工执法　报复性执法　教科书式执法

～值：①价格；数值。②程度。

权值　市值　和值　峰值　残值　面值　色值　笑值　研值　颜值　言值　萌值　日值　均值　案值　行动值　文艺值　附加值　期望值　基准值　SPF 值　环境背景值

～指数：①某一经济现象在某时期内的数值和同一现象在另一个作为比较标准的时期内的数值的比数。②指各种事物或现象数值的比数；程度。

黑链指数　绿商指数　温州指数　剩菜指数　道中指数　国房指数　精彩指数　日经指数　阅读指数　吃瓜指数　中房指数　上房指数　痛苦指数　恒生指数　山寨指数　鞋跟指数　人气指数　双创指数　吸粉指数　小微指数　年轻指数　勤廉指数　景气指数　信心指数　洗鼻指数　民新指数　韭菜指数　AI 指数　卡佩罗指数　不舒适指数　道·琼斯指数　API 指数　亲和力指数　MSCI 指数　国房景气指数　空气质量指数　城市烦恼指数　城市年轻指数　空气污染指数　顾客满意指数　全球和平指数　住房痛苦指数　深证综合指数　上证综合指数　标准普尔指数　税负痛苦指数　景区拥挤指数　腹泻病气象指数　公共行为文明指数　工银票据价格指数　烟花燃放气象指数　网货物流推荐指数　第二次现代化指数　纳斯达克中国指数　伦敦金融时报指数

～制：制度或方式。

政制　赛制　税制　规制　汇制　山长制　公示制　单轨制　院警制　五人制　酬金制　年费制　碳管制　点警制　军衔制　税负制　走会制　股份制　准入制　多语制　秘薪制　河长制　包建制　五四制　员额制　链长制　五分制　责任制　主厂制　首问制　定线制　实货制　柜员制　一单制　共识制　地票制　固打制　大部制　林长制　学分制　借分制　湖长制　现售制　滩长制　试婚制　年薪制　楼长制　赋分制　公宅制　问责制　一贯制　股田制　聘用制　路长制　熔断制　选任制　轮岗制　委任制　院线制　任期制　走班制　湾长制　家长制　分税制　街区制　五餐制　普惠制　双元制　聘任制　分餐制　会员制　承包制　实名制　终身制　夏时制　双轨制　承诺制　两票制　一费制　AA 制　AB 制　90 制　大村庄制　行政法制　经济时制　中选区制　AB 角制　明星经

理制 干部终身制 劳动合同制 终身教授制 首诊责任制 离岗待工制 技术合同制 廉情公示制 职工大会制 年阶退休制 校长推荐制 经营责任制 价格双轨制 招标投标制 一长双责制 网上实名制 联产承包制 环保积分制 储蓄实名制 家庭 AA 制 合同管理制 弹性工作制 网店实名制 循环教学制 分工负责制 岗位责任制 联系汇率制 官员问责制 风险基金制 厂长负责制 股份合作制 首问责任制 联产承包责任制 人员部门所有制 承包经营责任制 经济承包责任制 职工代表大会制 校长实名推荐制 上岗教师淘汰制 社会承诺服务制 中学校长实名推荐制

智能～:经高科技处理、具有人的某些智慧和能力的。

智能卡 智能币 智能型 智能机 智能炮弹 智能家居 智能车队 智能蜗居 智能大楼 智能建筑 智能公路 智能玩具 智能犯罪 智能武器 智能派单 智能楼宇 智能住宅 智能大厦 智能教育 智能轿车 智能软件 智能投顾 智能广告 智能结构 智能计算机 智能机器人 智能电视机 智能手写手机 智能数字冰箱 智能住宅小区 智能人工长途电话交换系统

中国式～:指中国社会普遍存在的。多含贬义。

中国式逼婚 中国式剩宴 中国式奢侈 中国式交通 中国式接送 中国式装腔 中国式买房 中国式求人 中国式过马路 中国式到此一游

～周:为某种目的而进行活动的一个星期。

爱鸟周 时装周 防近周 贸易周 推普周 电影周 科技周 百元周 黄金周 双创周 中国周

～主:①某种事物的所有者。②在某一范围内居主要地位的人。③某种类型的人。

萌主 吧主 机主 摊主 楼主 店主 棚主 料主 群主 款主 卡主 金主 赌主 得主 善主 玩主 雷主 砖主 奖主 传主 盟主 女主 脖主 格主 坛主 男主 炉主 博主 榜主 业主 照主 班主 版主 UP 主 沙发主 一言堂主 私营企业主

～主义:指某种理论、观念或主张。

表现主义 重刑主义 三不主义 北京主义 恐怖主义 拜客主义 单边主义 解构主义 绩效主义 普世主义 物欲主义 多元主义 工具主义 超实主义 女性主义 拜金主义 双 B 主义 松圈主义 温情主义 土食主义 DIY 主义 大男子主义 奥巴马主义 慢生活主义 地方保

护主义　绿色环保主义　贸易保护主义　权贵资本主义　法律拿破仑主义

助～:帮助;协助。

助推　助益　助民　助飞　助恐　助运　助研　助读　助选　助老
助耕　助死　助导　助演　助教　助浴　助残　助学　助养

准～:指程度上不完全够,但可以作为某类事物看待的。

准居民　准顾客　准潮妈　准退休　准网虫　准黑客　准明星　准博
士　准处女　准工作者

～子:喻指某一方面的居民生活。"子"为后缀。

茶杯子　气罐子　药瓶子　果盘子　钱袋子　菜摊子　米袋子　菜园
子　饭桌子　菜篮子　果篮子

～综合征:由某种原因导致的生理或心理上的一系列异常表现。

泡沫综合征　考场综合征　减肥综合征　橡皮综合征　现代综合征
美味综合征　球迷综合征　冰箱综合征　杜鹃综合征　影迷综合征　退休
综合征　颈腰综合征　假日综合征　蓝天综合征　疲劳综合征　疫后综合
征　网络综合征　经济舱综合征　四二一综合征　更年期综合征　办公楼
综合征　星期二综合征　计算机综合征　时髦生活综合征　中东呼吸综合
征　信息污染综合征　慢性疲劳综合征　不良建筑物综合征　病态建筑物
综合征　睡眠呼吸暂停综合征

～综合症:由某种原因导致的生理或心理上的一系列异常状态。

风扇综合症　泡沫综合症　考场综合症　贫困综合症　白领综合症
空巢综合症　减肥综合症　网络综合症　考试综合症　汽车综合症　周末
综合症　橡皮综合症　球迷综合症　电视综合症　音响综合症　现代综合
症　退休综合症　影迷综合症　假日综合症　地毯综合症　冰箱综合症
美味综合症　互联网综合症　四二么综合症　四二一综合症　星期一综合
症　慢性疲劳综合症

走～:①趋向;呈现某种趋势。②为某事而奔走。

走红　走低　走软　走熊　走好　走弱　走强　走热　走高　走跌
走牛　走俏　走婚　走学　走光　走票　走唱　走班　走量　走会　走心
走教　走陵　走秀　走工　走读　走课　走训　走春　走穴

～族:称具有某种共同属性的一类人。源自日语"族"。

漂族　诡族　H族　壮族　苗族　G族　T族　伪族　孤族　款族
房族　弄族　炒族　円族　蚁族　星族　飘族　蜂族　柜族　导族　草族
鼠族　混族　仈族　锚族　隐孕族　卡债族　怨士族　爱疯族　脉客族

单人族	摇号族	月票族	靠爸族	特搜族	被催族	趴网族	夹心族
叹老族	炸街族	避年族	恐婚族	果冻族	蛋白族	通勤族	买车族
求嫁族	背奶族	抛抛族	京漂族	刷单族	车缝族	号啕族	爱闪族
哈衣族	蹭车族	扫码族	裹脚族	爆爆族	蹭奖族	赶婚族	啃薪族
卖座族	白领族	宅养族	倦鸟族	毕分族	粉雄族	蹭课族	扣扣族
骗保族	隐居族	柿子族	失陪族	光盘族	紧绷族	退休族	漂流族
3A族	爱堵族	淘港族	安安族	海归族	难就族	逐日族	指尖族
乐益族	走婚族	点赞族	拼瘦族	食脑族	闪婚族	榴莲族	速食族
恐归族	蛋壳族	占票族	分床族	手娱族	上班族	晒密族	乱泊族
隐贷族	刚需族	蚁居族	囤粉族	飞车族	有碗族	飘摇族	桌游族
拼居族	海啃族	发烧族	假宅族	钟摆族	自教族	充电族	微信族
上访族	有车族	午美族	低碳族	巡考族	宅生族	节孝族	挂证族
炒货族	窗边族	单身族	哈洋族	住车族	蜗居族	抬头族	淘婚族
换乘族	金卡族	恐二族	空怒族	飙车族	蹭蹭族	梦田族	无书族
光头族	攒贝族	废柴族	号哭族	麻豆族	长草族	泡良族	乐定族
抢卖族	海淘族	养基族	枪迷族	斑马族	北漂族	恐生族	炫食族
秘婚族	蜗蜗族	阿鲁族	午漂族	艺考族	快活族	刷夜族	弃炮族
彩虹族	装装族	爱鲜族	飚爱族	索票族	拾惠族	退盐族	轻奢族
双抢族	初薪族	蟋蟀族	英漂族	蘑菇族	望风族	走粉族	哈电族
扫街族	宅内族	泡客族	拖粉族	海钓族	代检族	飚爱族	烧包族
团团族	持照族	肥臀族	会睡族	剁手族	揣证族	网购族	漂泊族
铁丁族	恐年族	库索族	抛抛族	无性族	字幕族	毕房族	抠抠族
恐剩族	抢票族	扮青族	围脖族	接送族	恼火族	隐婚族	慢游族
晚点族	出海族	傍老族	绿卡族	年清族	工漂族	汉堡族	河狸族
炒汇族	玩车族	智抠族	刷阅族	车车族	不夜族	零帕族	草莓族
休闲族	闭关族	推销族	秒团族	悄婚族	坚丁族	无火族	朝活族
陪跑族	秒杀族	泡吧族	考托族	刷书族	偷供族	劈腿族	抵触族
走走族	赖班族	庐舍族	弃档族	蹭饭族	娃娃族	双租族	乐淘族
有备族	转存族	试药族	啃亲族	QQ族	抄号族	玩卡族	闯关族
张三族	避孩族	老漂族	晒卡族	月老族	网课族	抢包族	恐聚族
低头族	拼炒族	哈韩族	飞单族	拧盖族	虚客族	黑飞族	试考族
陪驾族	跳早族	智旅族	滞婚族	囤囤族	怪字族	学租族	隐蔽族
哈哈族	哈日族	闪跳族	固贷族	毕漂族	闪闪族	等贷族	傍傍族

房托族　粉领族　水母族　晒黑族　单眼族　窝居族　快炒族　浮游族
跑腿族　网囤族　月欠族　轨交族　死抠族　拇指族　试客族　素食族
伪婚族　隐车族　飚薪族　试衣族　考拉族　日光族　乌魂族　午动族
考 G 族　竹笋族　虾米族　失车族　阴天族　替课族　偷菜族　淘券族
走拍族　喜会族　蹭暖族　脱网族　难民族　少款族　嫁碗族　懒婚族
敲章族　媚皮族　考 T 族　无趣族　蹭停族　独自族　晒跑族　飞鱼族
密码族　标题族　穷游族　啃楼族　装嫩族　蚕茧族　搞手族　隐离族
啃小族　集卡族　阳光族　背卡族　草食族　理车族　尼特族　海豚族
爱车族　蜗婚族　拥车族　倒分族　炒鸟族　咸鱼族　脑残族　恐检族
背车族　换客族　自给族　有房族　陪车族　恐会族　城归族　男就族
土食族　丁克族　全漂族　城际族　动网族　替会族　捡彩族　生白族
追导族　捏捏族　飞特族　啃嫩族　二战族　刹那族　留守族　摆婚族
套牢族　财盲族　卖折族　夜淘族　花草族　代排族　考研族　泡泡族
追车族　山寨族　爱邦族　麦兜族　背包族　无孩族　捧车族　考碗族
打烊族　奔奔族　鬼旋族　啃椅族　新贫族　背黑族　海囤族　急婚族
酷抠族　青春族　拒电族　酱油族　淘课族　抢抢族　甲客族　婚活族
电蛰族　时彩族　刷卡族　追潮族　好高族　掏空族　帮帮族　反潮族
乐活族　刷刷族　卧槽族　追款族　打工族　闪玩族　银发族　装忙族
半漂族　爱券族　合吃族　潮汐族　哈狗族　准老族　慢活族　海蒂族
校漂族　毕婚族　裸婚族　金领族　吊瓶族　BP 族　闪辞族　辣奢族
赖校族　CC 族　快闪族　陪拼族　电脑族　悔丁族　御宅族　工薪族
持卡族　穷忙族　走班族　袋鼠族　哈租族　布波族　洋漂族　啃老族
追星族　轮椅族　波波族　月光族　不婚族　本本族　砸迪族　暴走族
耳机族　红唇族　DIY 族　胡萝卜族　职业敲族　后备厢族　向日葵族
便利贴族　不落地族　红粉网族　Emo 族　Wi-Fi 族　BOBO 族
SOHO 族　NONO 族　NINI 族　BMW 族　健康 C 族　3·3·30 族　高
考离婚族　未富先奢族　校园代理族　职业撞车族　夕阳隐婚族　都市新
贫族　地铁快餐族　文化啃老族　超市试吃族　毕业逃债族　上班走私族
已婚单身族　论坛潜水族　月光退休族　网络晒衣族　快闪暴走族　课
堂低头族　哈日哈韩族　QQ 隐身族　MSN 脱机族

最美～：对某种好人好事的美称。

最美婆婆　最美奶奶　最美护士　最美妈妈　最美司机　最美青工
最美路人　最美爷爷　最美铁警　最美孕妇　最美教师　最美保安　最美

新娘　最美90后　最美高富帅　最美逆行者　最美富二代　最美环卫工
　做～:有目的地做某事。
　　做局　做优　做哭　做强　做大　做秀　做票　做多　做空　做功课
　做减法　做数据　做加法

参考文献

工具书

[1]侯敏,杨尔弘.2011汉语新词语[M].北京:商务印书馆,2012.

[2]侯敏,周荐.2007汉语新词语[M].北京:商务印书馆,2008.

[3]侯敏,周荐.2008汉语新词语[M].北京:商务印书馆,2009.

[4]侯敏,周荐.2009汉语新词语[M].北京:商务印书馆,2010.

[5]侯敏,周荐.2010汉语新词语[M].北京:商务印书馆,2011.

[6]侯敏,邹煜.2012汉语新词语[M].北京:商务印书馆,2013.

[7]侯敏,邹煜.2013汉语新词语[M].北京:商务印书馆,2014.

[8]侯敏,邹煜.2014汉语新词语[M].北京:商务印书馆,2015.

[9]侯敏,邹煜.2015汉语新词语[M].北京:商务印书馆,2016.

[10]侯敏,邹煜.2016汉语新词语[M].北京:商务印书馆,2017.

[11]侯敏.汉语新词语词典[M].北京:商务印书馆,2023.

[12]亢世勇,刘海润.新词语大词典[M].上海:上海辞书出版社,2003.

[13]亢世勇,刘海润.新词语大词典[M].上海:上海辞书出版社,2018.

[14]林伦伦,朱永锴,顾向欣.现代汉语新词语词典[M].广州:花城出版社,2000.

[15]刘一玲.1993汉语新词语[M].北京:北京语言学院出版社,1994.

[16]刘一玲.1994汉语新词语[M].北京:北京语言学院出版社,1996.

[17]陆谷孙.英汉大词典(第2版)[M].上海:上海译文出版社,2007.

[18]闵家骥,刘庆隆,韩敬体,晁继周.汉语新词词典[M].上海:上海辞书出

版社,1987.

[19]宋子然,杨文全.100 年汉语新词新语大辞典》(下卷)[M].上海:上海辞书出版社,2014.

[20]宋子然,杨小平.汉语新词新语年编(2003—2005)[M].成都:巴蜀书社,2006.

[21]宋子然.汉语新词新语年编(1995—1996)[M].成都:四川人民出版社,1997.

[22]宋子然.汉语新词新语年编(1997—2000)[M].成都:四川人民出版社,2002.

[23]宋子然.汉语新词新语年编(2001—2002)[M].成都:四川人民出版社,2004.

[24]唐超群.新词新义辞典[M].武汉:武汉工业大学出版社,1990.

[25]王均熙.当代汉语新词词典[M].上海:汉语大词典出版社,2003.

[26]于根元.1991 汉语新词语[M].北京:北京语言学院出版社,1992.

[27]于根元.1992 汉语新词语[M].北京:北京语言学院出版社,1993.

[28]于根元.现代汉语新词词典[M].北京:北京语言学院出版社,1994.

[29]于根元.中国网络语言词典[M].北京:中国经济出版社,2001.

[30]中国社会科学院语言研究所词典编辑室.现代汉语词典(第 1 版)[M].北京:商务印书馆,1978.

[31]中国社会科学院语言研究所词典编辑室.现代汉语词典(第 2 版)[M].北京:商务印书馆,1983.

[32]中国社会科学院语言研究所词典编辑室.现代汉语词典(第 5 版)[M].北京:商务印书馆,2005.

[33]中国社会科学院语言研究所词典编辑室.现代汉语词典(第 6 版)[M].北京:商务印书馆,2012.

[34]中国社会科学院语言研究所词典编辑室.现代汉语词典(第 7 版)[M].北京:商务印书馆,2016.

[35]中国社会科学院语言研究所词典编辑室.现代汉语词典(修订本)[M].北京:商务印书馆,1996.

[36]中国社会科学院语言研究所词典编辑室.现代汉语词典(增补本)[M].北京:商务印书馆,2002.

[37]周洪波.新华新词语词典[M].北京:商务印书馆,2003.

[38]周荐.2006 汉语新词语[M].北京:商务印书馆,2007.

[39]邹嘉彦,游汝杰.21世纪华语新词语词典[M].上海:复旦大学出版社,2007.

[40]邹煜.2017汉语新词语[M].北京:商务印书馆,2018.

[41]邹煜.2018汉语新词语[M].北京:商务印书馆,2019.

[42]邹煜.汉语新词语(2019—2020)[M].北京:商务印书馆,2021.

著作

[1]鲍尔·J.霍伯尔,伊丽莎白·克劳丝·特拉格特.语法化学说(第2版)[M].梁银峰,译.上海:复旦大学出版社,2008.

[2]陈光磊.汉语词法论[M].上海:学林出版社,1994.

[3]陈建民.汉语新词语与社会生活[M].北京:语文出版社,2000.

[4]陈建民.中国语言和中国社会[M].广州:广东教育出版社,1999.

[5]陈新汉.社会主义核心价值体系价值论研究[M].上海:上海人民出版社,2008.

[6]陈原.社会语言学[M].北京:商务印书馆,2000.

[7]董秀芳.汉语的词库与词法[M].北京:北京大学出版社,2004.

[8]胡壮麟.语言学教程(第3版中文本)[M].北京:北京大学出版社,2002.

[9]黄伯荣,廖旭东.现代汉语(增订6版)[M].北京:高等教育出版社,2017.

[10]江怡.维特根斯坦:一种后哲学的文化[M].北京:社会科学文献出版社,1998.

[11]蒋宗许.汉语词缀研究[M].成都:四川出版集团巴蜀书社,2009.

[12]李宇明.词语模[C]//邢福义.汉语法特点面面观.北京:北京语言文化大学出版社,1999.

[13]刘润清.西方语言学流派[M].北京:外语教学与研究出版社,1995.

[14]吕叔湘.汉语语法分析问题[M].北京:商务印书馆,1979.

[15]吕叔湘.语文常谈[M].北京:生活·读书·新知三联书店,1980.

[16]马庆株.现代汉语词缀的性质、范围和分类[C]//马庆株.著名中年语言学家自选集·马庆株卷.合肥:安徽教育出版社,2002.

[17]乔治·莱考夫,马克·约翰逊.我们赖以生存的隐喻[M].何文忠,译.杭州:浙江大学出版社,2015.

[18]邵敬敏.现代汉语通论(第3版)[M].上海:上海教育出版社,2016.

[19]史有为.外来词:异文化的使者[M].上海:上海辞书出版社,2004.

［20］斯大林.马克思主义和语言学问题［M］.中共中央马克思恩格斯列宁斯大林著作编译局,译.北京:人民出版社,1971.

［21］苏向红.当代汉语词语模研究［M］.杭州:浙江大学出版社,2010.

［22］苏新春.文化语言学教程［M］.北京:外语教学与研究出版社,2006.

［23］索绪尔.普通语言学教程［M］.高名凯,译.北京:商务印书馆,1980.

［24］太田辰夫,中国语历史文法(第2版)［M］.蒋绍愚,徐昌华,译.北京:北京大学出版社,2003.

［25］王力.中国现代语法［M］.北京:商务印书馆,1985.

［26］王寅.认知语言学［M］.上海:上海外语教育出版社,2007.

［27］维特根斯坦.哲学研究［M］.李步楼,译.北京:商务印书馆,1996.

［28］文德尔班.哲学史教程(下卷)［M］.罗达仁,译.北京:商务印书馆,1993.

［29］谢耀基.现代汉语欧化语法概论［M］.香港:光明图书公司,1990.

［30］邢福义.现代汉语［M］.北京:高等教育出版社,2015.

［31］于根元.二十世纪的中国语言应用研究［M］.太原:书海出版社,1996.

［32］于根元.应用语言学理论纲要［M］.北京:华语教学出版社,1999.

［33］赵修义,童世骏.马克思恩格斯同时代的西方哲学——以问题为中心的断代哲学史(第2版)［M］.上海:华东师范大学出版社,2008.

［34］赵艳芳.认知语言学概论［M］.上海:上海外语教育出版社,2001.

［35］周一民.现代汉语(第4版)［M］.北京:北京师范大学出版社,2016.

［36］朱德熙.语法讲义［M］.北京:商务印书馆,1982.

［37］祝畹瑾.新编社会语言学概论［M］.北京:北京大学出版社,2013.

［38］Adele E. Goldberg. 构式:论元结构的构式语法研究［M］.吴海波,译.北京:北京大学出版社,2007.

［39］Haspelmath, M. *Explaining the Ditransitive Person-role Constraint: Ausage-based Approach*, Paper presented at the International Conference on Cognitive Linguistics,UC Santa Barbara,2001.

［40］Hopper, P. J. & Traugott, E. C. *Grammaticalization*, Cambridge: Cambridge University Press,1993.

［41］Meillet, Antione 1912 L' evolution des formes grammaticales, reprinted in Meillet 1958 *Linguistique historique et linguistique generale*. Paris: Champion.

［42］Pariente, J. *Essais sur le langage*. Paris: de Minuit,1969.

［43］Rossi-Landi, F. *Linguistics and Economics*. The Hague: Mouton,

1975.

［44］Savard,J. G. *La Valence Lexicale* , Paris:Didier,1970.

［45］Thibault,P. *Re-reading Saussure*:*The Dynamics of Signs in Social Life*. New York：Routledge,1997.

期刊论文

［1］ Hopper, Paul J. On Some Principles of Grammaticization. In：Traugott, Elizabeth Closs and Heine,Bernd(Eds.), *Approaches to Grammaticalization*. Amsterdan：Benjamins,1991.

［2］曹炜.现代汉语中的称谓语和称呼语［J］.江苏大学学报(社会科学版),2005(2).

［3］常江,胡海波.从"实在论"走向"价值论"的当代哲学［J］.理论探讨,2007(1).

［4］常江,涂良川."哲学范式"转换与当代哲学价值论取向［J］.吉林师范大学学报(人文社会科学版),2008(5).

［5］陈光磊.改革开放与词汇变动［J］.语文建设,1996(4).

［6］陈建民.汉语新词语与社会生活［J］.辽宁师范大学学报(社会科学版),1998(2).

［7］陈建民.研究新时期人民群众的语言活动［J］.语言文字应用,1994(1).

［8］陈流芳,曲卫国.外来词与本土词的语义互补初探——以"粉丝"的引入为例［J］.当代修辞学,2011(2).

［9］陈满华.关于构式的范围和类型［J］.解放军外国语学院学报,2008(6).

［10］陈颖,李金平.从"刷"新义产生的路径和机制看新词语产生的认知理据［J］.语言文字应用,2020(1).

［11］陈章太.普通话词汇规范问题［J］.中国语文,1996(3).

［12］程祥徽.传意需要与港澳新词［J］.中国语文,1996(3).

［13］邓云华,石毓智.论构式语法理论的进步与局限［J］.外语教学与研究,2007(5).

［14］刁晏斌.试论"当代汉语"［J］.河北师范大学学报(哲学社会科学版),2014(1).

［15］丁建川.一个新兴的类前缀——走［J］.辞书研究,2008(1).

［16］范晓.被字句谓语动词的语义特征［J］.长江学术,2006(2).

［17］干红梅.语义透明度对中级汉语阅读中词汇学习的影响［J］.语言文字

应用,2008(1).

[18]高燕."吧"的词化过程[J].汉语学习,2000(2).

[19]顾设.语言规范琐议[J].语文建设,1987(2).

[20]郭伏良,杨同用.仿拟造词法与仿拟辞格[J].汉字文化,1999(3).

[21]郭攀.模型化词语"B·C"及其内部词和短语的判别[J].语言研究,2008(1).

[22]郭熙.当前我国语文生活的几个问题[J].中国语文,1998(3).

[23]国家语委新词新语规范基本原则课题组执笔人于根元,王铁琨,孙述学.新词新语规范基本原则[J].语言文字应用,2003(1).

[24]洪舒.从"推出"看词语规范[J].语文建设,1987(4).

[25]胡亚.构式语法与语法化理论的交汇[J].语言教学与研究,2022(4).

[26]胡壮麟.语言·认知·隐喻[J].现代外语,1997(4).

[27]季恒铨,徐幼军,亓艳萍.试论新时期的新词语[J].语文研究,1989(4).

[28]江蓝生.《现代汉语词典》第6版概述[J].辞书研究,2013(2).

[29]李家琦,王东海.基于词价理论的争议性异形词的主形择定研究[J].辞书研究,2019(5).

[30]李宇明.语言规范试说[J].当代修辞学,2015(4).

[31]李振杰.近十年汉语中新词新义的产生[J].语言教学与研究,1987(2).

[32]林利藩.说"点族词"[J].广州大学学报(综合版),1999(3).

[33]刘楚群,龚韶.词语族的构造理据及规范问题分析——基于"×族""×奴"的对比分析[J].语言文字应用,2010(2).

[34]刘楚群.当今语言规范观:中和诚雅[J].江西师范大学学报(哲学社会科学版),2019(6).

[35]刘娅琼.从"×门"看再概念化过程——兼论修辞结构的构建手段之一[J].修辞学习,2008(3).

[36]刘英凯.汉语与英语的共有词缀化趋势:文化顺涵化的镜像[J].深圳大学学报(人文社会科学版),2000(1).

[37]刘云.说"×门"[J].汉语学报,2008(4).

[38]陆俭明.构式语法理论的价值与局限[J].南京师范大学文学院学报,2008(1).

[39]吕叔湘.大家来关心新词新义[J].辞书研究,1984(1).

[40]马孝义."当代汉语"及其特点[J].河南师范大学学报(哲学社会科学版),1994(3).

[41]孟守介.试论汉语词汇的仿造及其制约机制——从"法盲"、"科盲"一类词的产生说起[J].铁道师院学报(社会科学版),1992(3).

[42]彭睿.语法化"扩展"效应及相关理论问题[J].汉语学报,2009(1).

[43]秦华镇."×化"结构构成限制及条件[J].北京理工大学学报(社会科学版),2005(4).

[44]邱仁富.论价值研究的语言转向[J].桂海论丛,2015(3).

[45]邵敬敏,马喆.网络时代汉语嬗变的动态观[J].语言文字应用,2008(3).

[46]邵敬敏.港式中文与语言接触理论[J].佛山科学技术学院学报(社会科学版),2008(6).

[47]邵敬敏.论"太"修饰形容词的动态变化现象[J].汉语学习,2007(1).

[48]邵敬敏.说"V一把"中V的泛化与"一把"的词汇化[J].中国语文,2007(1).

[49]沈家煊."语法化"研究综观[J].外语教学与研究,1994(4).

[50]沈家煊.语言的"主观性"和"主观化"[J].外语教学与研究(外国语文双月刊),2001(4).

[51]沈孟璎,汉语新的词缀化倾向[J].南京师大学报(社会科学版),1986(4).

[52]施春宏.构式三观:构式语法的基本理念[J].东北师大学报(哲学社会科学版),2021(4).

[53]施春宏.说"界"和"坛"[J].汉语学习,2002(1).

[54]施春宏.语言规范化的基本原则及策略[J].汉语学报,2009(2).

[55]史维国."语义滞留"原则及其在汉语语法中的表现[J].外语学刊,2016(6).

[56]宋作艳.词语模的变化与社会变迁[J].中国语言学报,2018(18).

[57]宋作艳.从词汇构式化看 $A_1A_2A_3$ 的词汇化与词法化[J].世界汉语教学,2019(2).

[58]苏向丽.词价研究与汉语国际教育基础词汇表的优化——以《词汇大纲》与《等级划分》为例[J].语言教学与研究,2012(4).

[59]孙彩惠,张志毅.新词个体和世界整体[J].语言文字应用,2011(2).

[60]索振羽.德·索绪尔的语言价值理论[J].新疆大学学报(哲学社会科学版),1983(2).

[61]涂海强,杨文全.媒体语言"×+哥"类词语的衍生机制与语义关联框架[J].语言教学与研究,2011(6).

[62]王邦安.略谈现代汉语新词[J].逻辑与语言学习,1988(5).

[63]王灿龙.说"中国式"及其他[J].语言教学与研究,2015(5).

[64]王东海.法律术语"术语价"研究[J].同济大学学报(社会科学版),2014(4).

[65]王东海,王丽英.谈新词语预测的依据[J].长江学术,2010(2).

[66]王磊,王东海.中国内地和香港法律术语的译差及其规范化[J].中国科技术语,2016(4).

[67]王铁昆.简评《1991汉语新词语》[J].语言文字应用,1993(1).

[68]王铁昆.新词新语的规范问题[J].天津师大学报(社会科学版),1989(2).

[69]王铁昆.新词语的规范与社会、心理[J].语文建设,1988(1).

[70]王望妮,孙志农.试论构式语法中的"构式"[J].外语教学,2008(6).

[71]王希杰.汉语的规范化问题和语言的自我调节功能[J].语言文字应用,1995(3).

[72]王希杰.论潜词和潜义[J].河南大学学报(哲学社会科学版),1990(2).

[73]王寅.狭义与广义语法化研究[J].四川外语学院学报,2005(5).

[74]王振昆.词汇的规范化与词的内部形式[J].汉语学习,1983(4).

[75]文旭,屈宇昕.构式语法研究四十年[J].外语与外语教学,2022(6).

[76]文旭.《语法化》简介[J].当代语言学,1998(3).

[77]吴东英.再论英语借词对现代汉语词法的影响[J].当代语言学,2001(2).

[78]吴福祥.汉语语法化研究的当前课题[J].语言科学,2005(2).

[79]吴继峰.当代新词"微×"词族的多维考察[J].海外华文教育,2013(3).

[80]吴晓峰.修辞现象词汇化:新词新义产生的重要途径[J].益阳师专学报,1998(4).

[81]夏登山,蓝纯.索绪尔语言价值理论源考[J].外语教学与研究,2016(3).

[82]夏中华.语言潜显理论价值初探[J].语言教学与研究,2002(5).

[83]徐国珍.从空符号到新词——论词汇系统的特点及发展轨迹之一[J].浙江师大学报(社会科学版),1995(3).

[84]徐丽华.谈"风"说"热"[J].浙江师大学报(社会科学版),1991(1).

[85]徐莉娜.从语言价值看翻译价值对等[J].外语学刊,2019(5).

[86]徐颂列.词语规范的原则[J].语文研究,2000(4).

[87]徐晓琼,涂雅婷.汉语流行词中"人"与"者"的三个平面理论研究[J].长

春大学学报,2023(7).

[88]徐幼军.新词语新用法与社会心理[J].语文建设,1988(3).

[89]薛欢,王一川.语言预测研究的过去、现在与未来[J].外语学刊,2020
(5).

[90]闫克."×共同体"词族:当代政治话语建构的成功案例[J].语言战略研
究,2022(4).

[91]杨昊,杨文全."汉英融合词"的生成过程及其演化机制[J].语言文字应
用,2018(4).

[92]杨婕.模因论视角下群体类流行语的词缀化[J].山东外语教学,2014
(2).

[93]杨文全,杨绪明.试论新词新语的消长对当代汉语词汇系统的影响[J].
四川师范大学学报(社会科学版),2008(1).

[94]杨炎华."被+××"的句法化及其词汇化[J].汉语学习,2013(3).

[95]姚汉铭.试论新词语与规范化[J].语言教学与研究,1995(1).

[96]姚喜双,张艳霜.媒体语言发展刍议[J].语言文字应用,2010(1).

[97]游汝杰.汉语研究的当代观和全球观[J].语言战略研究,2021(3).

[98]游玉祥."×门"构式的语义信息及认知形成机制[J].外语研究,2011
(4).

[99]于根元.读《汉语新词新义词典》[J].语言教学与研究,1993(2).

[100]袁咏.社会变化与语言接触类型及变异探究[J].新疆社会科学,2013
(5).

[101]岳长顺.论类推创造新词[J].世界汉语教学,1993(2).

[102]张德鑫.第三次浪潮——外来词引进和规范刍议[J].语言文字应用,
1993(3).

[103]张国宪.有关汉语配价的几个理论问题[J].汉语学习,1994(4).

[104]张佳.从"微×"浅析"微"的类词缀化现象[J].文学界(理论版),2011
(11).

[105]张维耿.开放改革以来汉语词汇的新发展及其社会心理原因[J].暨南
学报(哲学社会科学版),1995(2).

[106]张秀松.国外语法化研究的历史进展[J].云南师范大学学报(对外汉
语教学与研究版),2018(5).

[107]张谊生.附缀式新词"×门"试析[J].语言文字应用,2007(4).

[108]张谊生.说"×式"——兼论汉语词汇的语法化过程[J].上海师范大学

学报(社会科学版),2002(3).

[109]张志毅,张庆云.新时期新词语的趋势与选择[J].语文建设,1997(3).

[110]赵旭.Goldberg 构式语法思想述评[J].燕山大学学报(哲学社会科学版),2013(3).

[111]赵艳梅.二十年来汉语词语模造词的规范问题[J].绥化学院学报,2021(11).

[112]赵艳梅.语法化视域下称谓类模标的语义演化机制及路径[J].语言与翻译,2022(4).

[113]赵永大.《"当代汉语"及其特点》质疑——兼述汉语历史分期的原则与方法[J].吉林师范学院学报,1995(4).

[114]周红照,刘艳春.话语模网络体的篇章特征考察——兼论网络体的家族相似性[J].语言教学与研究,2013(6).

[115]周洪波.新词语的预测[J].语言文字应用,1996(2).

[116]周荐."语模"造语浅说[J].语文研究,2008(1).

[117]周静.现代汉语新词的词型特点分析[J].河南大学学报(社会科学版),1995(1).

[118]周启模.汉语新词的特征[J].汉语学习,1989(1).

[119]周日安,邵敬敏.美英式原型标记"——门"的类化和泛化[J].外国语,2007(4).

[120]朱庆祥,方梅.现代汉语"化"缀的演变及其结构来源[J].河南师范大学学报(哲学社会科学版),2011(2).

[121]朱亚军.说"——热"[J].赣南师范学院学报,1991(2).

学位论文

[1]曹春静.当代汉语词语模研究——兼论相关新词新语[D].上海:上海师范大学,2007.

[2]苏向丽.现代汉语基本词汇的词价研究及应用[D].北京:中国传媒大学,2010.

[3]王晓晨.基于生态语言学视角的当代汉语"词语模词语"研究[D].成都:西南交通大学,2018.

[4]熊洁.现代汉语新词新语词语模研究[D].成都:四川师范大学,2013.

[5]杨绪明.当代汉语新词族研究[D].成都:四川大学,2009.

[6]禹存阳.现代汉语词语模研究[D].湘潭:湘潭大学,2006.

后 记

本书是在我的博士论文《新时期汉语词语模系统研究》的基础上修改、扩充而成。

时光荏苒,从博士论文开题到本书定稿,整整十年的时间。十年的光景,可以经历很多事,博士毕业、工作调动、举家搬迁、赴任孔院,每个当下都步履维艰,却使我更加地感激和感恩,因为这段辛苦的岁月有太多关心、爱护我的人的鼓励和陪伴,我不是一个人在战斗。

首先感谢我的恩师杨文全先生。先生是我多年求学生涯中的贵人。记得当年考川大的硕士时,就旁听过先生的课,也多次向先生求教各种学术问题,虽然最后没能成为先生的学生,但川大三年的读硕生涯使我对先生的学识和为人更感敬佩。也正是这个原因,在决定报考博士时,我毅然决然地又选择了川大。在披荆斩棘后,终于如愿以偿,成为先生的学生。先生学识渊博、治学严谨,性格谦和、正直,待人热心、诚恳。四年的读博生涯中,先生是我的导师,更如兄如父,给了我太多的关照。即使是毕业之后,先生依然关心着我的工作和生活,经常鼓励我要勤勉,要坚持自己的学术研究。在先生的门下,我不仅提高了学识素养,更学会了很多为人处世的道理,这些都将使我受益终身。感谢先生一直以来对我的关心和教诲,真诚祝愿先生一切顺遂安好。

同时也真心感谢在川大求学期间有幸遇到的每一位师长。感谢赵振铎、向熹二位先生。两位先生是中国汉语学界的泰斗,犹记博士入学的第一年冬天,两位先生冒着严寒给我们2013级语言学和文字学的所有同学上了宝贵的专业一课,也是难得的人生一课。二老不仅给我们讲解了很多做学问的方法,还告诉我们年轻人应该有正确的、健康的生活态度。也由衷感谢项楚先生、雷汉卿先生、俞理明先生、蒋宗福先生、谭伟先生、肖娅曼先生。诸位先生的学识和为人,以及对我们的传道、授业、解惑,使我受益终身。

也特别感谢师母徐雪英老师。徐老师不仅非常关注我的学业和工作,也非常关心我的家人,对我的家庭提供了很多帮助。还要特别感谢川大中国俗文化研究所的曾玉洁老师。曾老师行政事务繁杂,但每次都有求必应。这里真诚地感谢两位老师。

感谢在川大求学期间的所有同门和学友,郑颖琦、秦越、张佳、王涛、胡佩迦、邹晓玲、肖丽容、郑莉娟、游世强、周浩、周国祥、左丽娟、吕彦、李步军、杨扬等,与他们一起探讨、切磋让我获益良多,也希望珍贵的情谊能够在彼此的生命里一直延续。

感谢广东海洋大学文传学院的领导和同事。特别要感谢中文系的安华林教授,安教授学识渊博、治学严谨,在文稿的构思和写作期间,安教授给予了非常多的帮助和指导,而安教授严于律己、一丝不苟的精神也深深影响了我,在此真心感谢安教授多年来的关照。还要特别感谢广东海洋大学信息学院的徐国保老师和外语学院的徐晓丹老师。徐国保老师对文中的数据处理提供了极大帮助,徐晓丹老师对文中外文文献的整理和翻译给予了很多指导。在此对他们表达最诚挚的谢意。

要特别感谢浙江师范大学的聂志平教授,聂老师学识渊博,为人谦和,令人敬仰,能和聂老师曾一同在川大学习,是我的幸运,也是我的福气。聂老师在学业、工作和生活上给了我太多的指导和关照,在此表达最真挚的感激。还要感谢浙江外国语学院周明强教授,浙江师范大学马洪海教授,两位教授治学严谨,谦逊温和,他们对后学的奖掖之情让我深受感动。

感谢浙江理工大学法学与人文学院的领导和同事,调入学院以来,我在工作和生活中得到了诸多帮助和关照,在此一并谢忱。还要感谢毛里求斯大学孔院的付明端院长、李晓霞老师、张康夫老师,在我赴任孔院期间,不仅对我的工作和生活给予了诸多关照,而且热情鼓励并积极支持我继续自己的汉语本体和教学研究,在此深表谢意。

真心感谢我的家人。感谢我的父母、我的女儿、我的爱人、我的妹妹,一直以来,他们是我不断前行的强大精神动力。

最后,感谢浙江大学出版社的胡畔老师,她为本书的出版付出了辛勤的劳动,在此向她表达最诚挚的谢意。

本书为浙江省哲学社会科学规划课题"当代汉语新词语'模价'体系构建研究"(21NDJC068YB)的结项成果,还得到了学校的相关资助,在此谨致谢忱。

赵艳梅

2024 年 12 月于杭州下沙